国 家 出 版 基 金 资 助 项 目
湖北省公益学术著作出版专项资金资助项目
节能与新能源汽车关键技术研究丛书

丛书主编：欧阳明高

车用燃料电池电堆及系统集成

廖世军　王荣方　苏华能　党　岱
曾晓苑　殷盼超　黄新建　舒　婷　⊙著

FUEL CELL STACK AND SYSTEM INTEGRATION FOR VEHICLE APPLICATION

http://press.hust.edu.cn
中国·武汉

内 容 简 介

本书共设有 7 章，主要介绍了氢燃料电池在交通领域应用的意义及其重要性、氢能与燃料电池技术的基础知识，并在此基础上重点介绍了车用燃料电池电堆、车用燃料电池系统集成的相关基础知识，包括电堆及发动机系统的结构、组成、工作原理、开发技术路线等，同时还介绍了国内外的相关研究进展。本书还着重介绍了车用燃料电池技术目前存在的问题及挑战，以及围绕这些问题的最新研究进展，包括车用燃料电池系统耐久性产生的原因及提升车用燃料电池系统耐久性的相关研究，燃料电池反极现象、抗反极研究的最新研究成果、燃料电池低温启动的相关挑战，以及燃料电池冷启动的策略研究等。本书从基础知识、基本原理到存在的问题及挑战，清晰地展示了车用燃料电池系统技术的全貌，为读者充分了解车用燃料电池技术提供重要途径。鉴于车用燃料电池技术尚处于发展之中，本书还对下一代车用燃料电池技术进行了介绍和展望。

本书可供相关专业本科生、研究生、教师，以及相关行业研究开发人员、工程技术人员、管理人员参考。

图书在版编目(CIP)数据

车用燃料电池电堆及系统集成 / 廖世军等著. -- 武汉 ：华中科技大学出版社，2024. 9.
（节能与新能源汽车关键技术研究丛书）. -- ISBN 978-7-5772-0734-6

Ⅰ. U473.4

中国国家版本馆 CIP 数据核字第 202492TJ94 号

车用燃料电池电堆及系统集成 Cheyong Ranliao Dianchi Diandui ji Xitong Jicheng	廖世军　王荣方　苏华能　党　岱 曾晓苑　殷盼超　黄新建　舒　婷 著

策划编辑：俞道凯　胡周昊
责任编辑：杜筱娜
封面设计：原色设计
责任监印：朱　玢
出版发行：华中科技大学出版社（中国·武汉）　　电话：(027)81321913
　　　　　武汉市东湖新技术开发区华工科技园　　邮编：430223
录　　排：武汉三月禾文化传播有限公司
印　　刷：武汉科源印刷设计有限公司
开　　本：710mm×1000mm　1/16
印　　张：21.75
字　　数：348 千字
版　　次：2024 年 9 月第 1 版第 1 次印刷
定　　价：198.00 元

本书若有印装质量问题，请向出版社营销中心调换
全国免费服务热线：400-6679-118　竭诚为您服务
版权所有　侵权必究

节能与新能源汽车关键技术研究丛书
编审委员会

主任委员 欧阳明高（清华大学）

副主任委员 王俊敏（得克萨斯大学奥斯汀分校）

委　员（按姓氏笔画排列）

马芳武（吉林大学）　　　王飞跃（中国科学院自动化研究所）

王建强（清华大学）　　　邓伟文（北京航空航天大学）

艾新平（武汉大学）　　　华　林（武汉理工大学）

李克强（清华大学）　　　吴超仲（武汉理工大学）

余卓平（同济大学）　　　陈　虹（同济大学）

陈　勇（广西大学）　　　殷国栋（东南大学）

殷承良（上海交通大学）　黄云辉（华中科技大学）

作者简介

▶ **廖世军** 华南理工大学教授，博士生导师，英国皇家化学学会会士，国务院政府特殊津贴专家，担任10余个SCI刊物的编委。主要从事电催化与燃料电池研究，主持完成包括国家重点研发计划项目、"863"计划项目、国家自然科学基金重点项目在内的各类科技项目50余项，发表研究论文400多篇，连续10年被Elsevier评选为"中国高被引学者"，授权专利50余件，包括2件美国发明专利。获省部级科技奖励5项，多项燃料电池技术相关成果成功应用于生产实际。

▶ **王荣方** 青岛科技大学化工学院教授，博士生导师。2008年毕业于华南理工大学，先后在西北师范大学、厦门大学、西开普大学和伦敦大学学院从事能源化工领域的相关研究。研究方向主要包括燃料电池催化剂和膜电极、碱性电解水关键材料和电解槽等。先后发表相关研究论文300余篇，授权专利40余件。

作者简介

▶ **苏华能** 工学博士，研究员，博士生导师。现任江苏大学能源研究院燃料电池研究所所长，中国可再生能源学会氢能专业委员会委员。在燃料电池领域发表论文120余篇，授权专利16件，主持国家重点研发计划、国家自然科学基金等各类项目8项。

▶ **党岱** 博士，毕业于华南理工大学，2017年广东工业大学"青年百人计划"A层次引进人才。主要研究方向为低温质子交换膜燃料电池、质子交换膜和阴离子交换膜固态电解质电解水制氢。累计发表学术论文50余篇，授权发明专利7件。

作者简介

▶ **曾晓苑** 教授，博士生导师。现任昆明理工大学锂离子电池及材料制备技术国家地方联合工程研究中心副主任。入选中国科学技术协会"青年人才托举工程"。获云南省自然科学奖一等奖、云南省技术发明奖一等奖等省部级奖励5项，主持及参与国家自然科学基金、云南省重大科技专项等项目17项，发表论文60余篇，出版专著2本，获国际授权专利2件，获中国授权专利6件。

▶ **殷盼超** 华南理工大学教授。中国物理学会中子散射专业委员会、中国化学会高分子材料分析技术与表征方法专业委员会委员。入选国家人才计划，主持国家自然科学基金重点项目、重大研究计划培育项目、国际合作项目和面上项目，以及国家重点研发计划项目等15项。

作者简介

▶ **黄新建** 博士,2011年毕业于华南理工大学,长期从事电化学理论研究、分析检测仪器的研制、燃料电池与氢能系统控制的工程实践等工作,现就职于美的集团中央研究院,致力于医疗影像、机器人与自动化、智能家电相关感测与控制技术研究。

▶ **舒 婷** 博士,2012年毕业于华南理工大学。主要研究方向为质子交换膜燃料电池、电解水制氢、储能电池。参与国家重点研发计划、国家自然科学基金项目等10余个项目,累计发表学术论文30余篇,申请专利9件,授权专利4件。

新能源汽车与新能源革命（代总序）

中国新能源汽车研发与产业化已经走过了 20 个年头。回顾中国新能源汽车的发展历程："十五"期间是中国新能源汽车打基础的阶段，我国开始对电动汽车技术进行大规模有组织的研究开发；"十一五"期间是中国新能源汽车从打基础到示范考核的阶段，科技部组织实施了"节能与新能源汽车"重大项目；"十二五"期间是中国新能源汽车从示范考核到产业化启动阶段，科技部组织实施了"电动汽车"重大项目；"十三五"期间是中国新能源汽车产业快速发展升级阶段，科技部进行了"新能源汽车"科技重点专项布局。

2009—2018 年的 10 年间，中国新能源汽车产业从无到有，新能源汽车年产量从零发展到 127 万辆，保有量从零提升到 261 万辆，均占全球的 53% 以上，居世界第一位；锂离子动力电池能量密度提升两倍以上，成本降低 80% 以上，2018 年全球十大电池企业中国占 6 席，第一名和第三名分别为中国的宁德时代和比亚迪。与此同时，众多跨国汽车企业纷纷转型，大力发展新能源汽车。这是中国首次在全球率先成功大规模导入高科技民用大宗消费品，更是首次引领全球汽车发展方向。2020 年是新能源汽车发展进程中具有里程碑意义的年份。这一年是新能源汽车大规模进入家庭的元年，也是新能源汽车从政策驱动到市场驱动的转折年。这一年，《节能与新能源汽车产业发展规划（2012—2020 年）》目标任务圆满收官，《新能源汽车产业发展规划（2021—2035 年）》正式发布，尤其是 2020 年年底习近平主席提出中国力争于 2030 年前实现碳达峰和 2060 年前实现碳中和的宏伟目标，给新能源汽车可持续发展注入强大动力。

回顾过去，展望未来，我们可以更加清晰地看出当前新能源汽车发展在能源与工业革命中所处的历史方位。众所周知，每次能源革命都始于动力装置和交通工具的发明，而动力装置和交通工具的发展则带动对能源的开发利用，并引发工业革命。第一次能源革命，动力装置是蒸汽机，能源是煤炭，交通工具是火车。第二次能源革命，动力装置是内燃机，能源是石油和天然气，能源载体是汽油、柴油，交通工具是汽车。现在正处于第三次能源革命，动力装置是各种电池，能源主体是可再生能源，能源载体是电和氢，交通工具就是电动汽车。第一次能源革命使英国经济实力超过荷兰，第二次能源革命使美国经济实力超过英国,而这一次可能是中国赶超的机会。第四次工业革命又是什么？我认为是以可再生能源为基础的绿色化和以数字网络为基础的智能化。

从能源与工业革命的视角看新能源汽车,我们可以发现与之密切相关的三大革命:动力电动化——电动车革命;能源低碳化——新能源革命;系统智能化——人工智能革命。

第一,动力电动化与电动车革命。

锂离子动力电池的发明引发了蓄电池领域百年来的技术革命。从动力电池、电力电子器件的发展来看,高比能量电池与高比功率电驱动系统的发展将促使电动底盘平台化。基于新一代电力电子技术的电机控制器升功率提升一倍以上,可达50千瓦,未来高速高电压电机升功率提升接近一倍,可达20千瓦,100千瓦轿车的动力体积不到10升。随着电动力系统体积不断减小,电动化将引发底盘平台化和模块化,使汽车设计发生重大变革。电动底盘平台化与车身材料轻量化会带来车型的多样化和个性化。主动避撞技术与车身轻量化技术相结合,将带来汽车制造体系的重大变革。动力电动化革命将促进新能源电动汽车的普及,最终将带动交通领域全面电动化。中国汽车工程学会《节能与新能源汽车技术路线图2.0》提出了我国新能源汽车的发展目标:到2030年,新能源汽车销量达到汽车总销量的40%左右;到2035年,新能源汽车成为主流,其销量达到汽车总销量的50%以上。在可预见的未来,电动机车、电动船舶、电动飞机等都将成为现实。

第二,能源低碳化与新能源革命。

国家发改委和能源局共同发布的《能源生产和消费革命战略(2016—2030)》提出到2030年非化石能源占能源消费总量比重达到20%左右,到2050年非化石能源占比超过一半的目标。实现能源革命有五大支柱:第一是向可再生能源转型,发展光伏发电和风电技术;第二是能源体系由集中式向分布式转型,将每一栋建筑都变成微型发电厂;第三是利用氢气、电池等相关技术存储间歇式能源;第四是发展能源(电能)互联网技术;第五是使电动汽车成为用能、储能和回馈能源的终端。中国的光伏发电和风电技术已经完全具备大规模推广条件,但储能仍是瓶颈,需要靠电池、氢能和电动汽车等来解决。而随着电动汽车的大规模推广,以及电动汽车与可再生能源的结合,电动汽车将成为利用全链条清洁能源的"真正"的新能源汽车。这不仅能解决汽车自身的污染和碳排放问题,同时还能带动整个能源系统碳减排,从而带来一场面向整个能源系统的新能源革命。

第三,系统智能化与人工智能革命。

电动汽车具有出行工具、能源装置和智能终端三重属性。智能网联汽车将重构汽车产业链和价值链,软件定义汽车,数据决定价值,传统汽车业将转型为引领人工智能革命的高科技行业。同时,从智能出行革命和新能源革命双重角度来看汽车"新四化"中的网联化和共享化:一方面,网联化内涵里车联信息互联网和移动能源互联网并重;另一方面,共享化内涵里出行共享和储能共享并重,停止和行驶的电动汽车都可以连接到移动能源互联网,最终实现全面的车网互动(V2G,vehicle to grid)。分布式汽车在储能规模足够大时,将成为交通智慧能源也即移动能源互联网的核心枢纽。智能充电和车网互动将满足消纳可再生能源波动的需求。到 2035 年,我国新能源汽车保有量将达到 1 亿辆左右,届时新能源车载电池能量将达到 50 亿千瓦时左右,充放电功率将达到 25 亿~50 亿千瓦。而 2035 年风电、光伏发电最大装机容量不超过 40 亿千瓦,车载储能电池与氢能结合完全可以满足负荷平衡需求。

总之,从 2001 年以来,经过近 20 年积累,中国电动汽车"换道先行",引领全球,同时可再生能源建立中国优势,人工智能走在世界前列。可以预见,2020 年至 2035 年将是新能源电动汽车革命、可再生能源革命和人工智能革命突飞猛进、协同发展,创造新能源智能化电动汽车这一战略性产品和产业的中国奇迹的新时代。三大技术革命和三大优势集成在一个战略产品和产业中,将爆发出巨大力量,不仅能支撑汽车强国梦的实现,而且具有全方位带动引领作用。借助这一力量,我国将创造出主体产业规模超过十万亿元、相关产业规模达几十万亿元的大产业集群。新能源汽车规模化,引发新能源革命,将使传统的汽车、能源、化工行业发生翻天覆地的变化,真正实现汽车代替马车以来新的百年未有之大变局。

新能源汽车技术革命正在带动相关交叉学科的大发展。从技术背景看,节能与新能源汽车的核心技术——新能源动力系统技术是当代前沿科技。中国科学技术协会发布的 2019 年 20 个重大科学问题和工程技术难题中,有 2 个(高能量密度动力电池材料电化学、氢燃料电池动力系统)属于新能源动力系统技术范畴;中国工程院发布的报告《全球工程前沿 2019》提及动力电池 4 次、燃料电池 2 次、氢能与可再生能源 4 次、电驱动/混合电驱动系统 2 次。中国在 20 年的节能与新能源汽车的研发过程中实际上已经积累了大量的新知识、新方法、新经验。"节能与新能源汽车关键技术研究丛书"立足于中国实践与国际前沿,旨在总结我国节能与新能源汽车的研发成果,满足我国节能与新能源汽车技术发展需要,反映国际节能与新能源汽车关键技术研究趋势,推动我国节能与新能源汽车关键技术转化应用。丛书内容包括四个模块:整车控制技术、动力电池技术、电机驱动技术、燃料电池技术。丛书所包含图书均为国家自然科学基金项目、国家科技重大专项或国家重点研发计划项目等支持下取得的研究成果。该丛书的出版对于增强我国新能源汽车关键技术的知识积累、提升我国自主创新能力、应对气候变化、推动汽车产业的绿色发展具有重要作用,并能助力我国迈向汽车强国。希望通过该丛书能够建立学术和技术交流的平台,让作者和读者共同为我国节能与新能源汽车技术水平和学术水平跻身国际一流做出贡献。

中国科学院院士
清华大学教授

2021 年 1 月

前言 PREFACE

随着全球矿物能源资源日趋短缺、大量燃烧矿物能源所带来的环境问题日趋严峻,发展新能源技术和新能源汽车成为全球共识,也成为我国的重要能源和交通发展战略。将燃料电池作为动力源的燃料电池汽车是目前两大类主流新能源汽车之一。近年来,燃料电池产业及燃料电池汽车产业在我国得到了飞速发展,已形成具有一定规模的学科群和产业群,对车用燃料电池技术相关资料和信息的需求空前迫切。本书根据与燃料电池相关的基础理论、基本知识及近年来的文献及研究成果编写而成,可供相关专业本科生、研究生、教师,以及相关行业研究开发人员、工程技术人员、管理人员参考。

本书第 1 章由殷盼超教授(华南理工大学)撰写,第 2 章由苏华能教授(江苏大学)撰写,第 3 章由党岱副教授(广东工业大学)、舒婷博士(华南理工大学)撰写,第 4 章由廖世军教授(华南理工大学)、黄新建博士(美的集团中央研究院)撰写,第 5 章、第 6 章由王荣方教授(青岛科技大学)撰写,第 7 章由曾晓苑教授(昆明理工大学)撰写。廖世军教授负责对全书进行统稿。福州大学谢义淳博士协助制作了部分图片,广东云韬氢能科技有限公司叶旭宏工程师审阅了第 4 章书稿,提出了有价值的意见,在此一并表示感谢!

由于车用燃料电池技术发展迅速,而本书涉及的内容广泛,加之我们的水平及能力有限,书中难免有不足之处,敬请各位读者批评指正,以便我们能够在再版时及时修改、完善,我们不胜感激!

著者

2023 年 12 月

于广州

目录

第1章 绪论 1
1.1 氢能源与交通 1
1.1.1 发展氢能源的必要性 1
1.1.2 氢能源特点 2
1.1.3 氢燃料电池与交通 3
1.2 质子交换膜燃料电池 6
1.3 车用燃料电池系统的特点及要求 9
1.3.1 燃料电池系统组成和功能 9
1.3.2 FCEV典型系统集成方案 9
1.3.3 技术要求 10
1.4 车用燃料电池发展前景及存在的挑战 11
本章参考文献 15

第2章 质子交换膜燃料电池电堆 19
2.1 电堆的基本结构及部件 19
2.1.1 单电池的基本结构 19
2.1.2 电堆的基本结构 19
2.1.3 电堆的主要部件 20
2.1.4 电堆冷却技术 28
2.2 电堆工作原理 30
2.2.1 基本工作原理 30
2.2.2 开路电压 31

    2.2.3 极化现象 32
    2.2.4 燃料电池能量转换效率 35
    2.2.5 电堆常见故障 35
  2.3 膜电极制备技术及相关研究 39
  2.4 双极板的研究及开发 51
    2.4.1 双极板的结构和功能 51
    2.4.2 双极板的材料与制造 53
  2.5 密封技术研究 61
    2.5.1 密封材料的研究现状 61
    2.5.2 密封结构的研究现状 64
    2.5.3 密封结构的失效 65
  2.6 电堆集成技术 68
    2.6.1 电堆集成工艺流程 69
    2.6.2 影响电堆集成性能的重要因素 72
  2.7 电堆技术进展及产业化现状 76
  本章参考文献 79

第3章 质子交换膜燃料电池系统 94

  3.1 系统的组成及结构 94
  3.2 空气供给子系统 95
    3.2.1 空气供给子系统硬件结构 95
    3.2.2 空气压缩机匹配 105
    3.2.3 中冷器计算及选型 110
    3.2.4 背压阀匹配 111
    3.2.5 空气供给子系统建模和仿真研究进展 112
    3.2.6 空气供给子系统模型建模参数 114
    3.2.7 空气供给子系统仿真分析与控制 116
  3.3 氢气供给子系统 120
    3.3.1 氢气供给子系统类型 120
    3.3.2 氢气供给子系统结构 123

3.3.3	车载氢气供给子系统部件基本参数	128
3.3.4	电堆匹配计算与选型	128
3.3.5	氢气循环泵匹配计算与选型	129
3.3.6	氢气供给管道模型参数	131
3.3.7	氢气循环泵模型参数	132
3.3.8	燃料电池氢气供给子系统 Simulink 模型搭建及验证	134

3.4 冷却子系统 136

3.4.1	燃料电池系统热平衡	136
3.4.2	空气冷却	139
3.4.3	被动冷却	142
3.4.4	液体冷却	146
3.4.5	冷却子系统的意义以及未来展望	149

3.5 控制及管理子系统 150

3.5.1	冷却子系统控制	151
3.5.2	水管理子系统控制	152
3.5.3	空气供给子系统控制	154
3.5.4	管理氢气供给子系统的运行	156

3.6 燃料电池系统的运行及维护 158

3.6.1	空气供给子系统运行及维护	158
3.6.2	氢气供给子系统运行及维护	160
3.6.3	冷却子系统运行及维护	162

3.7 燃料电池系统的常见故障及故障处理方法 163

本章参考文献　　166

第4章　燃料电池发动机的控制原理及智能管理　　177

4.1 燃料电池发动机系统及其控制 177

4.2 燃料电池发动机空气供给子系统的控制 178

4.2.1	空气供给子系统的控制要求	178
4.2.2	空气供给子系统的控制实现方法	179
4.2.3	空气供给子系统控制的国内外相关研究	183

4.3 燃料电池发动机电堆系统的控制 189
4.4 燃料电池发动机氢气供给子系统的控制 192
4.4.1 氢气供给子系统的控制要求及控制实现方式 192
4.4.2 氢气供给子系统控制的研究进展 195
4.5 燃料电池发动机热管理子系统的控制 196
4.5.1 热管理子系统的控制要求及控制实现方式 196
4.5.2 热管理子系统控制的研究进展 198
4.6 燃料电池发动机控制器硬件 199
4.6.1 控制器整体系统 199
4.6.2 控制器硬件设计 200
4.7 燃料电池发动机控制器软件 207
4.7.1 控制器软件总体框架 207
4.7.2 系统控制方式 210
4.7.3 系统诊断与智能管控 216
4.8 燃料电池控制器辅助系统与工具 218
4.8.1 人机界面与数据管理 218
4.8.2 系统调试与标定 221
本章参考文献 222

第5章 车用燃料电池电堆及系统耐久性 228
5.1 影响车用燃料电池系统耐久性的因素分析 229
5.1.1 电堆结构组成对燃料电池系统耐久性的影响 229
5.1.2 系统组件对车用燃料电池系统耐久性的影响 238
5.1.3 动态运行工况对车用燃料电池系统耐久性的影响 240
5.2 提升车用燃料电池电堆及系统耐久性的策略及相关研究 247
5.2.1 电堆耐久性的提升策略 247
5.2.2 车用燃料电池电堆系统组件的改进策略 259
5.2.3 动态运行工况下的改进策略 262
5.3 挑战与展望 266
本章参考文献 268

第6章　车用质子交换膜燃料电池的冷启动　272

6.1　冷启动困难和失败的原因及冷启动的原理　273
6.1.1　冷启动困难和失败原因分析　273
6.1.2　冷启动机制　274
6.1.3　冷启动过程中电池内部的传输过程　276

6.2　车用燃料电池冷启动策略　283
6.2.1　适用于燃料电池冷启动的关机策略　283
6.2.2　启动加热策略　288
6.2.3　组件改进　293
6.2.4　小结　296

6.3　挑战与展望　297
本章参考文献　298

第7章　挑战及展望　309

7.1　车用燃料电池系统的挑战　310
7.1.1　车用燃料电池系统的耐久性　310
7.1.2　车用燃料电池系统的成本　312
7.1.3　铂使用量及铂资源挑战　313
7.1.4　车用燃料电池系统的能量转换效率　313
7.1.5　车用燃料电池系统的冷启动　314

7.2　下一代车用燃料电池技术展望　315
7.2.1　下一代燃料电池催化剂研究　316
7.2.2　下一代气体扩散层　318
7.2.3　下一代质子交换膜　318
7.2.4　下一代双极板　318
7.2.5　下一代空气压缩机及辅助件　319

本章参考文献　321

第1章
绪论

1.1 氢能源与交通

1.1.1 发展氢能源的必要性

自工业革命以来,煤、石油、天然气等化石能源的广泛使用极大地提高了人类的物质生活水平和生存质量。燃烧作为化石能源的主要利用方式,在长时间积累下给生态环境造成了较大的压力,带来了较多的问题,其中除了污染物排放之外,最主要的问题就是大量二氧化碳的排放。由《bp 世界能源统计年鉴》(2021年版)可知,2020年全球碳排放总量为 322.84 亿吨,由此产生的温室效应直接导致全球范围内各种极端天气的产生,解决碳排放问题成为人类在 21 世纪面临的共同挑战。中国作为世界的主要经济体,在 2020 年的碳排放量达到98.99亿吨,占全球碳排放总量的 30.66%,是目前全球最大的碳排放国。在此背景下,习近平总书记在第七十五届联合国大会一般性辩论上提出:中国二氧化碳排放力争于 2030 年前达到峰值,努力争取 2060 年前实现碳中和。在"双碳"目标下,构建碳排放与碳吸收的平衡生态将是未来很长一段时间内我国的重要任务。二氧化碳减排作为实现"双碳"目标的重要方式,对我国的新能源行业发展提出了更高的要求,风能、太阳能、水能、地热能等可再生能源发展的必要性及迫切性大大增加。可再生能源需要借助电力设备这种二次能源媒介来传递到消费终端,而电能最基本的要求就是供需实时平衡,这与可再生能源随机性、间隙性及波动性的特点差异较大。这种差异在给电网稳定性造成较大压力的同时,也不可避免地会导致严重的弃水、弃风、弃光等现象。在可再生能源对调峰容量的需求不断提高的情况下,储能成为解决问题的最终方案。现阶段主要的储能方式包括超级电容器储能、飞轮储能、电池储能、压缩空气储能、抽水蓄能及氢储能等,各储能方式在储能时间及储能容量上各有差异。以锂离子电池为代表的动力电池是短周期、小规模、分布式可再生能源储存的最佳方案,相关产业发展迅猛,规模效应已经初步显现,且电池性能不断提升、成本逐步下降,在新能源市场占据了重要地位。但在集中式、长周期、大规模能源储存场景下,氢储能拥有比固定式电池储能更低的储能成本,同时可以实现灵活的运输和储存,在可再生能源发展中具有重要的战略地位。

我国氢能源发展的必要性还体现在另一层面——能源安全问题。根据油气行业发展报告数据,2019年我国石油、原油对外依存度超过70%,且增长趋势明显[1]。目前发展迅猛的锂离子电池行业虽然可以降低我国对石油能源的需求量,但仍然会造成我国新的金属能源安全问题。锂、钴、镍作为锂离子电池的核心元素,在我国目前亦主要依赖于进口,对外依存度高。从全球范围来看,锂资源存在储量低、分布不均的问题。随着储能领域对锂需求的进一步提高及电动汽车数量的增长,锂资源将出现供不应求的状态。以电池级碳酸锂为例,在2021年其价格增长了10倍,原材料价格的增长使得自2022年3月份以来,多家新能源车企宣布涨价,发展多元化新能源市场势在必行。

综上,发展氢能源对于解决我国的能源问题及能源安全问题具有十分重要的战略意义。

1.1.2　氢能源特点

氢元素是地球上储量最为丰富的元素之一,当氢元素以单质形态——氢气存在时,会蕴含大量的能量,这些能量可在物理化学过程中得到释放,因此,氢气在储能、发电、交通等领域有着巨大的应用潜力。

氢能源作为二次能源和储能介质,具有诸多优点。第一,氢能源来源多样。氢气可以来自焦化、冶金、钢铁等工业,也可以通过化石能源重整、生物质裂解等途径制备。同时,电解水制氢作为最有发展潜力的氢气制备方式,可以与可再生能源发电结合,实现氢能源全流程绿色清洁,长期来看必将成为支撑未来巨大氢能需求量的主要方式。第二,氢能源具有清洁低碳的特点。氢能源的利用过程包括燃烧和电化学反应,产物都只有水,没有额外污染物的排放,可以有效减少环境污染并缓解温室效应,对于我国实现"双碳"目标具有重要意义。第三,氢能源具有高效的特点。氢能源的热值可以达到 140.4 MJ/kg,为化石燃料热值的 3~4 倍,如果可以从技术上实现安全有效的氢气体积压缩过程,氢气的高热值优势将进一步凸显。第四,氢能源应用方式灵活,可以适应多种应用场景。氢能源作为一种二次能源,可以储存气、光、热等不同形式的能源,同时可与电力系统相结合,是连接跨能源网络的理想媒介。这也使得氢能源拥有丰富的应用场景,涵盖交通、工业、建筑等各个领域。

关于氢能源,不可避免地要考虑其安全性问题。从物理化学性质来看,氢气燃点低,且具有爆炸区间范围宽的特点,长期以来都是作为危险化学品来进行管理的,这使得社会公众对于氢气的安全性普遍持有怀疑态度。但事实上,氢气作为已知密度最小的气体,具有扩散系数大的特点,可以达到 6.11×10^{-5} m^2/s,这使得氢气在发生泄漏之后极易扩散,不容易形成爆炸气雾,在开放空间中是较为安全可控的。而对于氢气在停车场、隧道等非开放空间的安全性,需要通过增强氢气泄漏检测灵敏度、规范氢气使用流程来保证。目前,我国在氢能源制备、提纯、储存、运输、加注、燃料电池应用等环节都制定了国家技术标准、行业标准,为氢能源应用提供了良好的安全保障。

1.1.3 氢燃料电池与交通

氢燃料电池作为氢能源的主要利用途径,其原理是通过电化学反应将氢能源和氧化剂反应的化学能转变为电能,并进一步应用于工业、交通等行业。氢燃料电池具有以下优势。①能量转化效率高:氢燃料电池不受卡诺循环效应的影响,理论能量转化效率可以达到 90%。目前因为电化学反应中极化效应的限制,氢燃料电池的能量转化效率在 40%~60% 范围内,高于内燃机的工作效率。通过热电联供技术,可以将氢燃料电池的燃料利用率提高至 80% 以上。②环境友好:通过氢燃料电池电化学反应利用氢能,其排放物仅仅为水蒸气,没有污染物及二氧化碳的排放。③低噪声:氢燃料电池结构简单、紧凑,仅有的运动部件为空气压缩机及氢气泵,工作时具有噪声低的特点。④灵活性高:氢燃料电池可以做不同规格的分散电源和可移动电源,规模可调,兼容性较强。

发展氢燃料电池汽车是氢能源市场发展的重要"抓手"。氢燃料电池汽车是未来氢能源市场的重要组成部分,目前正在逐步进入商业化应用阶段。从必要性上来看,我国现阶段交通运输部门石油消耗占比超过50%,污染物排放占比达到10%,二氧化碳排放占比达到15%,如何降低汽车运输行业对石油产品的消耗直接关系到我国的能源安全以及碳排放、污染物排放。尽管现阶段以锂离子动力电池汽车为代表的新能源汽车发展迅猛,但其仍然存在一定的弊端。首先,从能源安全角度来看,锂离子电池汽车的发展,确实可以极大地降低交通运输部门对石油的消耗量,在一定程度上缓解我国石油能源对外依存度高的问题,但对于锂、钴、镍等锂离子电池核心元素,我国目前仍然主要依赖进口,资源丰富度不高。单纯依赖锂离子电池汽车,可能导致我国产生新的金属能源安全问题。从应用场景上来看,三元锂电池在乘用车场景中的应用已十分成熟,可以在很大程度上替代传统的柴油机。但针对长距离、高负荷的重型卡车,锂离子电池局限性较大。锂离子电池能量密度有限,在应用于自重过大的大型商用车时,续航能力会大幅降低。若强行提高电池体积来保证电能储存量,又会导致商用车有效载重的大幅下降,同时,商用车充电时间也会大大增加。以上因素使得锂离子电池汽车无法在大型商用车领域完全替代传统燃油车。

氢燃料电池汽车具有加氢快、续航长的特点,在长距离、大载重的商用车领域具有极大的应用潜力。以丰田汽车公司量产的第一辆氢燃料电池汽车Mirai为例,其可以通过3~5 min氢气加注,实现700 km的续航能力。应用在2022年北京冬奥会上的第二代Mirai,最大功率可达134 kW,0~100 km加速时间为7.4 s,续航里程进一步提高至850 km。为贯彻低碳理念,北京2022年冬奥会和冬残奥会组织委员会(简称北京冬奥组委)共筹措4090台清洁能源车辆,为冬奥运动员、工作人员提供交通服务。其中,山地赛区坡陡、弯多、气温低,国产氢燃料电池汽车凭借动力充足、在低温下能稳定启动的性能在山地赛区体现出较大的应用优势。以搭载"氢腾"燃料电池的宇通氢能大型公交车为例,其加氢10 min,续航里程可达630 km,在-30 ℃的低温环境中仍然可以正常启动。除此之外,韩国现代Nexo型氢燃料电池汽车加氢5 min,续航里程达609 km,可以实现在-30 ℃低温下稳定启动和运行。同时,现代汽车公司为Nexo配备10年或16万千米的超长质保周期,为氢燃料电池汽车稳定运行提供了保障。

根据数据统计，2021年全球主要国家（中国、韩国、美国、日本、德国）氢燃料电池汽车销量为16313辆，全球氢燃料电池汽车保有量达49562辆。其中韩国氢燃料电池汽车保有量占比达39%，美国占比达25%，其次为中国和日本，占比分别为18%、15%。中国是全球应用氢燃料电池商用车数量最多的国家，2021年氢燃料电池汽车保有量在8900辆左右，累计行程在2020年底已超过1亿千米。预计在2025年，我国的氢燃料电池汽车运行车辆将超过50000台，市场规模扩大迅猛[2]。加氢站作为氢能源产业下游发展的重要基础设施，是氢燃料电池汽车规模扩大的基础和保障。截至2020年年底，全球在运营的加氢站共有553座，其中2020年新增107座，增长趋势较快。中国在2020年已建成加氢站69座。针对目前氢燃料电池汽车市场规模增长速度，我国在《节能与新能源汽车技术路线图2.0》中提出在2030年计划建成1000座加氢站，这将进一步刺激氢燃料电池汽车在交通领域的普及和应用[3]。

现阶段，氢能全产业链技术已基本发展成熟，涵盖上游制氢、储氢、加氢环节，中游燃料电池电堆及其核心部件制备，以及下游整车技术。氢燃料电池汽车已成功跨越从0到1的阶段，如何实现从1到100是目前行业人士需要思考的问题。目前氢燃料电池汽车大规模商用的主要阻碍来自两个方面。①成本问题。我国燃料电池核心部件，如催化剂、质子交换膜、碳纸，目前主要依赖进口，成本较高，国产替代产品稳定性、一致性与国际水平仍有差距。如何实现全部件国产化，降低燃料电池产品成本，是目前燃料电池应用的巨大挑战。②耐用性问题。目前国内燃料电池电堆耐用性普遍以10000 h作为标准，与国际近30000 h的耐用性评价标准仍有差距，如何通过材料层面、电池电堆层面及系统层面的性能优化来提高燃料电池的使用寿命，也是氢燃料电池大规模推广要解决的瓶颈问题。

从整体来看，氢能源行业作为我国未来新能源行业的重要组成部分，具有较强的发展必要性。目前国内氢燃料电池汽车已初步实现规模化生产，但仍存在成本高、耐用性与国际水平有差距等问题。如何进一步利用材料、系统层面的新技术将氢能源及氢燃料电池汽车行业的挑战转化为发展机遇，是我国新能源行业在21世纪氢能源市场发展洪流中制胜的关键问题。

1.2 质子交换膜燃料电池

燃料电池是将燃料的化学能直接转变为电能的电化学反应装置,能量转化效率目前可达60%,远远高于内燃机和蒸汽机,热电联用的情况下,其能量利用效率可达90%以上。同时,燃料电池还具有噪声低、绿色环保、可靠性高、易于维护等优势,因此燃料电池发电技术被认为是当代最具发展前景的新型发电技术[4-9]。质子交换膜燃料电池(PEMFC),又称聚合物电解质燃料电池(PEFC)或固态聚合物电解质燃料电池(SPEFC)。PEMFC系统运行温度低、启动快速,是一种理想的取代内燃机的车用动力系统。除此之外,其还可以广泛应用于固定式电站、便携式电源、通信及军事方面等[10-12]。PEMFC利用质子导电材料作为电解质,与普通燃料电池相比,其在室温下启动速度快,无电解质流失,具有高的比功率与比能量,因而在交通、分散型电站、可移动电源及航空航天等领域具有良好的应用前景。

燃料电池把燃料(氢气、甲醇等)所具有的化学能直接转换成电能,所以又被称为电化学发电器。燃料电池是继水力发电、热能发电和原子能发电之后的第四种发电技术。燃料电池通过电化学反应把燃料化学能中的吉布斯自由能部分转换成电能,不受卡诺循环效率的限制,因此效率高;另外,燃料电池将燃料和氧气作为原料,同时没有机械传动部件,故排放出的有害气体极少,使用寿命长。与大多数电池不同,燃料电池需要以持续提供的氧气作为氧化剂,而电池化学能通常来自金属及其离子或氧化物,这些已经存在于电池中。由此可见,从节约能源和保护生态环境的角度来看,燃料电池极具发展前景。

燃料电池的发展已经有近200年的历史[13,14]。1839年,英国物理学家William Robert Grove发明了燃料电池,并用这种以铂黑为电极催化剂的简单的燃料电池点亮了伦敦讲演厅的照明灯。1889年,Mond等人进行了进一步改进,利用浸有电解质的多孔材料作为电池隔膜,以铂黑为催化剂,通过钻孔的铂或金片为电流收集器组装出以氢为燃料、以氧为氧化剂的燃料电池。20世纪40年代,英国工程师Francis Thomas Bacon改用液态KOH为电解液,以多孔镍作为电极,扩大了用于燃料电池的催化剂范围,从而给燃料电池实用化带来了曙光。20世纪50年代,美国通用电气公司(GE)发明了首个PEMFC。20世纪60年代,美国国家航空航天局(NASA)在阿波罗登月飞船上首次使用碱性燃料电池作为主电源,燃料电池因此为人类的登月进程做出了卓越的贡献,并且飞船内的燃料电池在1968年到1972年的12次飞行任务中均运行稳定。自此,燃料电池开始成为各国的重点研发对象,燃料电池技术步入快速发展阶段。1993年,加拿大Ballard Power System公司推出世界上首辆以PEMFC为动力的车辆,燃料电池开始进入民用领域。20世纪90年代之后,燃料电池作为清洁、廉价、可再生的能源使用装置逐渐融入人类社会生活,如作为交通工具的动力装置、应急备用能源等[15]。

1. 燃料电池工作原理

燃料电池由阳极、阴极和电解质组成,该电解质允许离子在燃料电池的两极之间移动。在阳极,催化剂使燃料发生氧化反应,产生离子[例如带正电的氢离子(质子)]和电子,离子通过电解质从阳极移动到阴极。同时,电子通过外电路从阳极流向阴极,产生直流电。在阴极,催化剂使离子、电子和氧气发生反应,形成水和其他产物。图1-1所示为氢燃料电池工作原理示意图。

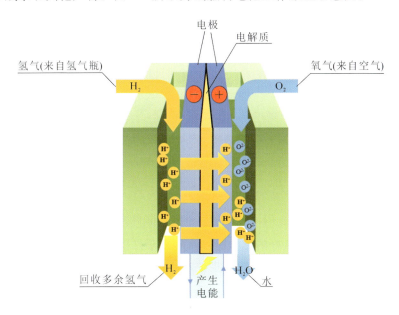

图1-1 氢燃料电池工作原理示意图

2. 燃料电池的种类

在燃料电池这个大家族中，不同种类的燃料电池在生活中发挥着不同的作用[16,17]。燃料电池的分类方法众多，常用的是根据电解质类型进行分类，包括PEMFC、磷酸型燃料电池（phosphoric acid fuel cell，PAFC）、固体酸燃料电池（solid acid fuel cell，SAFC）、碱性燃料电池（alkaline fuel cell，AFC）、固体氧化物燃料电池（solid oxide fuel cell，SOFC）和熔融碳酸盐燃料电池（molten carbonate fuel cell，MCFC）。根据反应温度分类，PEMFC、PAFC、SAFC和AFC属于低温燃料电池，其反应温度一般在200 ℃以下；MCFC和SOFC属于高温燃料电池，其反应温度达600～1000 ℃[11]。根据燃料的不同还可以将燃料电池分为氢燃料电池、甲烷燃料电池、甲醇燃料电池、乙醇燃料电池和金属燃料电池等。图1-2列出了各类燃料电池特点对比。

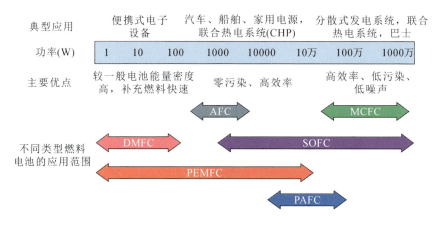

图1-2 各类燃料电池特点对比[16]

注：DMFC为直接甲醇燃料电池。

3. 质子交换膜燃料电池的独特性

质子交换膜（PEM）是PEMFC的核心组成部件之一，质子交换膜需具备以下性能：优良的电导率，良好的化学稳定性和力学性能，较低的气体渗透率以及较强的水合作用。质子交换膜主要有全氟磺酸（PFSA）质子交换膜、部分氟化质子交换膜、非氟质子交换膜与复合质子交换膜等多个类型[18,19]。

PEMFC直接将化学能转化为电能，减小了能量转化过程中的能量损耗，同时大多数燃料电池所使用的燃料为氢气，排放物仅仅为水蒸气，没有二氧化碳和污染物的排放,加上 PEMFC 系统运行温度低、启动快速,因此其适用于交通运输领域[20]。

1.3 车用燃料电池系统的特点及要求

PEMFC 系统具有启动快、污染小、能量转换效率高等优点,近几十年来受到了研究人员的持续关注。尽管对 PEMFC 系统在机理上和技术上的研究都取得了巨大进展,但是在其性能和寿命方面仍然存在许多技术挑战。为了提高燃料电池的性能,深入了解燃料电池系统的结构和机理,优化系统集成设计是十分重要的。本节首先从燃料电池系统的主要组成及功能出发,综述了燃料电池系统配置的基本模式,其次分析了商用燃料电池汽车典型的系统集成方案,最后展示了不同国家和地区对燃料电池系统的技术要求,以促进车用 PEMFC 系统集成技术的发展。

1.3.1 燃料电池系统组成和功能

燃料电池系统是由多个子系统相互协调集成的复杂结构,根据各子系统的功能可以将其主要划分为三大模块:电堆模块、附属系统(BOP)、控制与通信模块。其中,电堆模块是氢气和氧气发生反应产生电能的场所,是燃料电池系统的核心。附属系统又可以进一步划分为三个子系统:空气供给子系统、氢气供给子系统和冷却子系统(也称为热管理子系统)。三大子系统相互协调、相互作用,在维持系统持续、稳定运行方面发挥着至关重要的作用。控制与通信模块主要负责收集和处理电堆模块、附属系统运行过程中传感器发出的信号,同时根据信号控制系统相应地进行动态调节,以使系统能适应运行工况的变化和特殊的使用环境[21]。

1.3.2 FCEV 典型系统集成方案

车用燃料电池系统的结构设计与集成对提高 PEMFC 系统效率,推进 FCEV(燃料电池电动汽车,简称燃料电池汽车)商业化进程尤为重要。一些世界著名汽车公司(如福特、本田、丰田等)在系统配置升级和燃料电池系统开发方面付出了大量努力,并且推动 FCEV 行业在近几十年内成功完成了从实验室研究到商业应用的历史性转变。在众多种类的燃料电池系统中,车载储氢式燃料电池系统因具有优异的性能和巨大的发展潜力而受到广泛关注和研究,并已率先完成了商业化进程。图 1-3 是经典商用储氢式 FCEV 系统集成示意图[22]。

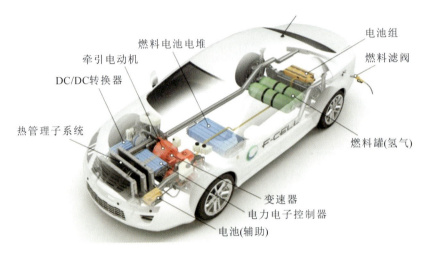

图 1-3　经典商用储氢式 FCEV 系统集成示意图[22]

在该 FCEV 系统的集成中,除了作为核心的电堆以及三大辅助子系统之外,其他部分组件也起到了非常重要的作用。如图 1-3 所示,低压辅助电池在燃料电池系统运行之前为汽车启动提供电力,同时为车辆配件提供动力;高压电池组存储系统在运行过程中产生的富余能量能为牵引电动机提供补充动力;DC/DC 转换器可以将高压直流电转化为低压直流电;牵引电动机利用燃料电池和牵引电池组的电能产生动力以驱动车轮;电力电子控制器管理燃料电池和牵引电池组输送的电流,控制牵引电动机的速度及其产生的扭矩;变速器通过牵引电动机传输机械动力来驱动车轮[22]。

1.3.3　技术要求

PEMFC 被认为是最具潜力的电动汽车燃料电池。为了占领燃料电池汽车领域的制高点,许多国家已经发布了关于燃料电池汽车技术目标和规格要求的文件并实施了一些项目。这些项目包括美国能源部(DOE)的燃料电池项目、日本新能源产业技术综合开发机构(NEDO)的燃料电池项目、欧洲氢和燃料电池技术平台(HFP)以及我国《"十三五"国家战略性新兴产业发展规划》中的燃料电池汽车项目(MOST)[23]。表 1-1 所示为这些项目对 FCEV 的性能指标要求。

表 1-1 FCEV 性能指标要求[23]

性能指标	DOE	NEDO	HFP	MOST
峰值效率/%	65	60	55	55
额定效率/%	—	—	40(NEDC)	50
功率密度/(W/L)	650	—	—	600
冷启动时间/s	30	30	—	—
冷启动温度/℃	−30	−40	−25	−30
汽车行驶耐久性/h	5000	5000	5000	5000
启动/关闭耐久性/圈	5000	—	—	—
最高运行温度/℃	90	95	—	—
氢气存储压力/MPa	70	70	70	70

注：NEDC 表示欧洲续航测试标准。

总的来说，尽管氢质子交换膜燃料电池是有前途的清洁替代能源，但 PEMFC 系统的性能和寿命相较于传统内燃机系统的劣势是 FCEV 商业化过程中存在瓶颈问题。此外，一些其他因素（如燃料电池系统体积过大）也是 FCEV 商业化过程中不可忽视的问题。车辆内部有限的空间对燃料电池系统的紧凑性提出了严格的要求。为了达到要求，我们可以采取 3 种方式：实现燃料电池组的高功率密度；优化燃料电池系统的布局；实现 BOP 组件与燃料电池组的集成[23]。虽然还有许多难题亟待攻克，但我们相信，随着燃料电池系统的进一步优化，FCEV 会在不久的将来真正走进人们的生活。

1.4 车用燃料电池发展前景及存在的挑战

如前所述，氢质子交换膜燃料电池具有能量转换效率高、环境友好、系统启动快速、能量补充（加氢）快速等优点，是一种理想的电动汽车的动力源。近年来，随着能源问题、气候问题及环境问题的日趋严峻，发展氢燃料电池汽车已成为世界各国的高度共识，世界各发达国家相继出台了发展氢能和燃料电池汽车的相关鼓励政策,氢质子交换膜燃料电池的产业化及燃料电池的产业化正在全球发达国家如火如荼地展开,越来越多的国家和大公司正在进入燃料电池及燃料电池汽车行业,产业雏形已初步形成,市场前景十分光明。

2014年以来,在国家相关政策的鼓励和支持下,我国的氢燃料电池产业及燃料电池汽车产业得到了飞速发展。"十四五"期间,氢燃料电池汽车及加氢站在五大示范城市群得到推广,这五大示范城市群分别为京津冀城市群、上海城市群、广东城市群、河南城市群和河北城市群。随着国内燃料电池产业的发展,车用燃料电池的成本开始快速下降。燃料电池的成本已从2017年的每千瓦2万元人民币下降到了现在的每千瓦2000元人民币,但是燃料电池的成本仍然远远高于车用柴油机或者汽油机,因此,降低车用燃料电池系统的成本仍然是燃料电池汽车行业的一项重要任务。随着全球燃料电池产业规模的不断扩大、产业链的不断完善,以及核心部件、关键材料的国产化进程的不断加快,燃料电池的成本可望迅速降低。同时,燃料电池功率密度的不断提高也会成为促使燃料电池成本降低的一个重要因素,5年之内,燃料电池的成本降低到每千瓦1000元人民币以下应该是完全可以实现的。2020年,国务院发布《新能源汽车产业发展规划(2021—2035年)》,将燃料电池的稳定供给纳入未来发展愿景。整体看来,氢燃料电池产能产量状况较好,供给端表现较为活跃,行业态势较好。2021年,中国氢燃料电池市场规模接近16亿元,氢燃料电池汽车的保有量也在逐年上升,这说明氢燃料电池汽车正在逐渐被我国市场认可和接纳。在政府大力支持、技术创新加速、基础设施不断完善以及资本迅速涌入的大背景下,中国氢燃料电池汽车行业将迎来爆发期,预计2025年产量规模将突破3万辆,同时,燃料电池技术也有望实现新的突破,燃料电池的成本将会大幅下降。到2030年,中国氢燃料电池汽车产销量预计将达到数十万辆。随着加氢站等基础设施的进一步完善,氢燃料电池汽车会逐渐走入人们的生活,从而为我们提供便利,中国氢燃料电池及相关产业未来可期。

尽管燃料电池汽车的产业化已经在全球多个国家展开,然而当前的产业化进程却十分缓慢,制约其发展的因素包括产业链的完善、廉价可靠氢气供给的实现(包括氢气的生产及加氢站的建设)尚需要一定的时间,氢燃料电池本身尚存在成本过高、耐久性不足、效率不足等瓶颈问题。我国的燃料电池汽车产业化走在了世界的前列,但是目前尚存在两个重要问题:一是核心技术与国外先进技术有较大差距(图1-4);二是关键部件(如空气压缩机、氢气压缩机、氢气循环泵、部分膜电极等)及核心材料(催化剂、质子交换膜等)主要依赖进口,客观上提升了燃料电池的成本。

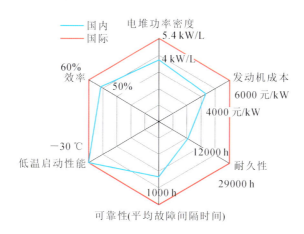

图1-4　国内外技术水平对比雷达图(截至2020年年底)

目前,车用燃料电池国内外研究及产业化进程面临以下挑战。

从国内外空气压缩机发展方向看,离心式空气压缩机是主流发展方向,但其仍会在低流量时发生喘振的现象。目前同济大学团队开发了低流量系数后倾后弯离心式空气压缩机,其可在更窄的喘振边界稳定运行[24]。此外,氢燃料电池空气供应系统在运行过程中氧气需求的突然变化,如启动和负荷变化及水过量都会导致氧气不足(又名"氧饥饿[25]"),会使电池快速逆转,在阴极催化剂中发生电池反转,此时质子接受电子被还原成氢[26],并且反转所产生的热量会带来局部热点,进而对燃料电池造成伤害。为解决"氧饥饿"问题,不仅需要控制系统对空气供给系统进行有效控制[27],而且亟须改善双极板气体流场,优化膜电极中气体扩散层的结构并减小扩散层的厚度。引射器作为氢气供给系统的关键部件,其引射、混合和压缩等工作性能受到尺寸结构和流体压力等因素影响,并存在非线性、流固耦合及对电堆变载响应弱的问题,因此引射器的高效运作和优化设计是其广泛应用所面临的挑战[28]。氢燃料电池系统工作性能受到电堆本身及辅助系统的特性的影响,另外,可靠性及耐久性在很大程度上取决于控制系统。对多输入多输出、有随机干扰及大滞后特性的非线性燃料电池系统的控制是非常困难的。针对空气和氢气供给子系统,风量控制是燃料电池系统的关键和难点。气体供给系统输出的压力过大,会对质子交换膜带来很大的冲击力。电堆在以大功率运行时,膜两侧的压力过大,会为质子交换膜带来永久的损害,甚至会给电堆带来严重影响。因此,为保证燃料电池的正常运行,需要优化控制系统对气体供给系统输出压力的控制[29]。另外,风量控制也影响燃料的利用率和电池效率。重要的是,在实际运行工况中,风量控制系统的响应速度也影响着车用燃料电池的效率、性能和寿命。同时,低成本化、小型化、智能化是车用燃料电池控制系统的发展趋势[30]。氢燃料电池系统复杂的结构、较低的稳定性及动态响应能力,不可避免地会给实际应用带来障碍甚至造成事故。氢燃料电池系统故障特征的耦合性、渐变性、不确定性及随机性,给排查诊断工作带来了极大的困难。有效的故障诊断系统可规避电压偏差,降低燃料电池的发热量,确保车用燃料电池系统的稳定性,进而提高车用燃料电池的安全可靠性。目前,国内外车用燃料电池系统研究的重点是关键材料(膜、催化剂和双极板等)及部件(传感器、执行器和电气设备)、动态响应特性、系统建模、控制策略与仿真等,在车用燃料电池故障诊断方面的研究虽也取得了一定的进展[31,32],但车用燃料电池故障诊断系统的应用率仍然不足。

耐久性不足的问题是制约燃料电池汽车大规模商业化发展的另一个重要因素,虽然有报道提及装载美国联合技术公司(UTC)的燃料电池系统的巴士的运行时间已超过30000 h,但在国内,提升车用燃料电池系统的耐久性仍然是艰巨的任务,目前国内有记录的车用燃料电池系统运行时间通常只有数千小时。提升燃料电池的耐久性的核心技术在于提升催化剂及膜电极的耐久性,包括提升催化剂及膜电极的抗反极性能、提升催化剂活性组分的抗毒抗团聚性能,以及提升碳载体的抗氧化腐蚀性能等。另外,改进车用燃料电池辅助子系统的设计和工艺以及优化对车用燃料电池系统的管理也是提升车用燃料电池系统耐久性的重要途径。

尽管我国车用燃料电池系统仍存在许多需要解决的问题,但是随着关键部件、核心材料的国产化,燃料电池的价格会有较大的下降空间。"十年磨一剑",笔者仍坚信车用燃料电池系统有广泛应用的一天。

本章参考文献

[1] 刘朝全,姜学峰. 2019年国内外油气行业发展报告[M]. 北京:石油工业出版社,2020.

[2] 彭志伟. 2021年全球和中国燃料电池汽车市场现状分析,销量大涨,降本仍是发展关键[EB/OL]. [2022-05-16]. https://www.huaon.com/channel/trend/791535.html.

[3] 郑晨. 2021年全球加氢站建设现状及发展规划分析 2026年加氢站数量有望建成2000座[EB/OL]. [2022-05-21]. https://www.qianzhan.com/analyst/detail/220/210531-557c3dac.html.

[4] WANG Y,CHEN K S,MISHLER J,et al. A review of polymer electrolyte membrane fuel cells:technology,applications,and needs on fundamental research [J]. Applied Energy,2011,88(4):981-1007.

[5] LITSTER S,MCLEAN G. PEM fuel cell electrodes [J]. Journal of Power Sources,2004,130(1-2):61-76.

[6] FENG Q,YUAN X Z,LIU G Y,et al. A review of proton exchange membrane water electrolysis on degradation mechanisms and mitigation strategies [J]. Journal of Power Sources,2017,366:33-55.

[7] DODDS P E,STAFFELL I,HAWKES A D,et al. Hydrogen and fuel cell technologies for heating:a review [J]. International Journal of Hydrogen Energy,2015,40(5):2065-2083.

[8] MA S,LIN M,LIN T E,et al. Fuel cell-battery hybrid systems for mobility and off-grid applications:a review [J]. Renewable and Sustainable Energy Reviews,2021,135:110119.

[9] MANOHARAN Y,HOSSEINI S E,BUTLER B,et al. Hydrogen fuel cell vehicles:current status and future prospect [J]. Applied Sciences,2019,9(11):2296.

［10］ RAO Y S,SHAO Z H,AHANGARNEJAD A H,et al. Shark smell optimizer applied to identify the optimal parameters of the proton exchange membrane fuel cell model［J］. Energy Conversion and Management,2019,182:1-8.

［11］ WONG C Y,WONG W Y,RAMYA K,et al. Additives in proton exchange membranes for low- and high-temperature fuel cell applications: a review［J］. International Journal of Hydrogen Energy,2019,44(12): 6116-6135.

［12］ ALASWAD A,BAROUTAJI A,ACHOUR H,et al. Developments in fuel cell technologies in the transport sector［J］. International Journal of Hydrogen Energy,2016,41(37):16499-16508.

［13］ CARRETTE L, FRIEDRICH K A, STIMMING U. Fuel cells: principles, types, fuels, and applications［J］. ChemPhysChem, 2000, 1(4): 162-193.

［14］ APPLEBY A J. From Sir William Grove to today:fuel cells and the future［J］. Journal of Power Sources,1990,29(1-2):3-11.

［15］ CULLEN D A,NEYERLIN K C,AHLUWALIA R K,et al. New roads and challenges for fuel cells in heavy-duty transportation［J］. Nature Energy,2021,6(5):462-474.

［16］ LARMINIE J,DICKS A. Fuel cell system explained［M］. New York: John Wiley & Sons, Inc. ,2003.

［17］ MEKHILEF S,SAIDUR R,SAFARI A. Comparative study of different fuel cell technologies［J］. Renewable and Sustainable Energy Reviews, 2012,16(1):981-989.

［18］ LABERTY-ROBERT C,VALLE K,PEREIRA F,et al. Design and properties of functional hybrid organic-inorganic membranes for fuel cells［J］. Chemical Society Reviews,2011,40(2):961-1005.

［19］ KIM D J,JO M J,NAM S Y. A review of polymer-nanocomposite electrolyte membranes for fuel cell application [J]. Journal of Industrial and Engineering Chemistry,2015,21:36-52.

[20] WU H W. A review of recent development:transport and performance modeling of PEM fuel cells [J]. Applied Energy,2016,165:81-106.

[21] AHLUWALIA R,WANG X,KWON J,et al. Performance and cost of automotive fuel cell systems with ultra-low platinum loadings [J]. Journal of Power Sources,2011,196(10):4619-4630.

[22] Alternative Fuels Data Center. Fuel Cell Electric Vehicles[EB/OL]. [2022-05-16]. https://afdc.energy.gov/vehicles/fuel_cell.html.

[23] WANG G J,YU Y,LIU H,et al. Progress on design and development of polymer electrolyte membrane fuel cell systems for vehicle applications:a review [J]. Fuel Processing Technology,2018,179:203-228.

[24] 鲍鹏龙,章道彪,许思传,等.燃料电池车用空气压缩机发展现状及趋势[J].电源技术,2016,40(8):1731-1734.

[25] YOUSFI-STEINER N,MOÇOTÉGUY P,CANDUSSO D,et al. A review on polymer electrolyte membrane fuel cell catalyst degradation and starvation issues:causes,consequences and diagnostic for mitigation [J]. Journal of Power Sources,2009,194(1):130-145.

[26] TANIGUCHI A,AKITA T,YASUDA K,et al. Analysis of degradation in PEMFC caused by cell reversal during air starvation [J]. International Journal of Hydrogen Energy,2008,33(9):2323-2329.

[27] PUKRUSHPAN J T,STEFANOPOULOU A G,PENG H. Control of fuel cell breathing [J]. IEEE Control Systems Magazine,2004,24(2):30-46.

[28] 赵海贺,陈泽宇,覃承富,等.车用燃料电池氢气循环系统引射特性研究[J].电力工程技术,2022,41(1):173-179.

[29] 张天贺.燃料电池发动机空气供给系统建模与控制研究[D].武汉:武汉理工大学,2008.

[30] 张玉,林瑞全,翟少琼.400W质子交换膜燃料电池控制系统设计[J].机电技术,2014(5):69-72.

[31] ROTONDO D,FERNANDEZ-CANTI R M,TORNIL-SIN S,et al. Robust fault diagnosis of proton exchange membrane fuel cells using a Takagi-Sugeno interval observer approach[J]. International Journal of Hydrogen Energy,2016,41(4):2875-2886.

[32] SHAO M,ZHU X J,CAO H F,et al. An artificial neural network ensemble method for fault diagnosis of proton exchange membrane fuel cell system[J]. Energy,2014,67:268-275.

第 2 章
质子交换膜燃料电池电堆

电堆是质子交换膜燃料电池动力系统的重要核心组件。它的性能直接决定了燃料电池系统的效率和可靠性。在节能减排、减少碳足迹的背景下,质子交换膜燃料电池电堆的开发和优化不仅是燃料电池技术突破的关键,也是实现可持续发展的重要途径。因此,了解质子交换膜燃料电池电堆的工作原理、结构和工作特性、设计优化及系统集成,对推进燃料电池技术在车用领域的应用至关重要。

2.1 电堆的基本结构及部件

电堆是燃料电池发电系统的核心,单个燃料电池的工作电压仅为 $0.6\sim1.0\text{ V}$,不能为汽车提供足够高的电压和功率。在实际应用时,为了满足一定的电流、电压和功率的需求,车用燃料电池电堆通常由数百个单电池通过一定的方式(串/并联)组装得到。

2.1.1 单电池的基本结构

单电池是构成燃料电池电堆的基本单元,由图 2-1 所示的实验室测试用燃料电池单电池基本结构可知,燃料电池单电池包括膜电极、密封垫、流场板、集流板及端板(有的端板集成有流场板和集流板)等。其中,膜电极是电化学反应发生的场所,被喻为燃料电池的"心脏"。燃料电池各种关键材料的性能一般先通过单电池测试进行评价,进而为材料性能的提高和电池结构的优化提供指导。因此,单电池在燃料电池电堆开发过程中起着承上启下的作用。

2.1.2 电堆的基本结构

图 2-2 所示为燃料电池电堆结构,可以看出,在燃料电池电堆中,双极板与

膜电极交替层叠,在各重复单元之间嵌入密封组件用于流体之间及对外密封,每两个重复单元(包含膜电极、密封组件和双极板)之间设置一块冷却板,用于保持电堆工作温度稳定和均匀(以图 2-2 为例),最后采用前后端板压紧各部件并用螺杆或绑带组装固定,形成燃料电池电堆[1]。燃料电池电堆的主要部件包括膜电极、双极板、端板、密封组件、冷却板等。

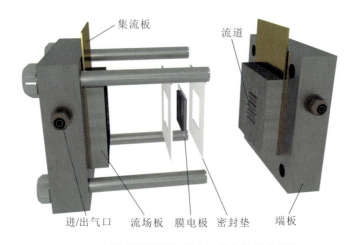

图 2-1　实验室测试用燃料电池单电池基本结构

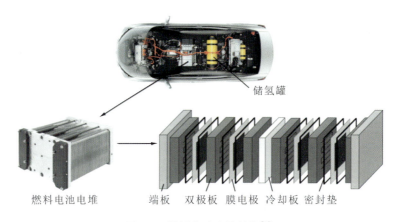

图 2-2　燃料电池电堆结构[1]

2.1.3　电堆的主要部件

1. 膜电极

膜电极是多相物质传输和电化学反应的场所,决定着燃料电池的性能、寿命以及成本,直接关系到燃料电池商业化能否实现。理想的膜电极需要有良好的气体扩散能力、液态水管理能力、质子和电子传导能力以及良好的机械强度和导热性[2-4]。目前,主流质子交换膜燃料电池通常采用第二代膜电极——利用催化剂涂覆膜技术制备的"五合一"结构,如图 2-3 所示,由最中间的质子交换膜和其两侧的催化剂层(CL)、气体扩散层(GDL)组成。

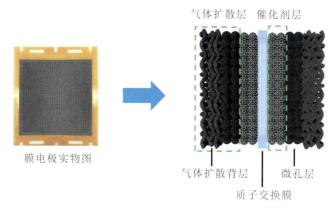

图 2-3　膜电极实物图及结构示意图

1) 质子交换膜

质子交换膜的主要作用是为质子的迁移和输送提供通道,在运行过程中只允许水和质子穿过,同时阻隔氢气、氧气在阴、阳极间的渗透,防止它们直接反应[5]。质子交换膜性能的好坏直接决定着燃料电池的性能和使用寿命。性能好的质子交换膜须满足下列条件:①具备高质子传导率和低电子电导率;②具备低气体渗透性;③具备良好的化学和热稳定性;④具备良好的机械强度;⑤具有适当的性价比[6]。20 世纪 60 年代初,美国通用电气公司开发的聚苯乙烯磺酸型质子交换膜曾经被用到 NASA 宇宙飞船上的燃料电池中,但其稳定性差,没能够推广应用。后来,杜邦公司(DuPont)依托其拥有的 Nafion 树脂专利技术,开发出了全氟磺酸质子交换膜并成功应用到质子交换膜燃料电池中,使得质子交换膜燃料电池性能得到了显著提高,一直到今天全氟磺酸质子交换膜仍然是质子交换膜材料市场的主流产品。全氟磺酸质子交换膜优异的性能是由全氟磺酸离子聚合物的化学结构(图 2-4)决定的。其化学结构由两部分构成:一部分是具有疏水结构的 PTFE(聚四氟乙烯)全氟碳骨架,由于碳氟键键能极

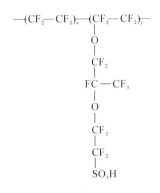

图 2-4 全氟磺酸离子聚合物的化学结构

高,并且氟原子半径较大,能形成对聚合物碳碳主链的保护,确保聚合物膜具有较长的使用寿命;另一部分则是末端带有亲水性磺酸基团的氟化醚支链,在有足够水存在的情况下,接在柔性支链上的磺酸基容易聚集在一起形成若干富离子区域,这些富离子区域彼此相连,形成有利于质子传递的通道,从而具有很高的质子传导能力。—SO_3H 是以离子键结合的,因此侧链末端实际上是一个 SO_3^- 离子和一个 H^+ 离子,这就是该结构被称为离子聚合物的原因。

2) 催化剂层

催化剂层是膜电极的主体,是电化学反应发生的唯一场所。目前质子交换膜燃料电池膜电极的催化剂层通常由催化剂与质子导体溶液(也叫离聚物溶液,它是全氟磺酸树脂的分散液,如杜邦公司的 Nafion 溶液)按一定比例混合而制备得到。催化剂层中存在电化学极化和浓差极化,需要对催化剂层结构进行优化,增强质子、电子、气体和水等物质的多相传输,从而降低极化,进而提升质子交换膜燃料电池的综合性能[7-9]。除催化剂层结构以外,催化剂是影响催化剂层性能的另一关键因素。催化剂可以降低电极反应的反应活化能垒,使电极反应更容易发生,因此在很大程度上决定了燃料电池的电化学反应效率。铂(Pt)被证明是质子交换膜燃料电池的最佳催化剂活性组分。目前,常用的质子交换膜燃料电池商用催化剂是铂碳催化剂(Pt/C)。但是,若使用 Pt 作为燃料电池催化剂,需要解决以下问题:①Pt 资源匮乏;②Pt 成本高昂;③单质 Pt 稳定性不足[10-12]。美国能源部要求降低燃料电池 Pt 使用量,到 2025 年燃料电池阴、阳两极 Pt 总含量需低于 0.10 g/kW,以满足大规模燃料电池系统的应用。另外,车用环境下,燃料电池系统的运行工况复杂多变,快速加减载和启停等会导致燃料电池电位快速变化,造成催化剂严重衰减。因此,研究和开发高稳定性、高活性的低铂或者非铂催化剂对推动质子交换膜燃料电池商业化进程具有十分重要的意义。

3) 气体扩散层

气体扩散层位于燃料电池流场板和催化剂层之间,起到电流传导、散热、水管理、反应物供给的作用,并在装配和运行过程中支撑催化剂层结构,因此需满足以下要求:①具有均匀的多孔结构,透气性好;②电阻率低,电子传导能力强;③结构紧密且表面平整,接触电阻小;④有一定的机械强度,具有适当的刚度与柔性;⑤具有适当的亲水/憎水平衡能力;⑥具有较好的化学稳定性和热稳定性[13,14]。气体扩散层通常由支撑层和微孔层组成。其中,支撑层直接与流场板接触,微孔层直接与催化剂层接触。因编织碳布、无纺布碳纸具有很高的孔隙率、足够的导电性,在酸性环境中也有良好的稳定性,故支撑层材料主要是多孔的碳纤维纸(碳纸)、碳纤维织布、碳纤维无纺布、炭黑纸。碳纸质量小、表面平整、耐腐蚀、孔隙均匀且强度高,厚度可根据使用要求调整,制造工艺成熟,性能稳定,是支撑层材料的首选。微孔层通常由炭黑、憎水剂构成,用于改善支撑层孔隙结构,降低支撑层与催化剂层之间的接触电阻,引导反应气体快速通过扩散层并均匀分布到催化剂层表面,排除反应生成的水以防止水淹现象的发生[15]。

4) 产业化现状

目前国际上的膜电极生产商/供应商主要有 3M、Johnson Matthey、Gore、Ballard 等,日本车企如丰田、本田公司也都自主开发了膜电极。中国膜电极生产厂家总数已超过 10 家,主要有中国科学院大连化学物理研究所、新源动力股份有限公司、武汉理工氢电科技有限公司、北京亿华通科技股份有限公司、苏州擎动动力科技有限公司、鸿基创能科技(广州)有限公司、昆山桑莱特新能源科技有限公司等。据报道,鸿基创能科技(广州)有限公司产能达到 300000 m^2/a,可满足当前产业化需求;武汉理工氢电科技有限公司可以生产车用膜电极、空冷膜电极、电解水膜电极和传感器膜电极 4 款膜电极产品,公开数据显示 Pt 载量为 0.28 mg/cm^2,功率密度为 1.4 W/cm^2,并且已建成了自动化程度更高的膜电极生产线,膜电极产能达到 20000 m^2/a,最终设计产能将达到 100000 m^2/a;中国科学院大连化学物理所利用静电喷涂技术优化了膜电极中催化剂层的材料、配比和结构,制备了低 Pt 载量的催化剂涂覆膜型膜电极,电池最高功率密度达到2.1 W/cm²,膜电极 Pt 载量为0.3 mg/cm²。

目前,国内膜电极厂商的产品性能与国际水平接近,但是在 Pt 载量、启停、冷启动及抗反极等方面还存在一定差距。表2-1展示了美国能源部设定的质子交换膜燃料电池膜电极技术目标,为了达到甚至超过此目标,未来膜电极的主要研究方向为低 Pt 载量催化剂的开发、膜电极结构设计与优化和长寿命膜电极的开发。

表 2-1 美国能源部设定的质子交换膜燃料电池膜电极技术目标

序号	特征参数	2025 年目标
1	铂族金属(PGM)用量(两极总和)	≤0.1 g/kW(额定)
2	循环耐久性	8000 h
3	性能(检测条件:0.8 V)	300 mW/cm²
4	性能(检测条件:额定功率)	1800 mW/cm²
5	鲁棒性(冷启动)	0.7
6	鲁棒性(热启动)	0.7
7	鲁棒性(冷瞬态)	0.7
8	质量活性衰减	30000 圈循环损失≤40%
9	催化剂载体稳定性	30000 圈循环损失≤40%
10	极化性能衰减(检测条件:0.8 A/cm²)	≤30 mV
11	极化性能衰减(检测条件:1.5 A/cm²)	≤30 mV
12	质量比活性	0.44 A/mg[铂族贵金属,检测条件为900 mV(经过内阻补偿后的电压)]

2. 双极板

1) 概念和功能特性

通常,双极板质量占电堆总质量的80%以上,成本约占总成本的30%,而电堆体积基本由双极板占据。在燃料电池电堆内,双极板主要具有以下作用:①支撑膜电极组件(MEA);②分隔各单电池;③分隔阴极、阳极反应气体,防止其混合;④提供电气连接;⑤输送反应气体并使之均匀分配;⑥传导反应热量;⑦去除水副产物;⑧承受组装预紧力[16]。表2-2展示了美国能源部设定的质子交换膜燃料电池双极板技术目标。

表 2-2　美国能源部设定的质子交换膜燃料电池双极板技术目标

序号	性能	2025 年目标
1	电导率/(S/cm)	>100
2	面积比电阻/(Ω·cm²)	<0.01
3	H_2 渗透率/(cm³/(S·cm²·Pa))(检测条件:80 ℃,303.975 kPa,相对湿度为100%)	2×10^{-6}
4	阴极腐蚀电流/(μA/cm²)	<1
5	寿命/h	8000
6	功率比质量/(kg/kW)	0.18
7	成本/(美元/kW)	2.0
8	抗弯曲强度/MPa	>40

2）分类

双极板根据材料不同可以分为石墨双极板、金属双极板以及复合双极板，如图 2-5 所示。石墨双极板具有优异的导电性和耐蚀性，技术最为成熟，是双极板商业应用最为广泛的碳质材料，但机械强度差、厚度难以减小，在紧凑型、抗冲击场景下的应用较为困难。因此，更具性能和成本优势的金属双极板成为发展热点，如主流的金属双极板厚度不大于 0.2 mm，体积和质量明显减小，电堆功率密度显著增加，兼具延展性良好、导电和导热特性优、断裂韧度高等特点。当前，主流的氢燃料电池汽车（如本田、丰田、通用等品牌）都采用了金属双极板。但是，金属双极板耐蚀性较差，在酸性环境中金属易溶解，浸出的离子可能会毒化膜电极组件；随着金属离子溶解度的增加，电阻增加，氢燃料电池输出功率降低[17]。为解决腐蚀问题，一方面可在金属双极板表面涂覆耐腐蚀的涂层材料，另一方面可研制复合双极板[18,19]。但是，因为具有生产周期长、成本高等缺点，复合双极板的应用受到很大限制。

3）产业化现状

图 2-6 为国内外部分采用不同类型双极板的车用质子交换膜燃料电池电堆的体积功率密度。金属双极板在超薄状态下的成形性能优于其他材料，因此在高功率电堆中得到了广泛应用，而石墨双极板和复合双极板一般用于中低功率电堆。在国际市场上，美国、日本及欧洲一些国家的石墨双极板、金属双极板性

能整体较强,美国、英国的复合双极板的性能处于国际先进水平。国内石墨双极板发展较成熟,个别厂商生产的石墨双极板部分性能已达国际先进水平。我国对金属双极板和复合双极板的研究开始得较晚,技术仍有较大提升空间。更多关于双极板的内容会在 2.4 节双极板的研究及开发中详细介绍。

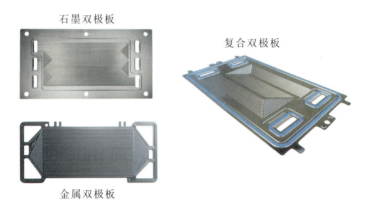

图 2-5 三种不同材料的双极板实物图

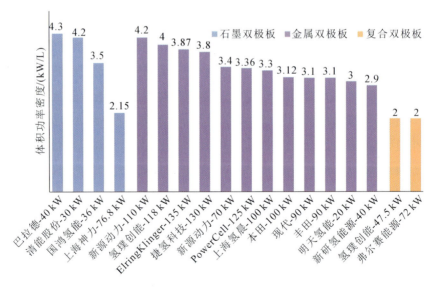

图 2-6 国内外部分采用不同类型双极板的车用质子交换膜燃料电池电堆的体积功率密度

3. 端板

端板是燃料电池电堆封装不可或缺的组件,位于电堆结构的最外侧。除了配合紧固件控制燃料电池内部接触压力外,端板还有保证电池内部接触压力均匀和极板边缘密封良好的作用。性能优异的端板应具备以下特性:①足够的机械强度和刚度,以保证电池内部接触压力均匀分布;②稳定的化学性质及电化学性质;③质量小、体积小,以保证较高的电堆功率密度;④良好的电绝缘性;⑤易于加工[20]。其中,具备足够的强度与刚度通常是端板设计的首要目标,这是因为不合理的端板结构会使封装载荷产生的接触压力不均匀分布,从而可能引起反应气体泄漏、接触电阻分布不均匀以及热应力分布的差异,进而影响电堆的实际性能。

在实际使用过程中,燃料电池端板材料主要有金属、非金属和复合材料三大类。常见的金属端板材料有铝合金、钛合金及不锈钢等,其中:铝合金由于具有密度小、机械强度高和易加工等特点而得到广泛应用;钛合金也具有密度小和机械强度高等优点,且耐蚀性相较于铝合金更好,但是钛合金成本较高,这就限制了其在端板上的应用;不锈钢具有较高的机械强度和较低的成本,但是质地较重。金属材料在燃料电池运行过程中易发生腐蚀,因此,对金属端板需要做表面处理以增强其耐蚀性。非金属端板材料的耐蚀性较强,且具有质量小、成本低等优点。常用的非金属端板材料有聚碳酸酯、聚乙烯、聚苯乙烯、聚酰胺等,但是,较低的机械强度和刚度限制了其在中大型电堆上的应用。复合材料端板一般以氧化铝、陶瓷粉末、碳纤维等作为无机填料与非金属材料混合制作而成。由于无机材料的加入,相较于非金属材料,复合材料端板的尺寸稳定性及抗蠕变性均有所提高。目前,高强度铝合金和复合材料端板被认为是未来燃料电池端板的发展方向。

4. 密封组件

与膜电极和双极板的研究相比,目前有关密封组件的研究较少。而在电堆结构中,密封组件是不可或缺的,且大多数燃料电池电堆的密封组件往往与膜电极或双极板集成在一起。密封组件具有隔绝外围环境、防止反应气体和冷却液泄漏、补偿组件公差和使膜电极处于合适的受压状态的作用,因此,电堆中层与层之间需要设计相应的密封结构。密封组件虽不参与电化学反应,但其性能直接影响电池的发电效率和使用寿命,因为燃料电池密封失效可引发燃料电池电堆可靠性及耐久性下降[21]。一般来说,电堆的密封通常要满足以下要求:①反应气、冷却液不外漏,燃料、氧化剂和冷却液不互窜;②密封组件安全可靠,寿命长;③密封组件结构紧凑,制造、维修方便。

为了满足燃料电池电堆密封的要求,理想的密封组件材料应具备以下特性:①致密性好,不易泄漏介质;②有适当的机械强度和硬度;③压缩性和回弹性好,永久变形小;④高温下不软化、不分解,低温下不硬化、不脆裂;⑤耐蚀性好,析出物对燃料电池其他部件不产生污染;⑥耐磨性好,柔软性好,易于与密封面结合;⑦加工制造方便,价格较低,取材容易[22]。虽然几乎没有材料可以完全满足上述要求,但是具有优异密封性能的材料一般能够满足上述大部分要求。目前,燃料电池常采用橡胶类高分子密封材料,其制品种类繁多,主要包括硅橡胶、聚烯烃类橡胶、氟橡胶等。相比较而言,硅橡胶耐久性能最差,在实际工况下,质子交换膜中氟离子析出是硅橡胶老化加剧的主要原因;氟橡胶耐低温性能明显劣于硅橡胶和聚烯烃类橡胶,经济成本也相对较高;聚烯烃类橡胶作为质子交换膜燃料电池密封材料,综合性能最佳。更多相关内容会在2.5节中详细介绍。

2.1.4 电堆冷却技术

燃料电池工作时,在电池的电化学反应中除了产生电能外,也会有大量的热量产生。目前,燃料电池在实际工作中效率为40%～60%,其余的绝大多数能量会转换为热量,这也就意味着约有50%的废热必须排出,否则会造成燃料电池运行温度过高及电堆内的温度梯度提升,进而导致膜脱水、材料热破坏和电池间性能差异变大等问题。燃料电池电堆的冷却方式根据冷却剂吸热后是否发生相变分为单相冷却和相变冷却。其中,单相冷却是目前燃料电池电堆常用的冷却方式,而相变冷却作为一种被动冷却方式主要用于蓄热,以改善电堆的冷启动性能。质子交换膜燃料电池电堆的单相冷却主要包括空气冷却和液体冷却两种类型,这也是目前应用最为广泛的两种冷却方式[23]。

1. 空气冷却

空气冷却是将冷却系统与阴极供气系统集成在一起的冷却方式,阴极通入的空气不仅是燃料电池电化学反应所需的反应物,同时也是冷却系统的冷却剂。因此,冷却系统不再需要冷却管路、水泵和散热器,从而使系统的结构得到简化,有助于减小燃料电池系统的体积,并降低成本。

采用空气冷却技术的燃料电池电堆有两种结构:①用于参加反应的空气和用于冷却的空气共用阴极流道,通入阴极的大量空气中只有小部分参与燃料电池的电化学反应;②在单个电池之间加入冷却板,针对冷却空气,另外设计专用冷却流道,冷却空气流过冷却流道时带走电堆产生的热量。但以上两种结构各自都有缺点:对于第一种结构,空气对流换热系数低,尽管可以通过提高空气流速提升冷却效果,但是空气流速越高,质子交换膜中的水流失越多,因而会严重降低质子在膜内的传输能力,导致燃料电池的电阻升高,输出性能变差;对于第二种结构,因空气比热容低,冷却流道进、出口空气温差大,反应区域的温度分布不均匀,各处含水量差别大,局部电流密度分布也不均匀,会影响燃料电池的整体性能。

由于空气冷却方式换热效率较低,目前仅应用于小型燃料电池电堆(额定功率≤5 kW),功率超过10 kW的车用燃料电池电堆必须采用液体冷却方式。

2. 液体冷却

液体的比热容远大于气体的比热容,与空气冷却相比,液体冷却具有热转移能力高、流速低等优点。液体冷却可获得更加均匀的电堆内部温度分布和更低的进、出口温差,有助于提高电堆内电池性能的一致性,因此是目前最常见的大功率燃料电池电堆的冷却方式。在液体冷却系统中,冷却液需要循环利用,因此需要增加循环泵、散热器、节温器等循环系统部件,同时需要配备合适的去离子装置以控制燃料电池在长期运行过程中产生并进入冷却液的金属离子,这就在一定程度上提高了系统的复杂性。

同上述采用空气冷却技术的第二种结构的燃料电池电堆相似,采用单相液体冷却技术的燃料电池电堆需要在单个电池之间加入冷却板。对以低电流密度(如电流密度最大不超过500 mA/cm^2)运行的电堆,可每隔2~3节单电池设置一块冷却板。由于燃料电池技术的进步,燃料电池的工作电流密度已经逐步提高至1 A/cm^2,此时为防止电堆内温度分布的不均匀,必须在每个电池之间设置冷却板。在冷却板内要设计冷却液流场,引导冷却液流动路径,防止在冷却液流经冷却腔时形成死角,导致电池局部温度升高。

目前,常用的冷却液为去离子水和乙二醇水溶液。水被污染后,电导率提高,在电池组的冷却水流经的管道内可能发生少许电解,产生氢气和氧气,导致电池存在安全隐患,同时还会发生一定的漏电现象,降低燃料电池电堆的能量转换效率,因此必须使用去离子水。采用乙二醇水溶液作为冷却剂主要是为了降低冷却液电阻并考虑低温冷冻保护。当去离子水与乙二醇以一定体积混合后,冰点可低至 -60 ℃,满足车辆在低温环境中的运行需求。同时,乙二醇水溶液不损害橡胶软管,加入防锈剂后不腐蚀金属,价格相对便宜,是一种较为理想的冷却液。

2.2 电堆工作原理

质子交换膜燃料电池的发电原理与化学电源类似,电极提供电子转移的场所,导电离子在将阴、阳极分开的电解质内迁移,电子通过外电路做功并构成电路回路。但是,燃料电池的工作方式又与常规的化学电源不同,更类似于汽油、柴油发动机,当燃料电池发电时,要连续不断地向电池内送入燃料和氧化剂,排出反应产物,同时也要排出一定的废热,以保持电池工作温度的恒定。

2.2.1 基本工作原理

如前文所述,单个燃料电池的工作电压仅为 0.6~1.0 V,因此在实际使用中,通常会根据工作电流、电压和功率的需要,将多个单电池封装在一起从而得到不同输出功率的电堆。电堆在工作时,氢气和氧气分别由进口进入,经各单电池的双极板流场导流均匀分配至阳极和阴极,发生氢氧化反应(HOR)和氧还原反应(ORR)。在燃料电池阳极,H_2 通过气体扩散层到达催化剂层后,经氢氧化反应,在 Pt 催化剂催化下分解生成质子和电子,质子通过质子交换膜迁移到达阴极,电子通过外部电路流入阴极产生电流。在燃料电池阴极,O_2 通过气体扩散层到达催化剂层后与阳极生成的质子和电子在 Pt 催化剂表面发生氧还原反应,生成水并释放热量[24]。质子交换膜燃料电池电堆及单电池工作原理示意图如图 2-7 所示。

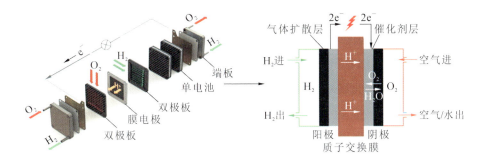

图 2-7 质子交换膜燃料电池电堆及单电池工作原理示意图

阳极发生氢氧化反应：

$$H_2 \longrightarrow 2H^+ + 2e^- \quad E_a^\ominus = 0 \text{ V}(相对标准氢电极电势)$$

阴极发生氧还原反应：

$$1/2O_2 + 2H^+ + 2e^- \longrightarrow H_2O \quad E_c^\ominus = 1.229 \text{ V}(相对标准氢电极电势)$$

总反应式：

$$H_2 + 1/2O_2 \longrightarrow H_2O + 余热$$

2.2.2 开路电压

燃料电池的开路电压为电池处于开路状态，即电流为零时的电压。当一个电化学反应中没有产生电流时，反应应该处于平衡状态，那么电极电位应该等于平衡电位（理论开路电压）。但是，燃料电池的开路电压一般都比平衡电压要低，在2.2.3节中会对其进行详细解释。根据能斯特方程，氢燃料电池的开路电压与温度和压力相关[25,26]：

$$E = -\frac{\Delta G}{nF} = E^\ominus + (T - T^0)\frac{\Delta S^0}{nF} + \frac{RT}{nF}\ln\left[\frac{(p_{O_2}/p^\ominus)^{\frac{1}{2}}(p_{H_2}/p^\ominus)}{p_{H_2O}/p^\ominus}\right] \quad (2\text{-}1)$$

式中　E——实际开路电压(V)；

　　　ΔG——吉布斯自由能变(kJ/mol)；

　　　F——法拉第常数(96485 C/mol)；

　　　n——反应中消耗的电子数(此处是2)；

　　　$E^\ominus$——标准状态(温度为298.15 K，压强为101325 Pa)下的理论开路电压(1.229 V)；

T——电池绝对温度(K);

ΔS^0——反应的熵变[kJ/(mol·K)];

R——气体常数[8.314 J/(mol·K)];

$p_i(i=H_2,O_2,H_2O)$——各反应物及生成物的分压(Pa);

$p^\ominus$——标准大气压,$p^\ominus=101325$ Pa。

2.2.3 极化现象

处于热力学平衡状态的电极体系,由于氧化反应和还原反应速度相等,电荷交换和物质交换都处于动态平衡之中,因而净反应速度为零,电极上没有电流通过,即外电流等于零,这时的电极电位就是平衡电位。当电极上有电流通过时,就有净反应发生,这表明电极失去了原有的平衡状态。这时电极电位将偏离平衡电位。这种有电流通过时,电极电位偏离平衡电位的现象叫作电极的极化。

当燃料电池工作时,电极上有电流通过,此时燃料电池电极反应偏离热力学平衡条件而发生极化。因此,相对于平衡状态下的理论开路电压,实际电池电势会出现一定程度的下降。燃料电池电压损失主要是由内部渗透电流能量损失、活化极化损失、欧姆极化损失和浓差极化损失造成的[27]。因此,电池的实际电压可以表示为[28]:

$$E_{cell} = E_{ocv} - \Delta E_{act} - \Delta E_{ohm} - \Delta E_{con} \tag{2-2}$$

式中 E_{ocv}——电池在实际运行温度、压力和反应物浓度下的实际开路电压(V);

ΔE_{act}——活化过电位(V);

ΔE_{ohm}——欧姆过电位(V);

ΔE_{con}——浓差过电位(V)。

燃料电池极化产生的各种过电位和电压损失可用极化曲线来描述,其示意图如图2-8所示。从图中可以看出,电池开路电压小于理论值。这说明即使没有连接负载,也会有电压损耗。造成这种损失的主要原因是燃料电池内部微量氢分子和电子会通过质子交换膜发生扩散(尽管质子交换膜无法传导电子,而且气体通常也无法渗透),氢分子的扩散将导致流向外部负载的电子减少。在燃料电池工作过程中,这些损失通常是很小的,但是当燃料电池工作于低电流密度或者处于开路电压时,损失就会变得很大[25]。

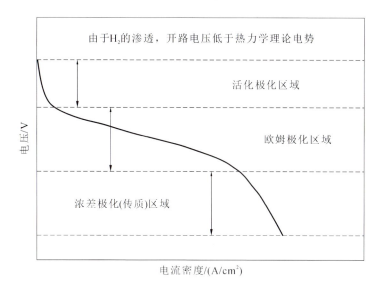

图 2-8　燃料电池极化曲线示意图

活化极化主要是由电化学反应的动力学阻力造成的。燃料电池的阴极和阳极反应都必须克服一定的活化能垒,这种活化能垒导致燃料电池的活化极化,反映在极化曲线中就是在低电流密度区域,电压迅速下降。活化极化是由一系列复杂电化学步骤中的速度控制步骤所决定的。巴特勒-福尔默(Butler-Volmer)方程在高电流密度状态下的表达形式可以用于描述活化极化的大小[28]:

$$\Delta E_{\text{act}} = \frac{RT}{\alpha nF}\ln\left(\frac{i}{i_\text{o}}\right) \tag{2-3}$$

式中　α——传递系数;

n——反应中消耗的电子数;

F——法拉第常数(96485 C/mol);

R——气体常数[8.314 J/(mol·K)];

T——电池绝对温度(K);

i——工作电流密度(A/cm^2);

i_0——交换电流密度（A/cm²）。

欧姆极化主要是由燃料电池内部离子和电子传输过程中的阻抗导致的，包括质子交换膜的离子阻抗、电极的电子阻抗和接触阻抗等，主要体现在极化曲线的中间部分。欧姆过电位遵循简单的欧姆定律，可描述为[28]：

$$\Delta E_{\text{ohm}} = iR_{\text{ohm}} = i(R_e + R_i) \tag{2-4}$$

式中 R_e——双极板、电池连接处、接触处以及电子流经的其他电池组件的电阻（Ω）；

R_i——氢离子在质子交换膜中的传输阻抗（Ω），是欧姆过电位的主要来源。

浓差极化发生在极化曲线的后半部分，即高电流密度区域。燃料电池电极反应发生在催化剂层，因此，反应物需要经过气体扩散层到达催化剂层表面而发生反应。在高电流密度下，电化学反应速度极快，电极表面反应物被迅速消耗，同时生成的水不能及时排出，反应物（氢气和氧气）得不到及时补充，导致电极表面附近的反应物浓度迅速降低，即反应物出现浓度差，这种现象即为浓差极化。浓差极化引起的电压损耗，即浓差过电位可以表示为[28]：

$$\Delta E_{\text{con}} = \frac{RT}{nF} \ln\left(\frac{i_L}{i_L - i}\right) \tag{2-5}$$

式中 i_L——极限电流密度（A/cm²）。

但是这个理论公式并不能很好地表示燃料电池的浓差过电位，特别是对于反应物气体为混合物的情况（例如阳极使用重整气、阴极使用空气等）。对于质子交换膜燃料电池，式(2-5)没有考虑水的排出，不能很好地表示浓差过电位。基于此，基姆等人提出了一个更好的经验公式[29]：

$$\Delta E_{\text{con}} = c \times \exp\left(\frac{i}{d}\right) \tag{2-6}$$

式中 c,d——经验系数（有文献提出 $c = 3 \times 10^{-5}$ V，$d = 0.125$ A/cm²，这些系数取决于燃料电池的内部条件）。

使用该式能较好地拟合不同情况下的极化曲线，因为质子交换膜燃料电池中涉及液态水的传输问题，所以很难用一个精确的公式表示浓差过电位。

2.2.4 燃料电池能量转换效率

对于电化学反应,其理论效率为转化成电功的那部分能量和反应热量之间的比值,即反应的吉布斯自由能变与反应焓变之间的比值。基于此,燃料电池的效率可表示为[30]:

$$\eta_{cell} = \frac{\Delta G}{\Delta H} \times 100\% \tag{2-7}$$

式中 ΔG——吉布斯自由能变(kJ/mol);

ΔH——反应焓变(kJ/mol)。

在标准状态下,反应的吉布斯自由能变为 $\Delta G^\ominus = -237.2 \text{ kJ/mol}$,反应焓变为 $\Delta H^\ominus = -285.8 \text{ kJ/mol}$,因此标准状态下燃料电池的热力学最大(理论)效率为83%。

但是,燃料电池实际工作时是达不到理论效率的,假设电池反应焓变可以完全转化成电功,则电池的电压应为[30]:

$$E = -\frac{\Delta H}{nF} \tag{2-8}$$

当生成的水为液态和气态时,反应热分别为 285.8 kJ/mol 和 241.8 kJ/mol。这两个值分别为水的高热值和低热值,二者之差是水的汽化潜热。以高热值计算,电池的电压应为 1.48 V;以低热值计算,电池的电压应为 1.25 V。如果燃料利用率为 μ,则燃料电池的实际效率可以按式(2-9)计算[30]:

$$\eta = \mu \frac{\Delta G}{\Delta H} \times 100\% = \mu \frac{-nFV}{-nFE} \times 100\% = \begin{cases} \mu \dfrac{V}{1.48} \times 100\% & \text{(以高热值计算)} \\ \mu \dfrac{V}{1.25} \times 100\% & \text{(以低热值计算)} \end{cases} \tag{2-9}$$

2.2.5 电堆常见故障

车用燃料电池电堆通常由几百片单电池串联组成,其中任何一片失效或发生故障,若未能及时检测到并加以处理,都可能造成电堆性能下降甚至损坏。因此,分析电堆故障、提升电堆的耐久性与可靠性对车用燃料电池的应用非常重要。实时检测燃料电池电堆运行过程中的参数变化,如表2-3所示的压力、流量、湿度等,能够让操作人员及时发现并处理相关故障。质子交换膜燃料电池电堆故障根据严重程度,可分为致命性故障和可恢复性故障,其中:致命性故障包括质子交换膜破损、电极穿孔和双极板损坏;可恢复性故障包括电堆短路、电极水淹、膜干、电堆过载、催化剂中毒和氢氧混合[31]。燃料电池反极是引起电堆故障的重要原因之一,防止反极的发生能够有效地避免大部分电堆故障。

表2-3 检测信号类型、检测内容与检测原因

信号类型	检测内容与检测原因
压力	包括氢气压力、空气压力以及冷却水压力。若气体压力过高,则可能导致膜破损;若气体压力过低,则电池输出性能会降低;若冷却水压力过低,则会导致冷却效果变差
流量	包括氢气流量、空气流量以及冷却水流量。气体流量影响电池输出性能,冷却水流量影响冷却效果
温度	包括氢气温度、空气温度以及冷却水温度。燃料电池电堆最佳工作温度范围为60～80 ℃,温度对其输出性能影响较大
湿度	包括空气湿度、氢气湿度、电堆湿度。质子交换膜的湿度要保持在合适范围,膜太干或者膜太湿都会降低燃料电池输出性能,而膜的湿度受进电堆的空气和氢气的湿度的影响较大
电压	包括单电池电压、电堆输出电压。单电池电压空载时在1 V左右,加载时会降到0.6 V左右,单电池电压可以反映电堆的健康状况;电堆输出电压是所有单电池的电压之和,可以从总体上反映电堆状态
电流	包括单电池电流、电堆输出电流。电堆输出电流是燃料电池电堆负载大小的体现

1. 反极

1) 反极的概念

在燃料电池电堆迅速启停或者负载大幅度变化时,电堆内某单片或者多片电池出现负向电压,即由提供能量变成消耗能量,这就是反极。反极一般是因在某一电流密度下,电堆内某一片或多片电池不能获得足够的燃料或氧化剂,导致电极电压反转而产生的。发生反极现象时,若燃料室内出现氧化剂或者氧化剂腔内出现燃料,则可能使电池被烧毁甚至引发爆炸,即使没有发生危险,反

极也会严重降低电池性能。一般来说,反极的原因有以下几种:①供气系统发生故障;②电池排气系统发生故障或原料气纯度与系统所需纯度不匹配;③双极板加工不均匀;④反应气流速过低;⑤工作环境恶劣。

2) 反极的危害

对于质子交换膜燃料电池电堆,当某片电池阳极"饥饿"时,局部电流密度下降将引起阳极电压升高,导致液态水发生电解从而生成氧气,形成局部氢氧界面:

$$2H_2O \longrightarrow O_2 + 4H^+ + 4e^- \quad E^\ominus = 1.229 \text{ V}(相对标准氢电极电势)$$

而阴极"饥饿"则会导致局部产生氢气,引起反向电压:

$$2H^+ + 2e^- \longrightarrow H_2 \quad E^\ominus = 0 \text{ V}(相对标准氢电极电势)$$

此时,反极的发生将导致催化剂层上的碳发生腐蚀,其腐蚀机理如下:

$$C + 2H_2O \longrightarrow CO_2 + 4H^+ + 4e^- \quad E^\ominus = 0.207 \text{ V}(相对标准氢电极电势)$$

$$C + H_2O \longrightarrow CO + 2H^+ + 2e^- \quad E^\ominus = 0.518 \text{ V}(相对标准氢电极电势)$$

值得注意的是,碳腐蚀发生时的电位虽比水电解发生时的电位低,即在热力学上碳腐蚀反应优先发生,但从动力学上水电解反应更快,因此实际上水电解反应优先发生。碳载体的腐蚀是不可逆的,会导致阳极催化剂层结构坍塌;碳载体腐蚀后,Pt颗粒脱落、团聚,导致催化剂表面电化学活性面积减小;催化剂层结构的亲、疏水性和孔隙率改变将影响其性能;碳腐蚀反应中产生的CO会毒化Pt催化剂,进一步降低电池性能。如果反极时间足够长,与催化剂层相邻的微孔层也会发生氧化反应而消失。同时,反极发生时产生大量的热,会使电堆中形成局部高温点,加速质子交换膜的降解,形成孔洞,降低开路电压,严重时还会造成短路。

2. 常见故障

质子交换膜燃料电池电堆的常见故障是电极水淹、膜干、催化剂中毒和氢氧混合,尤其是电极水淹和膜干两种故障,随着电堆功率增大,在电堆运行过程中出现的概率最大,导致电堆耐久性降低,工作性能下降,甚至剩余寿命缩短。

1) 电极水淹

在燃料电池电堆运行过程中,电堆内的水主要是加湿后的反应气体带入的水和阴极侧氧还原反应生成的水。电堆内水的传输较为复杂:质子以水为载体从阳极传输到阴极,在此过程中,部分水从阳极迁移到阴极,这称为电拖曳现象;阴极含水量较高,因此部分水从阴极通过膜扩散到阳极,这称为反渗现象[32]。当电堆在大功率下工作时,电流随之增大,若反应生成的液态水无法及时排出,会在流道内大量积聚,最终堵塞流道,造成电极水淹。

发生水淹时,液态水会覆盖在气体扩散层和催化剂层表面,使得反应气体通过扩散层到达催化剂层的传质阻力大幅增加,导致电堆性能下降和寿命衰减。同时,水的积聚会导致膜出现局部溶胀,对膜造成永久损伤。不仅如此,柯婉頔等人[33]经研究发现液态水会阻塞气体传输通道,引起气体"饥饿",导致反极,从而使催化剂层上的碳发生腐蚀,进而引起催化剂层失效。Yang等人[34]发现燃料电池阳极也经常出现水淹现象,这是因为部分阴极的水通过反渗作用扩散到了阳极,而阳极往往只进气不排气,偶尔脉冲排气,排气速度慢,易出现积水。阳极水淹引起的局部氢"饥饿",同样会导致催化剂层碳腐蚀,腐蚀出现的颗粒或杂质若传输到质子交换膜内部,可能会导致电池失效[35]。He等人[36]发现短期水淹是可逆的,但是由于液态水传输速度缓慢,若电流密度发生变化,往往需要30 min才能重新达到稳定状态。电极水淹不仅会发生在电极的催化剂层或者扩散层,同时会在电池的流道内发生。积聚的液态水无法排出,最终会堵塞流道,反应气体难以扩散到电池后半段,导致电池局部燃料不足,进而降低电池性能并缩短电池寿命。

2) 膜干

在燃料电池电堆工作时,需要确保质子交换膜具有一定的湿度以保证质子的传输。如果反应气体没有充分加湿或者电堆温度较高,不能使质子交换膜充分润湿,则会发生膜脱水现象,质子传导率大幅下降。质子交换膜在充分润湿的条件下,膜的阻抗较小,一旦出现脱水,阻抗随膜脱水程度增加而增大,电流通过膜时产生的热量增加,严重时会导致局部过热而灼烧质子交换膜。张洪霞等人[37]使电堆在膜干条件下长时间运行,通过观察膜内部结构发现,随着运行时间延长,膜的降解速度加快,进而穿孔甚至产生裂纹。Sanchez等人[38]的研究也证明了燃料电池长期处于膜干状态时,干燥区域将不断扩大,最终导致整个膜干化破裂,造成不可逆损害。

3) 催化剂中毒

当环境污染较为严重时,被污染的空气中通常包含粉尘、烟雾、CO 等,它们通过风机进入燃料电池内部后,与 Pt 催化剂接触会直接导致其中毒。此外,采用化石燃料制取的氢气以及通过化学热分解等方法制备得到的氢气,杂质含量较高,反应气中 CO 含量超过 5 ppm(1 ppm=1×10^{-6})即会引起严重的 Pt 催化剂中毒。反极时的碳腐蚀也是引起 Pt 催化剂中毒的重要原因之一,生成的 CO 会使反应气中 CO 含量急剧上升,对催化剂造成永久性伤害,影响电堆寿命。

4) 氢氧混合

氢氧混合现象出现的原因有很多:①当电堆启停、电极水淹、气体"饥饿"等引发反极时,阳极发生水电解反应生成氧气,阴极发生氢氧化反应生成氢气,造成氢氧混合,并且短时间内所产生的热量会形成局部高温点,加速质子交换膜的降解,形成孔洞,严重时将引起氢氧混合;②当质子交换膜脱水时,其内阻明显增大,引起燃料电池输出电压下降、质子交换膜性能衰减和变形,甚至穿孔和毁坏,导致内部出现氢氧混合;③水的积聚会导致膜出现局部溶胀,对膜造成永久损伤,严重时导致氢氧混合;④纯净度不高的空气进入燃料电池内部后,空气含有的硫化物或酸碱物质会腐蚀金属双极板和密封垫等,长期如此将影响燃料电池的密封性,导致气体泄漏、内窜,出现氢氧混合现象。氢氧混合是相当危险的,容易烧毁电池,甚至引发爆炸。

2.3 膜电极制备技术及相关研究

一个复杂燃料电池系统的核心是电堆,而电堆的核心是膜电极。因此,膜电极对整个质子交换膜燃料电池系统的性能、成本和寿命有着决定性影响。

膜电极是电解质膜、阴极和阳极的组合体,通常也称为膜电极组件。它是一种多层多孔结构组合,最初是在 20 世纪 60 年代为"双子星座"计划的磷酸燃料电池开发的。从那时起,膜电极经历了几代的发展。在质子交换膜燃料电池出现后,膜电极技术取得了很大的进步。在质子交换膜燃料电池中,膜电极位于两块双极板之间,而双极板上加工有流道流场,从而使反应气体可以进入膜电极内部发生电化学反应。膜电极中心是夹在阴、阳极催化剂层之间的一个三明治结构,其外围是催化剂层的多孔支撑层,即气体扩散层。质子交换膜燃料电池膜电极这种多层结构的厚度通常小于 500 μm,但在正常操作条件下单位几何面积的电极能够产生超过 1 A/cm² 的电流,因此它是非常高效的电化学反应场所。

由于成熟的商业化膜(如 Nafion® 膜)、催化剂层和气体扩散层的广泛应用,质子交换膜燃料电池膜电极的制备主要集中在催化剂层的制备与最后的组装成形上。通常一个五层结构膜电极通过以下两种方法之一来制备:①将催化剂层制备在气体扩散层上;②将催化剂层制备在质子交换膜上。与之相应,这两种方法形成的组件分别称为 CCG(catalyst-coated GDL)和 CCM(catalyst-coated membrane),如图 2-9 所示。膜电极的组装看起来简单,但这个过程与单独制备气体扩散层、催化剂层和质子交换膜完全不同,这些组件在膜电极中的位置必须合理设计与安排以使膜电极具备最好的物理、化学和力学性能。

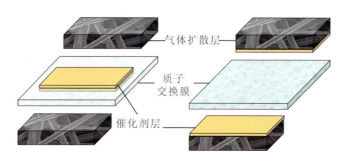

图 2-9 CCM 型(左)和 CCG 型(右)膜电极构建方式示意图

下面分别对上述两种膜电极制备方法和膜电极组装技术进行介绍。

1. 气体扩散电极技术

将催化剂层制备到气体扩散层上而形成的 CCG 组件其实就是气体扩散电极(GDE)。气体扩散电极技术被认为是第一代膜电极技术[39]。在气体扩散电极制备中,催化剂层的成形主要有以下两种方法。

1) 浸渍法

该方法是最早开发的燃料电池电极制备方法。在此方法中,催化剂颗粒(如 Pt/C)混合在溶剂(如异丙醇)与质量分数为 30% 的 PTFE 溶液中,然后与交联剂混合,并在室温下超声搅拌 1 h 使 PTFE 聚合物与催化剂颗粒均匀结合。由此得到的催化剂浆料通过喷涂或刷涂的方式沉积到已预先做过疏水处理的碳纸或碳布上,即形成CCG组件[40]。随后,CCG组件必须浸渍一定量的电解质(如Nafion离聚物),以便在催化剂层内形成离子的传输通道。这个浸渍过程通常可以通过喷涂或者刷涂5%的Nafion溶液来完成,然后CCG组件与质子交换膜通过热压等方法组装成一个完整的膜电极。这种方法的缺点是离聚物的含量在催化剂层中通常不均匀,从而造成Pt催化剂的利用率低。

2) 胶体法

与浸渍法不同,该方法中质子导体离聚物与电子导体催化剂预先就混合在一起。Nafion溶液的介电常数约为10,它与高介电常数的异丙醇(其介电常数约为18)混合可以形成一般溶液,但它与低介电常数溶剂(如乙酸正丁酯,其介电常数约为5)可形成胶体溶液。所以在用胶体法制备催化剂层时,催化剂浆料一般是催化剂颗粒、Nafion溶液(也可以用PTFE乳液)和低介电常数溶剂形成的胶体混合物。该混合物必须经超声分散处理,使Pt/C颗粒吸附在胶质体上,这样可以形成一个连续的质子传导网络,从而提高催化剂的利用率。催化剂浆料可以通过喷涂或刷涂的方式制备到已经过憎水处理的气体扩散层上,从而形成CCG组件,然后将该组件与质子交换膜通过热压等方法组装到一起,形成一个完整的膜电极。催化剂吸附在胶质体上形成较大的团聚体,很难穿透进入气体扩散层,因此该结构不会影响气液两相传输。在某些情况下,用胶体法制备的电极比用浸渍法制备的电极性能更好[41]。

2. 催化剂层覆膜(CCM)方法

CCM方法被认为是第二代膜电极技术,也是目前质子交换膜燃料电池膜电极制备中应用最广泛和最成熟的方法。用CCM方法制备的膜电极厚度通常比用CCG方法制备的小50%以上,因此CCM方法是制备燃料电池电堆用膜电极的首选方法。CCM方法的显著优势:在催化剂层的制备中用亲水性的Nafion离聚物代替了疏水性的PTFE作为黏结剂,Nafion离聚物除具有疏水性外,还具备质子传导的功能,因此,采用CCM方法制备的膜电极具有更高的质子传导能力和电化学比表面积,从而使燃料电池的功率密度可以达到采用CCG方法制备膜电极时的2倍以上[42]。典型的CCM制备技术又可以根据是否使用溶剂分为湿法、干法、气相沉积法、电化学法。在所有这些方法中,第一步都是制备催化剂和 Nafion 离聚物的浆料。

1) 湿法

湿法包括滚压法、喷涂法、流延法、丝网印刷法和刷涂法。

(1) 滚压法(spreading)。该方法是用一个很重的不锈钢滚筒将催化剂浆料摊铺到平放的膜表面,或在用两个滚筒将膜卷入的同时铺展催化剂浆料来形成 CCM 组件[43]。催化剂层的厚度可以通过调整上、下滚筒之间的距离来控制。通过这种滚压法得到的催化剂层厚度均一,催化剂载量与催化剂层的厚度成正比,很容易控制。该方法也被认为是膜电极卷对卷连续化生产的一种最理想的方法(图 2-10)。

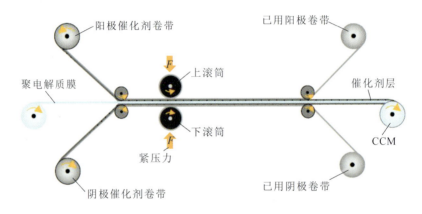

图 2-10　滚压法卷对卷生产 CCM 示意图

(2) 喷涂法(spraying)。喷涂法是最常用的燃料电池 CCM 组件制备方法。在制备中,通过一个气动喷雾设备(如喷枪)将催化剂浆料喷涂到质子交换膜上。喷涂所用的压缩气体一般是惰性气体,例如氮气和氩气。与滚压法不同,喷涂法往往要经过多次喷涂才能使催化剂载量和催化剂层厚度达到目标值。喷涂过程需要使催化剂浆料中的溶剂及时挥发,以免造成膜的溶胀扭曲,以及影响催化剂层的均一性[44]。一般手工喷涂的催化剂层不如摊铺法均匀,但计算机控制的工业喷涂设备还是可以精确控制催化剂层厚度的。

(3) 流延法(tape casting)。流延法与滚压法大体上是相似的,它是将催化剂浆料通过刮片涂覆到金属片等基底上。催化剂浆料的黏度在很大程度上决定了催化剂层的质量。催化剂层厚度由刮片末端与基底的距离来确定。基底上的催化剂层通过转印法被转移到膜上而形成CCM组件。

（4）丝网印刷法（screen printing）。丝网印刷法并不是膜电极制备的常用方法，因为这种方法包含四个必备的要素，即用于打印的油墨（催化剂浆料）、丝网印版（需要的催化剂层形状）、承印物（膜或气体扩散层）和刮板。该方法利用丝网印版图文部分网孔可透过油墨，非图文部分网孔不能透过油墨的基本原理进行印刷。因此，丝网模板的孔径必须与催化剂颗粒大小一致，这样才能获得较好的印刷质量。印刷时，在丝网印版的一端倒入催化剂浆料，用刮板对丝网印版上的浆料部位施加一定压力，同时朝丝网印版另一端匀速移动，从而使浆料在移动中被刮板从图文部分的网孔中挤压到承印物（如膜）上[45]。这种方法的缺点在于稍大的催化剂颗粒容易堵塞网孔，有可能造成所打印的催化剂层厚度不均匀或不规则。

（5）刷涂法（painting）。采用该方法时，要将催化剂浆料用油漆刷直接刷涂在干燥的钠离子型离子交换膜上，然后在高温烘箱（如110 ℃）中烘烤一定时间以蒸发浆料中的溶剂。一般情况下，在干燥和刷涂的过程中膜很容易扭曲变形，致使形成的催化剂层很难保持均一性。这点可以通过在刷涂过程中将膜固定于特殊的真空加热装置中克服[46]，这样大量的溶剂可以在低温下挥发，从而可减少催化剂层的龟裂。最后需要将制备的CCM组件在微沸的硫酸溶液中浸渍，再用二次水多次清洗，使膜重新达到质子水合状态。

2）干法

干法制备CCM组件比较少见，一种比较典型的干法是蒸发沉积（evaporative deposition）。该方法是在70～80 ℃氩气气氛的蒸发室中将氯铂四氨化合物从其水溶液中蒸发沉积到质子交换膜表面。在上述铂盐沉积完成后，将膜浸渍在硼氢化钠或类似还原剂的溶液中生成金属铂催化剂层，从而得到CCM组件。据报道，这种方法可以使铂载量降低至$0.1\ mg/cm^2$。但是该方法只能沉积金属铂颗粒，因此需要先在膜上涂覆碳层，从而使Pt粒子可以沉积在碳颗粒上，形成Pt/C催化剂层[1]。

3）气相沉积法

气相沉积法也是制备CCM催化剂层的有效方法。但与上述基于催化剂浆料的湿法不同，采用气相沉积法不能在催化剂层中构造一个均匀的电解质离聚物立体网络。在该方法中,催化剂是没有负载的,催化剂以固态金属颗粒形态沉积到膜上。因此,采用气相沉积法可以制备厚度极小的催化剂层(如 1 μm),也不需要在催化剂层中构建电解质离聚物网络。最常见的气相沉积方法是物理气相沉积(如溅射法)和化学气相沉积。

(1)溅射法(sputtering)。溅射法是最常用的一种制备燃料电池电极的物理气相沉积方法。如图 2-11 所示,它是将阴极靶材(如金属铂片)中的原子沉积到基底(如气体扩散层或膜)上的一种方法。这个过程需要在一个真空腔室或者一个充满氩等离子体的可控环境舱室中进行[47]。对于 CCM 的制备,首先需要将膜进行 24 h 的烘干,然后真空干燥 30~60 min。随后,将膜作为基底安装在溅射室中,一面面向铂金属靶材。在溅射过程中,铂原子在高压电场的作用下脱离靶材从而溅射到膜表面形成铂薄层。溅射时间随所要求的 Pt 载量不同而不同,一般整个过程可以持续几个小时。溅射完成后,空气重新进入腔室,取出半成品的 CCM,然后重复上述过程,完成膜另一面的铂沉积。

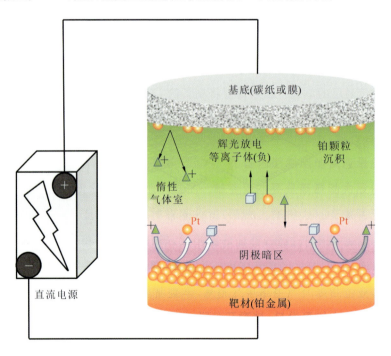

图 2-11 溅射法制备膜电极催化剂层示意图

虽然用溅射法制备的催化剂层厚度可以低至 1 μm,但用该方法制备的膜电极性能随着催化剂层厚度和铂颗粒粒径的改变可产生很大变动。由于溅射沉积的催化剂层中缺少 Nafion 离聚物,若催化剂层稍厚(> 10 μm),则铂利用效率就非常低。该技术的另一个主要缺点是 Pt 粒子在膜上的黏附性不好,因此催化剂层容易溶解或者烧结,其耐久性无法支持燃料电池长期运行。

(2) 化学气相沉积(chemical vapor deposition)。化学气相沉积在很多方面都与物理气相沉积过程类似,主要的不同是它利用物质的气相前驱体来进行材料的沉积,即将气态的前驱体分子通过化学方法转变成固体材料沉积在基底上,形成膜或粉末薄层。化学气相沉积装置通常包含气体输送系统、反应腔室、电力装置、真空系统和排气系统。化学气相沉积的前驱体物质必须容易挥发,但又要足够稳定,能被输送到反应腔室。通常,前驱体化合物中只有一种元素作为沉积材料,其他元素在沉积过程中需要挥发掉。因此,卤化物、氢化物、醇盐等通常用作前驱体物质。前驱体物质通常在氩气和氮气气氛中稀释,然后在常压下输送到反应腔室。挥发的前驱体物质在通过反应腔室的过程中与加热的基底物质接触,发生分解反应,从而在基底上形成固体沉积物。基底的温度和负载气的传输速度是决定基底上所形成的膜的质量的关键因素。化学气相沉积是一个相当缓慢的过程,通常 1 min 只能够沉积几微米的物质,但是这样沉积的物质相当致密,并且纯度很高。化学气相沉积方法还未广泛应用于燃料电池膜电极的制备,目前还处于试验阶段[48]。总的来说,化学气相沉积方法可以在分散的碳颗粒表面沉积 Pt 粒子,但却不能直接制备催化剂层。这些 Pt 粒子通常选择性地沉积在碳粉颗粒的表面缺陷位置,粒径一般在 5 nm 以下。

4) 电化学法

通过电化学法也能够制备性能优良的燃料电池电极,这种在电场作用下的电极制备技术主要有电泳沉积和电喷雾沉积。

(1) 电泳沉积(electrophoretic deposition)。电泳沉积是一种将胶体悬浮液中的带电粒子在高电场(1~2 kV)的作用下沉积到带电电极表面的过程。颗粒在沉积过程中凝结成致密的物质,可得到具有复杂几何形状和功能梯度的材料,因此适用于制备梯度结构催化剂。电泳工艺可以将由 Pt/C 离聚物组成的颗粒直接沉积到膜上形成 CCM 组件,不需要再热压或转印[49]。

如图 2-12 所示,该工艺中阳极腔室使用预先制备的 Pt/C 离聚物悬浮液作为电解质,而阴极腔室使用高氯酸（$HClO_4$）作为电解质,两个腔室用质子交换膜隔开。铂箔片用作阳极和阴极,在高电压电场(电场强度通常为 100～200 V/cm)作用下,导电离子通过电解液迁移,Pt/C 离聚物颗粒随之沉积在质子交换膜上。将膜取出并干燥,重复前述沉积过程,在膜的另一侧也沉积催化剂层便得到 CCM 组件。该工艺要求催化剂悬浮液必须具有良好的电化学稳定性,以避免发生感应涡流反应。根据催化剂负载量和厚度要求,采用电泳沉积工艺制备 CCM 通常耗时 5～15 min。

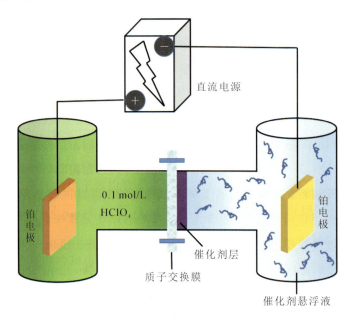

图 2-12 电泳沉积方法制备膜电极示意图

（2）电喷雾沉积。电喷雾沉积是在高压电场的作用下,将催化剂浆料从毛细管喷射雾化沉积到基板上的一种技术。

如图 2-13 所示,电喷雾装置由毛细管(类似于喷枪)组成,其中催化剂浆料通过加压惰性气体(氮气或氩气)喷涂到基板上。在毛细管和基板之间施加高电压(3～4 kV)电场,由于溶剂蒸发和库仑膨胀(高电荷密度导致液滴分裂),从毛细管中喷出的催化剂浆料在电场的作用下转变为喷射的高电荷粒子,在运动过程中液滴尺寸逐渐减小,最终在基板(如碳纸和膜)上沉积一层很薄的 Pt/C

离聚物即催化剂层,形成 GDL 或 CCM 组件。

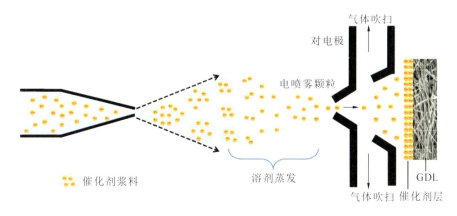

图 2-13　电喷雾沉积方法制备电极示意图

3. 有序化膜电极技术

随着 PEMFC 逐渐商业化,人们对膜电极性能和寿命提出了更高的要求。我国"十三五"新能源汽车重点专项提出的膜电极技术指标为铂用量不大于 0.125 g/kW,功率密度不小于 1.4 W/cm^2,耐久性不小于 10000 h。为达到上述目标,膜电极必须具备高活性、高铂利用率、高稳定性和优越的传质特性。而在气体扩散电极技术和催化剂层覆膜技术(分别为第一代和第二代膜电极制备技术)中,催化剂层都是由催化剂(电子导体)与电解质溶液(质子导体)以一定比例混合制备而成的,质子、电子、气体和水等物质的多相传输通道均处于无序状态,存在着较强的电化学极化和浓差极化,制约了膜电极的大电流放电性能。因此,由这两种传统方法制备的膜电极性能逐渐不能满足 PEMFC 商业化的要求。

要达到未来膜电极商业化的要求,新一代(即第三代)膜电极技术必须从实现三相界面中的质子、电子、气体和水等物质的多相传输通道的有序化角度出发,极大地提高催化剂利用率,从而进一步提高燃料电池的综合性能,达到商业化可以接受的性能、成本和寿命等目标[50]。

目前,针对有序化膜电极的研究主要集中在构建有序的催化剂层组分和结构,如有序化载体、有序化催化剂和有序化质子导体。纳米材料具有优越的物理化学特性,随着纳米材料的发展,人们尝试将一些有序的低维纳米材料(如纳米线、纳米管、纳米棒和纳米片等)引入PEMFC催化剂层,以提高其催化活性和稳定性[51,52]。例如,碳纳米管(CNT)便是最早也是最多的一类用于有序化膜电极载体的材料。这类材料通常具有介孔结构、高电子传导能力和比表面积,以及很好的耐蚀性。早期的研究者在把这类材料应用到PEMFC催化剂层时,通常没有考虑其取向性和整体结构,因此电池性能的提升程度有限。这主要是因为当催化剂层整体结构无序时,传质造成的较强极化会限制其在大电流下的放电性能[53]。因此,第三代有序化膜电极研究需要解决的是多相传质的有序化问题,这就需要从材料原位制备的角度来进行膜电极的设计,主要包括载体、催化剂和质子导体在膜电极中的原位制备与有序化结构构筑。以下主要介绍载体有序化膜电极、催化剂有序化膜电极和质子导体有序化膜电极。

1) 载体有序化膜电极

在膜电极的载体结构中引入有序化技术,对膜电极中的电荷和物质传输的有效控制无疑是有利的。例如,有序化碳纳米管阵列在阵列方向的电子传导率会高于径向方向,并且沿着管的方向电子传输几乎没有能量损耗,相对无序排列的碳纳米管而言,具有更好的透气性和超疏水性。

以碳纳米管为核心的载体有序化膜电极结构最早是由丰田公司中央研发研究室研发的[54]。该膜电极的制备原理是:使硅基板表面生长碳纳米管,在碳纳米管表面喷涂Pt的硝酸盐后还原制备电极。采用Nafion的乙醇溶液包覆Pt/CNT并干燥,其表面形成一层Nafion树脂,然后在150 ℃的温度下将Nafion树脂热压到质子交换膜上,形成膜电极。极化曲线和阻抗谱数据证实了所形成的有序化的CNT膜电极具有很好的物质传输性能。丰田公司改进了这一技术,利用氧化物作为催化剂使不锈钢基体上生长出垂直碳纳米管(VACNT)[55],采用浸渍还原法在VACNT表面制备出厚度为2.3 nm左右的Pt层,随后采用Nafion溶液填充形成三相物质传导界面(图2-14)。将其作为阴极催化剂层,Pt载量仅为0.1 mg/cm^2,而装配单电池测试结果表明,在0.6 V下的电流密度可以达到2.6 A/cm^2。

2) 催化剂有序化膜电极

该类膜电极的代表是3M公司的商业化产品NSTF。如图2-15所示,3M公司以单层定向有机染料晶须作为催化剂载体,在晶须上通过物理气相沉积溅

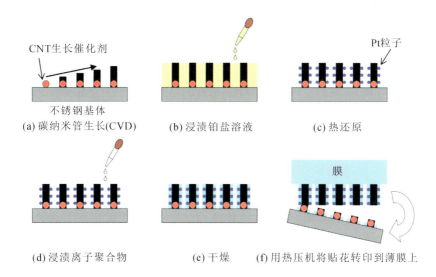

图 2-14　丰田公司基于 VACNT 阵列有序化膜电极制备步骤图[54]

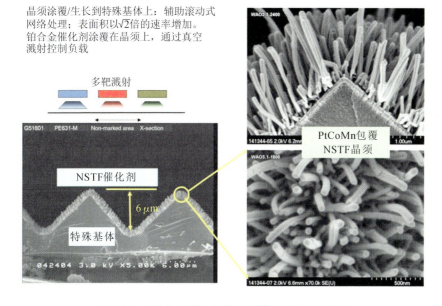

图 2-15　3M 公司商业化有序化膜电极产品 NSTF

射 Pt 作为催化剂层[56]。NSTF 与传统的 Pt/C 催化剂相比有四个主要的区别：①载体为板条状晶须形貌的有机分子,体心立方结构；②Pt 催化剂为一层膜,而非单个颗粒,这种结构的氧还原性能可以达到普通 2～3 nm 颗粒的 5～10 倍,活性面积不会随着时间的延长而减少,Pt也不会在高电位下发生周期性的氧化还原反应而溶解,在启停、反极等极限工况下催化剂性能也不会受到影响;③薄膜基体是3M公司的特殊基体(microstructured catalyst transfer substrate,MCTS),使PR-149粉(一种有机颜料)在特殊基体表面升华,退火转变为定向晶须,然后溅射催化剂,制备工艺只需一步连续的操作;④催化剂层厚度是普通Pt/C催化剂层厚度的1/30~1/20,其主要原因是与传统催化剂层结构相比,Pt催化剂层中没有作为电子导体的炭黑和作为质子导体的离子交换聚合物,在合适的加湿条件下,Pt表面就可以实现质子传导。这种晶须能消除高电位下载体的腐蚀,这层催化剂薄膜比普通碳载体薄,此结构有利于催化剂层在高电流密度下保持较高的物质传输能力和较低的Pt载量,在低温下使用时能较好地去除水。该膜电极也是目前唯一商业化的第三代有序化膜电极。

3)质子导体有序化膜电极

在PEMFC中,质子是靠阳离子交换高聚物完成传导的,质子导体有序化主要是为了制备这种高聚物的纳米线。如Nafion纳米线或Nafion与其他高分子聚合物的混合纳米线,可以分别通过阳极氧化铝模板负压抽滤法和静电纺丝方法获得[57]。在PEMFC的实际应用中,有研究报道可以在阳极氧化铝模板和热处理条件下,在质子交换膜表面形成规则的垂直Nafion纳米阵列(图2-16),然后在其表面溅射Pt颗粒作为催化剂层,之后在Nafion纳米阵列中填充一定量的碳载体材料以增强电子传导能力,从而获得可以实际应用的PEMFC膜电极,其最大功率密度比常规PEMFC高约2.5倍[58]。

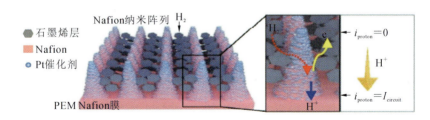

图2-16 质子导体有序化膜电极结构示意图

载体有序化膜电极和催化剂有序化膜电极在制备过程中均是先制备出纳米阵列催化剂层,再热压或转印到质子交换膜上,这种方式不仅会破坏有序阵列的形貌,而且与膜的接触界面阻抗较大。质子导体有序化膜电极则一般是在质子交换膜上原位生长制备而成,有序化质子导体阵列定义了催化剂层中的三相物质传输通道。这种一体化有序膜电极可以有效保持有序阵列的形貌,且具有较小的接触界面阻抗,具有巨大的性能提升潜力。

随着燃料电池商业化进程的推进,第一代膜电极技术已基本上被淘汰,而第三代有序化膜电极技术大部分处于实验室研究阶段,因此 CCM 技术是目前膜电极生产的主流技术。虽然目前国产膜电极性能与国际水平接近,但专业特性(例如 Pt 载量、启停、冷启动、抗反极等)与国际先进水平还有一定差距。此外,国内外膜电极批量化生产工艺和装备差距较大,国外已实现卷对卷的连续化生产,国内相关燃料电池企业也正在加紧这方面的研发。随着国内膜电极市场的快速发展,国内在工程化和质量控制方面与国际先进水平的差距有望进一步缩小。

2.4 双极板的研究及开发

双极板(bipolar plate,BPP)是质子交换膜燃料电池电堆的另一核心组件,主要作用为支撑膜电极,分隔各单电池,为氢气、氧气和冷却液流体提供通道并分隔氢气和氧气,提供电气连接,传导反应热量,去除副产物和承受组装预紧力。双极板的性能直接影响电堆的输出功率和使用寿命。在燃料电池电堆中,双极板的体积占整个电堆体积的 90% 以上,质量占电堆总质量的 80% 以上,成本占电堆总成本的 30% 左右,这些因素成为制约燃料电池市场化的主要瓶颈[59]。因此,双极板的研发对质子交换膜燃料电池系统的商业化具有重要意义。

2.4.1 双极板的结构和功能

常规双极板主要可以分为四个功能区:公用管道区、分配区、流场区、密封区。如图 2-17 所示,红色线框内为公用管道区,橙色线框内为分配区,绿色线框内为流场区,公用管道区及流场区的外围为密封区。

公用管道区的主要作用是形成氢气、空气、冷却液的供应通道。通过流体介

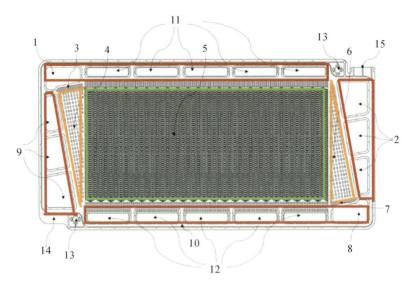

图 2-17 双极板结构与功能区域示意图[60]

1—阳极入口;2—阴极入口;3—阳极入口直连通道;4—阳极入口分配区;5—阳极反应区;
6—阴极出口分配区;7—阳极出口直连通道;8—阳极出口;9—阴极出口;10—阳极单板密封槽;
11—冷却剂入口;12—冷却剂出口;13—定位孔;14—标识区;15—巡检插片

质的流量计算、设计获得公用管道区的面积和形状,既要双极板面积利用率最大化,又要减小在大功率电堆模块分配过程中流体介质在各单电池之间的流量差异。

分配区是反应气体由公用管道区进入流场区的过渡区域,其主要作用是通过导流使反应气体进入流场区时在各流道内分配均匀,从而使膜电极活性区电化学反应均匀。同时,水腔分配区对冷却液导流,使冷却液进入冷却流场各流道的流量均匀,达到均匀散热的目的。

双极板流场区与膜电极活性区对应,是参与电化学反应的重要区域。双极板流场区的设计目标是使反应气顺利进入膜电极,减小传质阻力;利于反应生成水的顺利排出,避免水淹。同时,要求双极板自身的体电阻及与气体扩散层的接触电阻最低。流场结构决定了氢气、氧气和水在流场内的流动状态。对于大面积燃料电池,流场的作用显得尤为重要,膜电极活性区面积放大过程中流场设计不合理往往是电池性能下降的主要原因。研发人员设计和开发了多种结构的流场,如点状流场[61]、多孔流场[62]、蛇形流场[63]、组合流场[64]等。

密封区的主要作用是使用密封件,在电堆组装后与膜电极组件配合实现"三场"之间的密封。密封区的设计要与密封件的结构、膜电极组件的结构相互配合,保证在燃料电池装配条件下密封件有足够的压缩量,从而保证密封性能,同时保证膜电极活性区受力均匀。膜电极活性区的装配力设定需要兼顾接触电阻和气体扩散层压缩变形量。

2.4.2 双极板的材料与制造

目前用于制造加工双极板的常见材料有石墨、金属和复合材料[16]。双极板的类型也由此分为石墨双极板、金属双极板和复合双极板。它们各自的优点和缺点如表 2-4 所示。

表 2-4 不同材料双极板的优缺点对比

双极板类型	优点	缺点
石墨双极板	耐蚀性好,导热性和导电性高,化学性能稳定,制造工艺成熟	力学性能差(脆性大),质量和体积大,可加工性差,加工成本高
金属双极板	导热性和导电性高。力学性能优越,制造容易,成本低,结构耐久性好,抗冲击和振动	容易腐蚀,质子交换膜和催化剂中毒,形成钝化膜
复合双极板	耐腐蚀、体积小、质量小、强度高	机械强度差,电导率低,难以大批量生产,价格高

1. 石墨双极板

石墨是热和电的良导体,具有电导率较高、化学稳定性好、热稳定性好以及耐蚀、密度低等优点,在制作双极板方面具有先天独特的优势[65]。但石墨是一种多孔的脆性材料,强度低、延展性差,难以满足双极板的气密性要求,因此在加工时,需要对石墨进行反复浸渍、碳化处理,从而制造出无孔的具有良好气密性的无孔石墨双极板。目前,车用燃料电池电堆中应用的石墨双极板主要是机械雕刻石墨双极板和模压石墨双极板。

1) 原材料类型

根据双极板制造的不同工艺需求,石墨可以粉末、卷材、板材和乳液的形式存在。其原材料主要分为以下三类:

(1) 石墨粉。该原材料是化学反应很灵敏的物质,在不同的环境里面它的电阻率也会变化,电阻率是否改变与石墨粉在绝缘的物体里面是否连续有关。石墨粉的耐高温性、化学稳定性、可塑性和抗热塑性都很好。

(2) 膨胀石墨。该原材料是由天然石墨鳞片经插层、水洗、干燥、高温膨化得到的一种疏松多孔的蠕虫状物质。膨胀石墨除了具备天然石墨本身的优良性能以外,还具有天然石墨所没有的柔软性、压缩回弹性、吸附性、耐辐射性等特性,膨胀石墨遇高温体积可瞬间膨胀 150～300 倍。

(3) 鳞片石墨。该原材料结晶完整,为天然显晶质石墨,其形似鱼鳞状,属六方晶系,呈层状结构,片薄且韧性好,物理和化学性能优异,具有良好的导热性、导电性、抗热震性、耐蚀性等。

2) 成形工艺

石墨双极板在加工制造时对制造工艺具有很高的要求,否则就容易使制造成的双极板具有较多的孔隙,气密性较差,用于制备燃料电池电堆时不仅影响电堆的整体性能,还有可能导致氢泄漏,造成安全隐患。目前主流的石墨双极板制备方式和工艺分为以下几种。

(1) 机械加工。目前,国内生产石墨双极板的厂家大多采用机械加工的方式,这种方式虽然节省了开模费用,但是制作工艺复杂,加工周期长,成本高。通过这种工艺成形的石墨双极板称为机械雕刻石墨双极板,其加工工艺流程如下。

① 原料准备:通常需在 1000～1300 ℃下将焦炭和沥青混合后焦化形成碳素,然后将碳素材料浸渍沥青,烘干后再用电热炉在 2500～3000 ℃的高温下进行石墨化。

② 切片:根据双极板的设计尺寸进行初步的切片处理。

③ 浸渍:切片后进行树脂浸渍处理,使树脂覆盖到石墨表面并填塞进内部孔隙。通常需浸渍 24 h,然后进行热处理,使树脂固化。浸渍树脂可以为酚醛或糠醇等。

④ 打磨:切片后的双极板尺寸精度较低,浸渍后的石墨双极板表面粗糙度较大,因此需要打磨。其中打磨又包括粗磨、中磨和细磨。

⑤ 雕刻加工:雕刻加工是双极板生产制造的关键步骤,双极板的尺寸公差

及流场质量均取决于雕刻机的精度。

目前,国内生产石墨双极板的厂家大多采用机械加工的方式,这种方式虽然节省了开模费用,但也存在一定的局限性,如机械加工过程中刀具与石墨的摩擦过大会导致双极板的尺寸精度较低、表面质量较差;另外,因为石墨是一种强度低、脆性大的材料,所以机械加工不适用于超薄($<$1.5 mm)双极板的制作。

(2) 注塑成形。注塑成形是指将一定比例的石墨和树脂混合料从注塑机的料斗送入机筒内,被加热融化后的混合料通过加压经由喷嘴注入闭合模具内,经冷却定型后脱模得到成品。为了提高双极板的导电性,可以在混合料中加入一定量的金属粉末,除此之外,还可以加入碳纤维或陶瓷来提高机械强度。

注塑成形过程中,进一步石墨化虽然能够提高双极板的性能,但同时也会使成本大增,因此,目前注塑成形不适合用于大规模生产。另外,这种工艺去除黏结剂所需要的时间较长,同时还存在界面开裂和尺寸限制等问题。

(3) 模压成形。该工艺是使用模具来制备双极板。首先制备一定比例的石墨粉与树脂的混合材料,并对混合材料和模具进行前处理,最后在聚合物的熔融温度和一定压力下,使粉末在模具中流动并充满整个型腔,固化脱模后得到双极板,因此也称为模压石墨双极板。

石墨双极板模压成形在批量生产方面具有较大的优势,但是,由于目前燃料电池整体需求量相对不大,同时,双极板的外观、尺寸多样,并没有严格的国家标准要求双极板必须具有外观一致性,采用模压成形,双极板厂家就需要针对不同的设计尺寸分别开模,在出货量不足的前提下,开模成本难以均摊。因此,在目前示范运营阶段,再加上自家产品前景不明,多数双极板厂家都不乐意为模压成形过早投入较高的成本。

2. 金属双极板

金属双极板具有与石墨双极板类似的高导电、导热能力,但金属双极板相较于石墨双极板具有更高的机械强度、阻气能力和抗冲击能力,因此,金属双极板能够做到超薄,从而可大幅提升功率密度[66]。同时,金属双极板机械加工性好,制作工序较少,可制作成超薄双极板(厚度可小于 1 mm),并且量产工艺成熟,可以大幅降低量产成本,并且大幅降低的比热容使金属双极板具备更强的低温启动能力,因此,金属双极板备受行业关注。

1) 原材料类型

金属双极板一般应具有以下特点:耐蚀性强,以保证电池组的寿命(一般为几千至几万小时);厚度薄;质量小。较早使用的金属双极板是镀金的钛板和铌板[67],随着技术的进步和低成本要求的提出,薄层金属双极板的研究趋于多样化。金属双极板的选材不仅要考虑极板的耐蚀性,同时还要考虑极板材料的成形性能以及成本。目前研究最多的金属双极板材料主要集中在铁基(如不锈钢)金属材料和钛基金属材料上。

对铁基金属材料的研究主要集中在不锈钢材料上[68]。许多学者都对不锈钢材料进行了研究。他们的研究均表明:随着铬含量增加,接触电阻减小,耐蚀性增强。对于镍基合金金属材料,也有许多学者进行了研究,如 Brady 等[69]对 Ni250Cr 渗氮改性的极板性能进行了研究,结果表明,同 316L 不锈钢相比,Ni250Cr 的耐蚀性相差不多,而接触电阻却显著减小,渗氮改性后接触电阻进一步减小,但其材料本身的价格过高,限制了它在 PEMFC 商业化中的应用。

金属材料中钛和钛合金密度低、强度高,在 PEMFC 中具有良好的耐蚀性,而且服役过程产生的腐蚀产物对质子交换膜和催化剂的毒性较小,可保证 PEMFC 的运行稳定性和长使用寿命,成为目前金属双极板研究的主流材料[70]。钛在氢燃料电池双极板领域应用面临的最大问题是其表面生成的弱导电性 TiO_2 膜,常用的解决方法为掺杂合金元素以生成导电氧化物和表面涂覆导电耐蚀涂层[71]。研究表明,在钛中加入 Ta、Nb、Pd 等元素,可以改变钛表面氧化膜成分,从而既可提高其氧化膜耐蚀性,又能降低其表面接触电阻;对其进行表面修饰处理可以有效避免钛双极板表面氧化膜的生成,达到极板性能要求[72-76]。例如,丰田公司率先在旗下 Mirai 燃料电池汽车上使用钛合金材质双极板和低成本碳基涂层(π共轭无定形碳),解决了腐蚀、成本和导电等方面的一系列问题。

制造金属双极板时,带材的选择一般有两种:一种是预先做过涂层处理的带材,另一种是未经涂层处理的带材。经涂层处理的带材,要求钢带和涂层之间具有优异的附着力、极佳的导电性、高耐蚀性和很薄的厚度(0.05~0.8 mm)。

2)成形工艺

金属双极板的成形工艺主要可以分为以下几种。

(1)冲压成形工艺。冲压成形工艺是用压力装置和刚性模具对板材施加一定的外力,使其产生塑性变形,从而获得所需形状或尺寸的一种工艺。冲压坯主要为热轧和冷镦钢板,其用量占世界钢材的60%~70%。因此,从原材料的角度来看,冲压工艺占主导地位[77]。另外,采用冲压成形工艺生产的金属双极板成本低且生产率高,具有厚度薄(低至0.051 mm)、表面均匀和强度高等特性,广泛应用于汽车、航空航天和其他领域。

(2)液压成形工艺。液压成形工艺是一种利用液体或模具作为传力介质加工产品的一种塑性加工技术[78]。与冲压成形工艺相比,液压成形的模具需求量小(只需要一套模具)。液压成形工艺在尺寸和表面质量方面优于冲压成形工艺,而冲压成形工艺具有较高的生产率。

(3)柔性成形工艺。柔性成形工艺是一种用于微/中型流道成形的新型冲压工艺,该工艺可以解决冲压和液压成形过程中可能出现的裂纹、皱纹和表面波纹等问题[79]。柔性成形工艺的原理如图2-18所示,此工艺所用设备由一个刚性模具和一个橡胶垫组成,它们之间为柔性接触,极大地提高了微尺度流道的可成形性。

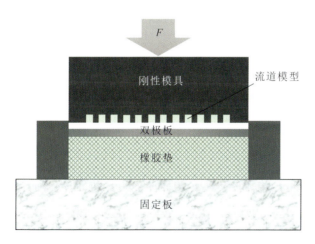

图2-18 柔性成形工艺原理

柔性成形工艺的优势在于,橡胶垫和刚性模具不需要在成形过程中精确组装,从而可以大大缩短时间并降低成本。这种成形工艺的主要缺点是橡胶垫的使用寿命短,需要经常更换。

(4)蚀刻成形工艺。蚀刻是一种使用化学反应或物理撞击作用将料移除的技术。蚀刻并不是新兴的加工技术,只是随着工艺的不断改良和设备的发展,也被应用于高精密设备。该工艺较为广泛地用于线路板线路蚀刻制作,以及铭牌和传统加工法难以加工的薄形工件等的加工,因此蚀刻工艺对于制造薄型金属双极板来说,是一种合适的工艺,但这种工艺仅适合小批量的生产。

3)涂层工艺

金属双极板的导电性和耐久性受到表面形貌和结构的影响,在恶劣的工作环境中,金属双极板可能发生表面腐蚀和钝化。钝化膜能够保护膜下金属不受进一步的腐蚀,因此许多早期的 PEMFC 直接使用不锈钢、Al、Ti、Ni 等容易形成钝化膜的材料作为双极板[80]。但是,钝化膜改变了双极板和扩散层的表面形貌,导致界面接触电阻增大,会降低输出功率,且界面接触电阻随钝化膜厚度的增大而增大,因此目前金属双极板都会进行涂层处理[81,82]。

涂层可分为金属涂层、非金属涂层和复合涂层。

(1)金属涂层:包括金属氮化物涂层[83]、金属碳化物涂层[84]、金属氧化物涂层[85]以及其他金属涂层(如贵金属涂层、合金涂层[86]等)。金属涂层具有优良的导电性和化学稳定性,但有些涂层的成本较高,如贵金属涂层,如今已较少使用。

(2)非金属涂层:包括石墨基涂层和导电聚合物涂层,它们具有制备简单、成本低的特点,但有些涂层也存在耐蚀性差和易脱落的问题。在 316L 不锈钢基材上,Shanmugham 等用电化学聚合法制备了聚间苯二胺涂层[87]和聚对苯二胺涂层[88],Li 等用电化学沉积法制备了聚苯胺涂层[89],Bi 等用磁控溅射法制备了非晶碳涂层[90],在这些研究中得到的均为表面致密均匀、无明显缺陷的涂层。

(3)复合涂层:结合了金属涂层和非金属涂层的优点,在具有一定耐蚀性的基础上,可以保持良好的导电性,但是掺杂的金属离子也会影响涂层的表面微观结构。如有研究者在 316L 不锈钢基材上分别制备了 Cr 非晶碳涂层、Ti 非晶碳涂层和 Nb 非晶碳涂层,这些涂层表面结构都是致密均匀、无缺陷的[91]。

3. 复合双极板

复合双极板由两种或两种以上的材料组成,通过多种材料复合,双极板力学性能得到优化,弥补了石墨材料及金属材料的缺陷,且兼具石墨材料的耐蚀性和金属材料的高强度特性[92]。

复合双极板按照复合方式可分为结构复合双极板和材料复合双极板。

1) 结构复合双极板

结构复合双极板是以薄金属或其他高强度、高致密性的导电板作为分隔板,以有孔薄碳板、金属网等作为流场板,用导电胶黏合而形成的。例如,目前燃料电池电堆中常用的复合双极板就是将石墨极板(阳极)与不锈钢极板(阴极)粘贴在一起形成的。这种复合结构双极板结合了金属双极板与石墨双极板的优点,由于金属双极板的引入,石墨双极板只起导电与形成流道的作用,而不需要致密与增强作用,同时由于石墨双极板的间隔,金属双极板不需要直接接触腐蚀介质,减小了金属双极板的腐蚀速度,这样使得双极板具有耐腐蚀、易导电、体积小、质量小、强度高的优势,但缺点是制作过程较为烦琐,密封性相对较差。

2) 材料复合双极板

材料复合双极板主要是通过热塑或热固性树脂料混合石墨粉/增强纤维形成预制料,并固化/石墨化后成形。材料复合双极板又可以分为碳基复合材料双极板和金属基复合材料双极板。表2-5列出了部分金属基复合材料双极板和碳基复合材料双极板的原料、加工方法和特性等。

表2-5　金属基和碳基复合材料双极板的原料、加工方法和特性等

复合材料	聚合物	填料	加工方法	电导率(S/cm)	抗弯强度/MPa
金属基复合材料双极板	质量分数为40%的尼龙	质量分数为60%的316L不锈钢合金纤维	注塑成形	60.00	68.50
	质量分数为20%的聚偏二氟乙烯	质量分数为80%的钛碳化硅	模压成形	28.83	24.92

续表

复合材料	聚合物	填料	加工方法	电导率（S/cm）	抗弯强度/MPa
碳基复合材料双极板	甲酸酯改性的环氧树脂	碳纤维	模压成形	18.90	—
	质量分数为25%的聚丙烯	质量分数为75%的石墨	注塑成形	—	—
	15 g/m² 的酚醛树脂	碳纤维布和膨胀石墨	热压成形	21.00	130.00
	热塑性纤维	碳或玻璃纤维	模压成形	>130.00	>52.00
	质量分数为10%的石墨-树脂	质量分数为90%的石墨涂层预浸料	模压成形	172.00	—
	体积分数为75%的树脂/酚醛型酚醛树脂	体积分数为75%的炭黑	模压成形	262～244	74～51
	体积分数为25%的环氧树脂	体积分数为73%的石墨,体积分数为2%的多壁碳纳米管	模压成形	254.70	48.00
	质量分数为50%的酚醛树脂	质量分数为50%的膨胀石墨	模压成形	>100	54
	硅橡胶	碳纤维布	模压成形	27.80	45.90
	膨胀碳纤维和树脂型酚醛树脂	碳纤维	机加工	595±5	98±10
	质量分数为20%的酚醛树脂	质量分数为80%的碳纤维/质量分数为80%的石墨	—	90/110	54～68

碳基复合材料双极板以碳材料为基体,树脂为黏结剂,将两者混合放置于模具中,通过熔融、挤压、模压或注塑等工艺制备。碳基复合材料双极板具有碳材料所具有的优异的耐蚀性、导电性和导热性,可以根据导电填料及树脂配比调整双极板的导电性能和机械强度,可以采用模压或注射成形工艺进行批量生

产以降低生产成本。这种双极板适合大规模生产,具有较好的应用前景,但零件制造不仅需要平衡材料体电阻、接触电阻、气密性、力学性能等多者之间的关系,而且需解决大面积流场高精度制作和高平面度要求等实际问题。

2.5 密封技术研究

在PEMFC电堆结构中,每一节单电池中均包含独立的燃料(H_2)、空气输送流道,单电池之间存在着冷却液流道,为了防止反应气和冷却液的泄漏或共混,在单电池内部与单电池之间需要采取一定的密封措施。通常在双极板的密封槽中放置密封件,然后在电堆端板上施加一定的装配力使密封件发生弹性形变,在接触面内产生足够的接触压力,以实现密封。密封效果主要由密封槽的形状和尺寸、密封件的形状、尺寸、材质和物理化学性质,以及装配力等因素决定。如图2-19所示,密封件的厚度对实现密封同时确保各部件紧密接触且不过压至关重要:若密封件过薄,不仅会导致电池泄漏,还将引起气体扩散层过压、孔隙率下降、反应气传输阻力增大;若密封件过厚,虽可实现密封,但将造成膜电极压力不足、接触电阻较大[93]。密封的可靠性直接决定了电堆的性能、能量转换效率、安全性及寿命。

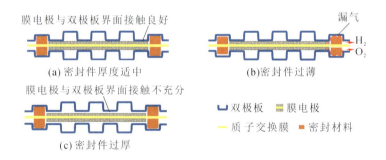

图2-19 密封件厚度对密封及各部件间界面接触的影响[93]

2.5.1 密封材料的研究现状

1. 密封材料的作用

密封材料位于膜电极(膜电极的密封边缘)与双极板之间或单电池与单电池之间,主要起以下作用[93-95]。

（1）隔绝外围环境，防止燃料、空气和冷却液泄漏，使燃料和空气形成各自封闭的反应场所，避免燃料、空气和冷却液互窜。

（2）提供电绝缘，防止双极板之间发生短路。

（3）保持各组件间密切接触，补偿膜电极、双极板等组件在制造过程中存在的尺寸公差及在电堆运行过程中发生的尺寸变化，保证膜电极处于合适的受压状态。

PEMFC 中各部件间的接触关系如图 2-20 所示，具体关系可用下式表达：

$$2d(1-f_r) - 2C + b_{M_2} = b_{M_1}(1-f_M) \qquad (2-10)$$

式中　d——密封件的直径（m）；

f_r——密封件最佳压缩状态时的压缩率（%）；

C——密封槽的深度（m）；

b_{M_2}——膜电极对应电极部分的厚度（m）；

b_{M_1}——膜电极对应密封部分的厚度（m）；

f_M——气体扩散层与双极板间的接触电阻最小且气体扩散层具有足够透气性时膜电极的压缩率（%）。

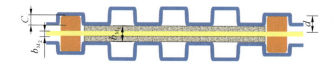

图 2-20　PEMFC 中各部件间的接触关系[96]

在 PEMFC 汽车中，电堆运行温度一般为 60～90 ℃，最低启动温度为 -30 ℃，温度变化会引起膜电极、双极板等部件的尺寸变化，为了保持各部件尺寸的稳定，密封材料需发生一定的形变以补偿尺寸变化。

2. 密封材料的性质

为了保证电堆的长期稳定运行，密封材料需要满足以下要求[22,95,97]：

（1）具备良好的电绝缘性和气密性，以防止短路及反应气或冷却液泄漏。

（2）具备优异的机械稳定性。燃料电池需要施加足够的装配力以保证密封，密封材料在电堆运行过程中长期处于压缩状态，承受着一定的压缩力，因此密封材料需具有优异的机械稳定性，可长期保持较小的压缩形变以确保密封。

常研究的密封材料力学性能主要包括抗拉强度、硬度、压缩形变及应力松弛行为等。研究表明,硬度略大的密封材料通常具有较高的抗拉强度和更好的尺寸稳定性,密封效果较好[98]。在保证有效密封的前提下,减小密封件的压缩形变将有助于延长密封件的寿命,因此,需要提高密封件在低压缩率下的密封压力。

(3) 具备良好的热稳定性和化学稳定性(即耐温性、耐湿性及耐酸性)。当汽车在不同工况下运行时,密封材料会经历温度循环变化,因此密封材料需具有优异的热稳定性以应对温度的变化。密封材料需长期接触氢气、潮湿的空气及酸性环境(质子交换膜中磺酸根的 pH 值为 1~2,电极反应产生的水的 pH 值为3~5),若发生降解,则会导致密封失效,因此密封材料需具有良好的化学稳定性。

(4) 制造工艺简单、成本低。

3. 密封材料的种类

PEMFC 一般采用橡胶或低温固化胶作为密封材料,典型的密封材料有硅橡胶、氟橡胶及三元乙丙橡胶。

1) 硅橡胶[22,97,99]

硅橡胶主链为 Si—O—Si,其物理性质可通过改变支链有机基团与填料的种类来调控,以满足不同的应用需求。其优点包括:化学稳定性良好;温度适用范围较宽(-50~250 ℃),可满足 PEMFC 对密封材料的温度要求;成本低、力学性能好且易于加工。硅橡胶是目前 PEMFC 中应用最广泛的密封材料。但硅橡胶在酸性环境中的稳定性和气密性较差,不适用于长寿命电堆[100]。

2) 氟橡胶[22,97,101]

由于 C—F 键具有较高的键能(485 kJ/mol),氟橡胶通常具有优良的气密性、抗压缩性、耐高温性和耐蚀性(在高浓度酸中具有极好的稳定性)。但其玻璃化转变温度(T_g)一般为-30~0 ℃(硅橡胶 T_g=-127 ℃),导致低温性能差,能保持弹性的极限温度约为-20 ℃,不能满足 PEMFC 在低温环境中的应用要求。此外,氟橡胶生产工艺相对复杂且经济成本较高,不适合大批量的商业化应用。

3) 三元乙丙橡胶[22,97]

三元乙丙橡胶是乙烯、丙烯和少量非共轭二烯烃的三元共聚物,用 EPDM

(ethylene-propylene-diene monomer)表示。此类橡胶对水和气具有良好的密封性(优于硅橡胶),在酸性环境中化学和机械稳定性较好,可接受高填充量的填充剂,便于改性或增强,以满足不同的应用需求。其适用温度范围为－40～120 ℃,能够满足PEMFC的使用要求。其缺点是弹性较差且耐高温性较硅橡胶或氟橡胶差。目前,作为PEMFC密封材料,三元乙丙橡胶的综合性能最优,是目前最适合用于PEMFC密封的材料之一。为了进一步提升三元乙丙橡胶的密封性能,人们已开展了相关的研究工作。例如,为了优化EPDM的力学性能、增强其密封能力、提高其耐久性,Shen等人[98]采用多层共挤出成形法,选用两种不同硬度的EPDM制成多层交替结构的硫化橡胶,与通过共混制备的硫化橡胶相比,多层硫化橡胶具有更小的压缩形变、更高的交联密度和硬度及更强的密封能力。

2.5.2 密封结构的研究现状

常用的密封结构包括膜直接密封结构(或称散装型密封结构)、刚性保护框架密封结构、固定型密封结构。

1) 膜直接密封结构[94]

如图2-21(a)所示,膜延伸至非活性区域,形成膜电极的密封边缘,然后将密封件置于密封边缘两侧,最后进行电池组装。此密封结构简单,加工方便,易于频繁拆卸,适用于单电池组装,但装配效率较低。密封材料与膜直接接触,可能会影响膜的耐久性。组装过程中阴、阳极的密封件间产生的剪切力可能会造成膜被撕裂。为了获得较好的密封性能,通常需要对此密封结构施加较大的压缩力,这将容易导致密封件过压而加速老化[102]。

2) 刚性保护框架密封结构[94,103]

如图2-21(b)所示,此密封结构一般由刚性保护框和密封垫片构成。刚性保护框通常需要采用热压的方式与膜电极黏结在一起,可有效避免燃料和氧化物互窜。为了防止气体泄漏,在组装电池时,还需要密封垫片。刚性保护框有利于提高膜电极的机械强度,使膜电极在电堆中的位置更加稳定。在电堆组装过程中,刚性保护框将承受来自双极板的主要压缩力,其结构和尺寸决定了电堆组装后膜电极的压缩率,刚性保护框的存在可有效避免膜电极被过度压缩或被损坏。但此类密封结构较为复杂,各部件的结构和尺寸应精确匹配,既能满足密封要求又能满足精细接触的要求。此外,刚性保护框与气体扩散层之间节点区域的膜易被机械损坏,引起反应气混合、电堆性能快速衰减[103]。

3) 固定型密封结构[94,104]

固定型密封结构主要包括膜包裹型密封结构[图 2-21(c)]和膜电极包裹型密封结构[(图 2-21(d)]。膜包裹型密封结构是指膜电极的密封边缘被密封材料包裹,膜电极与密封件形成一个整体。此密封结构的形成过程是:将膜的密封边缘置于模具中,然后注入流体密封材料,固化成形后,获得密封件。而在膜包裹型密封结构中,膜电极活性部分的周围无非活性区域(即无密封边缘),密封材料直接包裹膜电极的边缘区域,此密封结构可避免应力集中于膜中。

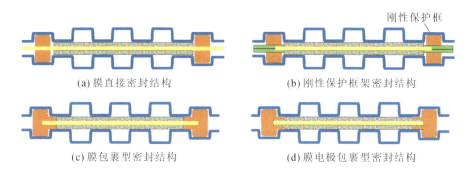

图 2-21　典型的密封结构设计[104]

将密封件与膜电极一体化可有效简化电池组装过程,提高装配效率。这种方法适用于电堆组装及批量生产。但这样形成的结构不便于拆卸及多次组装。此外,值得注意的是,注射成形过程的工作温度和压力不应过高,以免损坏膜或膜电极。在制备膜包裹型密封结构时,流体密封材料可能会渗透到多孔气体扩散层或催化剂层中,导致活性面积的损失。因此,固定型密封件的制备对模具的结构和尺寸、密封材料的性质和加工参数都有严格的要求。适用于注射成形的密封材料主要包括各种热塑性/热固性聚合物、硫化橡胶和冷固化树脂等。

2.5.3　密封结构的失效

密封结构失效会引起电堆温度和压力发生不正常变化,导致反应气泄漏或共混,甚至在催化剂表面直接燃烧造成局部热点,降低电堆性能,甚至损坏电堆并引发安全问题[105,106]。因此,有效密封是 PEMFC 电堆安全可靠运行的保障。密封结构的失效主要包括组装过程中密封结构失效和密封材料降解引起的密封失效。

1. 组装过程中密封结构失效

电池组装过程中密封结构失效主要与密封槽(其形状、表面粗糙度等)、装配误差、膜电极密封边缘(其厚度、弹性模量等)及密封件(其硬度、截面形状等)等有关[107]。例如,相较于矩形密封槽,密封件在梯形密封槽中更易发生滑移,造成密封失效[107]。装配误差是引起密封结构失效的重要原因,主要由定位孔的尺寸误差、双极板(尤其是薄金属双极板)的尺寸误差及密封件不居中等因素造成。装配误差会引起密封件错位,若存在装配误差,在施加装配力时,密封件可能会发生滑移甚至滑出密封槽,这样不仅会导致密封结构失效,而且会导致膜电极的密封边缘变形甚至被破坏(密封件间产生的剪切力可能造成膜电极的密封边缘被撕裂)[107](图 2-22)。相关研究表明,密封件的滑移角度和距离会随其硬度增加而明显增大,增加膜电极密封边缘的厚度和弹性模量有利于防止密封结构失效[107]。

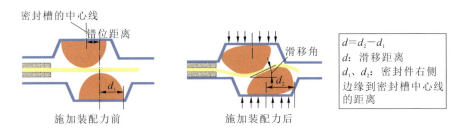

图 2-22 错位引起密封件滑移示意图[107]

2. 密封材料降解

密封结构组装成功后,在汽车运行过程中,由于密封件的老化、工作环境对密封件的腐蚀、振动、温度循环以及应力松弛等,各节单电池的密封件或密封结构不可避免地会出现不同程度的损伤,造成密封功能逐渐衰退,最终密封失效。密封材料降解引起的密封失效是造成 PEMFC 电堆在长期工作中性能衰减的主要原因之一。

1) 化学降解

化学降解是指密封件的老化与工作环境对密封件的腐蚀引起的密封材料降解。

在 PEMFC 中,由于长期接触氢气、潮湿的空气及酸性环境,密封件会逐渐老化或被腐蚀,发生化学降解。在模拟溶液或加速老化溶液中,相较于氟橡胶和 EPDM,硅橡胶更易于降解,这可能是由于 HF 与硅氧键的作用[22,108]。在实际工况下,质子交换膜中氟离子的析出是硅橡胶老化加剧的主要原因之一。随着化学降解的发生,硅橡胶表面粗糙度会逐渐增加(表面出现孔洞和裂纹),发生失重;随着时间的延长,表面孔洞和裂纹的尺寸及数量不断增加、失重量增加、厚度逐渐下降、表面硬化程度及杨氏模量增大,然后发生塑性形变,最终可能引起密封件断裂[100,109,110]。硅橡胶发生降解的主要原因是硅橡胶水解、氧化、酸腐蚀、主链和侧链断裂或填料析出等[100]。硅橡胶降解会析出金属离子、填料或密封材料降解颗粒(SiO_2)等,这些降解产物将毒化催化剂,加速质子交换膜老化,改变气体扩散层的亲、疏水特性,堵塞流道或气体扩散层的微孔等[111],降低燃料电池的性能并缩短寿命。此外,研究表明,温度、酸度及载荷的增加将加快密封件的降解速率[108]。

2) 振动

在汽车运行过程中,PEMFC 电堆不可避免地会受到振动或冲击(如路面不平所引起的机械振动,振动频率一般为 0.9~40 Hz,外部的振动将影响电堆的密封[104]。在对 560 节单电池组成的 50 kW 电堆进行的 150 h 的增强振动测试中,Hou 等人[112]发现长期振动会损坏密封结构,降低气密性,导致氢气的泄漏率增加。Deshpande 等人[113]发现振动幅度的增加会导致密封件的泄漏率增加。

3) 温度循环

热效应引起的反应气泄漏已经在许多研究中被发现。Liang 等人[107]认为密封垫片在堆叠中难以理想对齐,组装后垫片错位不可避免地会引起密封垫片的滑移。一旦温度升高,热膨胀可能会导致密封垫片滑出密封槽,引发密封失效。

4) 应力松弛

橡胶弹性体的应力松弛现象也是影响其耐久性的重要因素。应力松弛是指在维持一定的形变量时,接触压力随时间的增长而减小,这主要是因为材料内部分子在力的作用下发生构象重排。应力松弛与弹性体本身结构密切相关[114]。王伟等人[115]通过添加白炭黑,明显改善了硅橡胶的应力松弛性能。此外,温度升高将加速分子运动,加快密封材料的应力松弛[114]。

3. 电堆密封失效的检测方法

密封失效检测技术是修复电堆或更换故障单电池的关键。

1) 电堆组装后气密性检测[96]

向装配好的电堆中通入一定压力的氮气,保压一段时间后,切断气源,观察气体压力的变化,若气压不变,说明电堆密封良好、无外漏,否则需要适当增加装配力或重新组装电堆(为了进一步查找泄漏位置,可通入氢气,用氢气传感器检测漏处)。

2) 电堆长期运行中密封失效检测

电堆密封失效的检测方法有电压衰减法、电流衰减法或渗氢电流法等[116-118]。例如,为了检测密封泄漏的位置,在电堆停止工作后,我们可以观察单电池的电压衰减情况,若在停止反应气供应后,单电池的电压下降速度快于正常电池,则说明此节单电池可能出现了密封失效[117]。分别在阴极侧和阳极侧通入氮气和氢气,若单电池的渗氢电流高于正常电池,则表明此节单电池可能存在内漏(也可能是膜出现裂缝而引起的)[116]。

2.6 电堆集成技术

由于电流和功率的限制,单个燃料电池不能满足实际应用的需求。因此,通常将几十个甚至数百个单电池串联组装,形成燃料电池电堆。在电堆组装过程中,各部件受到压紧力而发生形变,直接影响燃料电池内部水传输、反应物传输、电子传递和热传递等过程,进而影响燃料电池性能。同时,装配误差会通过单电池的串联叠加进一步放大,影响整个电堆的装配质量。由此可见,发展先进的电堆集成(组装)技术对保证整个燃料电池的性能和降低制造成本是至关重要的。

2.6.1 电堆集成工艺流程

如图2-23所示,质子交换膜燃料电池电堆集成工艺流程可概括为[119,120]堆叠、压紧、紧固、气密性检测,进而得到成品。

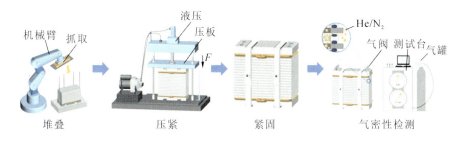

图 2-23 质子交换膜燃料电池电堆集成工艺流程示意图[120]

1. 堆叠

1) 主要流程

将已安装好绝缘板、集流板的下端板在工作台上固定后,按顺序依次循环堆叠双极板(含密封垫)和膜电极,直至达到设计所要求的数量为止。然后,在最后一个单电池上方安装上端板。在此过程中,利用辅助定位装置把各单电池整齐地堆叠成电堆,确保各双极板和膜电极之间无相对位移。

2) 工艺参数及要求

(1) 燃料电池单电池数量:每千瓦 2~10 个单电池(目前常见的是每千瓦 3~5 个)。

(2) 堆叠速度:每个组件小于 2.3 s。

(3) 组件定位精度:0.1 mm。

3) 现有堆叠技术

现有堆叠技术主要包括人工堆叠、机械手精准定位堆叠、全自动供料堆叠、旋转机械手堆叠。

4) 品质影响因素

(1) 组件厚度精度(一般要求误差小于 10 μm)。

(2) 无尘车间环境等级(一般要求达到 ISO 8 标准)。

5）质量要求

(1) 单电池厚度:2～10 mm。

(2) 电池组装定位精度。

(3) 组装过程中无部件损坏。

2. 压紧

1）主要流程

使用压缩装置(如液压机)对堆叠完毕的电堆施加设计好的压紧力,从而将电堆压紧,包括密封垫片在内的各个部件被压缩,使得电堆获得良好的密封性和较小的接触电阻。同时,压力不宜过大且需分布均匀,避免过载或局部过载对部件造成损伤。

2）工艺参数及要求

(1) 压力:不大于 160 kN,分布均匀。

(2) 压紧路径或方式(取决于产品)合适。

(3) 压紧时间:每个电堆小于 150 s。

3）现有压紧设备

现有压紧设备包括螺旋压力机、油压机、气压机、伺服液压机。

4）品质影响因素

(1) 压紧力和压紧路径精度(一般要求误差小于 2%)。

(2) 无尘车间环境等级(一般要求达到 ISO 8 标准)。

(3) 定位精度。

(4) 压紧运行速度。

5）质量要求

(1) 单电池厚度:1～2 mm。

(2) 密封性良好。

(3) 压紧过程中无部件损坏。

(4) 压力分布均匀。

3. 紧固

1）主要流程

在保持压紧力不变的情况下,以一定的紧固方式(如螺杆紧固或绑带紧固)

将达到设计压紧力的电堆通过固定于压力机中的紧固装置固定,形成一个完整的电堆。

2) 工艺参数及要求

(1) 压紧力:0.5~1 MPa。

(2) 紧固扭矩:约 11 N·m(单电池)。

(3) 在电堆横截面区域,将紧固装置旋转至180°,以方便固定。

3) 现有紧固技术

现有紧固技术包括螺杆紧固、绑带紧固、平板紧固、箱式弹簧紧固。

4) 品质影响因素

品质影响因素包括拧紧顺序、紧固扭矩、端板厚度(避免端板变形而引起不均匀拉伸)。

5) 质量要求

质量要求包括绑带无损、电池或端板无损、压力分布均匀。

4. 气密性检测

1) 主要流程

采用压降法对组装好的燃料电池电堆进行外漏检查,即通入氮气至电堆工作压力(如 0.2 MPa),保压停留一段时间后,切断气源,观察气压是否下降,不下降说明电堆不漏气。若轻微下降,可适当压紧电堆再进行检查。若气压严重下降,则必须重装电堆。此外,还需对电堆进行内窜检查,即分别向燃料腔、氧化剂腔中通入 0.05 MPa 的氮气,用皂膜流量计检测各个腔之间有无窜气发生。通过以上检测,确保电堆密封性能良好,即可得到燃料电池电堆成品。

2) 工艺参数及要求

(1) 阳极氢气泄漏速率:不大于 1×10^{-2} Pa·m³/s。

(2) 阴极氧气泄漏速率:最高为氢气泄漏速率的 4 倍。

(3) 通气量:取决于电堆功率。

(4) 检测使用气体:氮气或氦气。

3) 现有检测技术

现有检测技术包括压降测试、流量测试。

4) 品质影响因素

品质影响因素包括输气管道的密封性、部件损坏情况、张力均匀性、环境压力和温度、灰尘。

5)质量要求

(1)泄漏速率低。

(2)可重工与返修的可能性低。

2.6.2 影响电堆集成性能的重要因素

1. 压紧力

电堆集成工艺除了要保证电堆密封性外,还要保证各单电池的膜电极与双极板有良好的接触,即接触电阻应尽可能小。为了达到上述要求,通常在组装过程中施加一个力将燃料电池双极板和膜电极压紧并连接起来,这个力称为压紧力或压紧载荷。压紧力的大小、分布的均匀性对燃料电池电堆各部件和性能有显著影响。因此,为了优化燃料电池性能,首先需要确定一个合理的压紧力范围,其次要保证均匀的压紧力分布,也就是良好的电堆一致性[121]。

压紧力过小会导致燃料电池电堆气密性较差,而良好的气密性是燃料电池电堆正常且安全运行的前提[122,123]。此外,压紧力过小会导致各部件之间不完全接触,使得界面接触电阻急剧升高,通入反应气体后出现局部开路现象,从而降低燃料电池电堆的输出功率[124]。压紧力过大会导致气体扩散层被严重压缩。由于气体扩散层富含多孔结构,过度挤压后,孔隙率和渗透率将急剧下降,这样不仅会阻碍反应气体在膜电极中的扩散,也使得反应产生的水无法及时排出,导致燃料电池电堆输出功率下降[125]。质子交换膜的结构强度很低,过度挤压后其结构应力将迅速增加。在这种情况下,即使在后期降低压紧力,膜中也会存在残余应力,导致质子交换膜耐久性下降。即使组装电堆时的压紧力是合理的,燃料电池在运行期间温度上升导致膜膨胀,界面接触压力也会显著增加[126]。此外,双极板流场高度在制造过程中存在一定程度的误差,当压紧力过大时,各部分形变不均可能会导致一系列问题,如不同区域接触压力严重不均会导致气体流动受阻等[119]。因此,燃料电池电堆的结构和内部传输特性皆受到组装过程中压紧力的影响。

电堆一致性是衡量电堆组装质量的重要指标,良好的电堆一致性对电堆性能至关重要。燃料电池电堆具有短板效应,也就是说,电堆的性能取决于性能最差的电池。如果电堆一致性不好,个别单电池电压偏低,当电流进一步增大时可能会发生反极。而均匀的压紧力分布可以保证电堆密封区内电化学反应条件和密封条件基本相同,电堆内各部件可以在较高的电流密度下同步工作,实现功率密度的提升。因此,燃料电池电堆的一致性被认为是实现高电堆功率密度的基本保障[127]。值得指出的是,压紧力的分布与组装方式有重要的关系,是电堆集成技术的研究热点之一。目前,燃料电池电堆的组装方式主要有手动组装和自动组装两种。在试验阶段和工艺验证阶段,手动组装效率低的劣势并不明显。装配人员借助定位装置将端板、双极板、膜电极等依次叠放在一起,在外部加压装置的作用下,将叠放在一起的各组件压缩到预定程度或压缩到接触力达到一定值,然后用螺栓或绑带将这些组件紧固在一起。手动装配由于全过程人为操作,在电堆整体尺寸不大的情况下,可满足实验测试要求。但在电堆整体尺寸较大时,累积效应造成的组装误差以及不一致性,会导致电堆的性能无法达到设计要求。随着自动化水平的提高,人们试图通过自动装配来提高生产效率,借助自动拾取、CCD 成像等设备,实现双极板、膜电极的自动抓取、定位和安装,避免在装配过程中可能出现的人为误差。装配自动化是未来电堆商品化的必经之路[128]。

2. 紧固方式

压紧力可以由点压力、线压力和表面压力提供[126],由此衍生出许多紧固方式。目前,主流的燃料电池电堆紧固方式有两种:一是螺杆压紧方式;二是绑带压紧方式[119]。

螺杆压紧方式是市场上最常用的紧固方式,简单易行且可靠性高,其结构如图 2-24(a)所示。但点压力的设计不可避免地导致压紧力主要由端板的周边部位承担,使得端板受力不均,中间膜电极区域无法实现均匀的载荷分布,严重时会出现"密封真空",发生密封不严的状况。一般可通过优化螺栓数量、位置及压紧力或优化端板设计来实现压紧载荷的均匀分布,进而改善电堆密封性,其中,端板的设计优化是研究的重点。端板的设计优化是指通过材料选择和结构设计,在不过度增加端板质量和体积的前提下增加其刚度[129]。Asghari 等人[127]提出了一套完整的端板设计和开发流程,包括材料选择、有限元分析、最佳厚度选择、制造和实验验证。Lin 等人[130]提出了端板设计的多目标优化方法,该方法不仅提高了端板的刚度,而且实现了装配载荷的均匀分布,此外,优化后的端板结构拥有较好的可加工性且实现了轻量化。Yu等人[131]提出了一种由碳纤维复合材料和保温泡沫组成的多层端板结构,在保证强度的同时实现了轻量化,同时热性能也得到了提高。目前,端板的设计研究主要集中在通过材料选择和结构设计,在不过度增加端板质量和体积的情况下增加刚度方面。国内外各燃料电池企业和整车厂、国内科研院所(如中国科学院大连化学物理研究所)和高校(如武汉理工大学等)广泛采用螺杆压紧等方式。

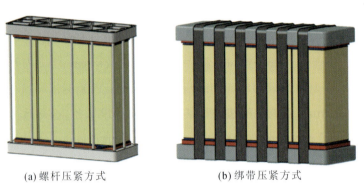

(a) 螺杆压紧方式　　　　　(b) 绑带压紧方式

图 2-24　螺杆压紧方式和绑带压紧方式[119]

绑带压紧方式[见图 2-24(b)]是市场上另一种常见的电堆紧固方式,常用的是柔性钢带。该紧固方式目前多被应用于石墨板电堆[132]。该紧固方式能够有效减小端板厚度及减轻端板重量,使电堆结构更紧凑,比螺杆压紧方式节省空间。此外,由于压紧载荷作用面积较大,可以得到更均匀的载荷分布。绑带压紧方式是用于大型燃料电池电堆的比较先进的紧固技术,但该组装工艺的设计及实施较为复杂。Liu等人[132]基于形状优化方法设计了一个边缘为半圆形的端板,不仅确保其刚度不受影响,而且实现了轻量化。此外,还有一种更为典型的弧状端板,采用此端板的电堆经过绑带压紧后压紧力的分布更均匀。弧状端板的主要优点是上、下端板可以采用一定的空心结构,因而可实现电堆的轻量化。然而,带有弧度的端板不方便与压力机一起使用。目前,国内外燃料电池企业也常采用这种电堆紧固方式。

3. 组装尺寸

如前所述,电堆组装除了要保证电堆密封性外,还要保证各单电池的膜电极与双极板有良好的接触。因此,在组装过程中,电堆密封件形变与膜电极形变要高度匹配,通过控制电堆高度来控制膜电极收缩量,同时使密封件达到预定的形变量。图 2-25 所示为电堆组装过程中密封件、双极板与膜电极的相对位置,其中 C 为双极板密封槽厚度,d 为密封件的直径,b_{M_1} 为膜电极对应密封部分的厚度,b_{M_2} 为膜电极对应电极部分的厚度。燃料电池电堆高度可由下式确定[96]:

$$h_1 = [b_{M_1}(1-f_M) + b_b] \times n + K \tag{2-11}$$

$$h_2 = [2d(1-f_r) + (b_b - 2C) + b_{M_2}] \times n + K \tag{2-12}$$

式中 h_1——满足膜电极压深以获得预期的较小接触电阻的组装高度;

h_2——满足密封件形变要求的组装高度;

f_M——双极板与膜电极接触电阻最小时膜电极的压缩率;

f_r——密封件压缩率;

b_b——双极板的厚度;

n——电堆中单电池个数;

K——其他硬件,如集流板、端板等的厚度。

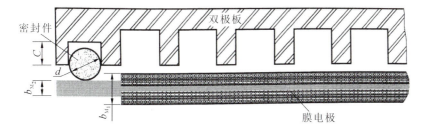

图 2-25 电堆组装过程中密封件、双极板与膜电极的相对位置[96]

一般可以通过离线试验确定获得较小接触电阻时膜电极的压缩率 f_M 和密封件压缩率 f_r。另外,f_r 可根据密封结构与材料在一定范围内调整,使 $h=h_1=h_2$。

总的来说,质子交换膜燃料电池电堆内部工作状态非常复杂,因此大部分研究工作都集中在燃料电池材料制备、膜电极结构优化、反应及老化机理、低温启动等方面,但电堆组装技术对整个燃料电池的性能和制造成本的影响同样是不容忽视的。现阶段对电堆组装技术的研究主要集中在二维或三维燃料电池模型模拟和电堆的实验测试与验证等方面,关于压紧力对各部件的影响以及组装技术的发展等的相关研究还很少。未来,对质子交换膜燃料电池电堆组装技术还可从以下角度入手进行优化和突破:①最优化压紧力;②压紧力对电堆各零部件及电堆性能的影响;③电堆组装过程的评估和优化手段;④燃料电池电堆零部件和装配部件的整体设计;⑤自动组装技术。

2.7　电堆技术进展及产业化现状

燃料电池电堆被称为燃料电池发动机系统的心脏,是整个燃料电池产业链的核心,其研发和生产具有较高的技术壁垒。目前,国外燃料电池电堆供应商主要分为两类:一类是乘用车大厂,如丰田、本田、现代等,它们的电堆功率均超过 100 kW,大多自行开发或与合作伙伴共同开发,一般不对外开放;另一类以巴拉德动力系统公司(巴拉德,Ballard)、Hydrogenics、PowerCell 等知名电堆生产企业为主,其具有较强的技术积累和产业化能力,欧美燃料电池商用车多采用其生产的电堆。国内电堆生产企业,规模较大的属巴拉德系,其一般选择引进巴拉德技术,通过合资建设生产线,其所生产的电堆主要供给国内商用车、物流车,代表企业有广东国鸿氢能科技有限公司(简称国鸿氢能)、中山大洋电机股份有限公司(简称大洋电机)、潍柴电力股份有限公司(简称潍柴动力)等。北京亿华通科技股份有限公司(简称亿华通)则通过产学研结合,进行自主研发,同时引进国外先进技术并加以吸收、创新,成为国内燃料电池供应最多的厂家之一。国内纯自主研发燃料电池电堆的代表企业主要是新源动力股份有限公司(简称新源动力)、上海神力科技有限公司(简称上海神力)、安徽明天氢能科技股份有限公司(简称明天氢能)等,其与高校合作,通过产学研结合以及承担国家相关课题,经过多年技术积累,形成了一定的产能。

表 2-6 列出了国内外燃料电池整车、系统及电堆生产代表性企业。主流的系统集成商基本有稳定的电堆供应源。据公开资料,亿华通对内主要从上海神力购买电堆,对外则采购自巴拉德、Hydrogenics 等企业;上海重塑能源科技有限公司(简称上海重塑)对内采购国鸿氢能电堆,除此之外,上海重塑战略投资新创企业上海骥翀氢能科技有限公司(简称骥翀氢能),拓展其电堆选择方向。

也有部分主流系统集成商选择自主研发电堆,如潍柴动力引入巴拉德技术并在此基础上自主研发,上海捷氢科技股份有限公司(简称捷氢科技)自主研发 MH 系列金属双极板电堆,江苏清能新能源技术股份有限公司(简称清能股份)、明天氢能等企业则已经开始使用自主设计生产的电堆。虽然国内车用燃料电池电堆研究起步较晚,工艺水平、产品性能、生产成本等都还和国外顶级制造商有一定差距,且部分核心技术仍旧没有掌握,但近几年,通过国家科技研发支持、技术成果转让和技术引进等方式,燃料电池电堆领域内的新创企业如雨后春笋般出现,使得我国燃料电池电堆在技术研发、产品开发及产业化应用方面取得了较大的进展,在部分领域达到了国际先进水平。

表 2-6 国内外燃料电池整车、系统及电堆生产代表性企业

项目	国内	国外
燃料电池整车	上汽集团、北汽福田、中通客车、宇通、长城汽车、上海申龙、飞驰科技	丰田、现代、通用、US Hybrid、Kenworth、尼古拉
燃料电池系统	雪人股份、雄韬股份、大洋电机、潍柴动力、亿华通、腾龙股份、上海重塑、捷氢科技、清能股份、东方氢能、国电投氢能公司、新源动力、爱德曼、明天氢能、未势能源	丰田、现代、UTC Power、Intelligent Energy
燃料电池电堆	腾龙股份、雪人股份、国鸿氢能、上海神力、捷氢科技、新源动力、清能股份、爱德曼、上海氢晨、未势能源、氢璞创能、锋源新创、骥翀氢能、明天氢能	丰田、现代、巴拉德、Hydrogenics、PowerCell

表 2-7 展示了部分国内电堆生产代表性企业发布的电堆型号和相关性能指标(截至 2021 年)。可以看出,国产电堆产品性能突飞猛进,设计寿命达到 2 万小时,最低启动温度也已下探至 -40 ℃,但与丰田在 2020 年 12 月发布的燃料电池汽车第二代 Mirai 所采用的燃料电池电堆相比,还存在一定的差距。从公开的数据来看,第二代 Mirai 电堆体积功率密度从第一代的 3.5 kW/L 提升至 5.4 kW/L,质量功率密度从 2.8 kW/kg 增加到 5.4 kW/kg,电堆最高功率也从 114 kW 提升至 128 kW。此外,第二代 Mirai 电池的膜电极功率密度提升了 15%,同时 Pt 用量(g/kW)降低了 58%。

表 2-7　部分国内电堆生产代表性企业发布的电堆型号和相关性能指标

企业	最新产品	功率/kW	体积功率密度/(kW/L)	设计寿命/h	最低启动温度/℃	技术路线
国鸿氢能	鸿芯GⅠ	84	3.8	20000	−30	石墨双极板
新源动力	HYMOD-150	130	4.5	10000	−40	金属双极板
上海神力	SFC-B9HD120	150	4.0	15000	−30	石墨双极板
捷氢科技	PROME-M3X	163	4.2	15000	−30	金属双极板
清能股份	VLSⅡPro-165	165	4.4	20000	−30	复合双极板
氢璞创能	第五代碳基板电堆	150	3.8	20000	−30	复合双极板

第二代 Mirai 燃料电池电堆综合性能相较于第一代 Mirai 获得显著提升的原因主要有以下几点。

1. 细孔流场通道的创新

第一代电堆双极板所采用的三维(3D)精细网格流道虽然性能优异，但是增加了零件的数量，从而增加了成本，并产生额外的压力损失。新开发的电堆流场具有部分狭窄的流道点，以平衡氧气扩散和压力损失，可通过压力阻力将空气推入气体扩散层，以减少电堆零件的数量及减小其尺寸，同时提高气体扩散层中的氧浓度(是传统直通流道的2.3倍，与3D精细网格流道相同)。

2. 电极材料的创新

在第一代 Mirai 中，催化剂会因 Pt 与离聚物接触而发生磺酸中毒，为了解决这一难题，研究人员开发了介孔碳作为催化剂载体。电池中约80%的 Pt 被带到介孔碳的孔中，减少了离聚物与 Pt 表面的接触，进而抑制了催化剂磺酸中毒。通过采用这一方式，以及提高 PtCo 合金催化剂固体溶解度的方式，研究人员将催化剂的催化活性提高了约50%。此外，研究人员还采用了一种高透氧离聚物，其透氧性能是先前燃料电池电堆所使用的离聚物的3倍，通过增加酸性表面官能团的数量，质子电导率提高了1.2倍。

3. 电堆缩小和质量减小

在新一代的电堆中，分离器的厚度从 0.13 mm 降低到 0.10 mm，流道的数量从3个减少到2个，使得单电池的厚度从 1.34 mm 减小到 1.11 mm。此外，研究人员将电池的最大电流提高至先前电池的120%,从而使电池数量从370片减少到330片,电堆的尺寸从33 L减小到24 L(不包括端板),质量从41 kg减小至24 kg(不包括端板)。

中国汽车工程学会对未来乘用车和商用车燃料电池电堆提出了2030—2035年我国乘用车电堆技术达规模化应用水平,商用车电堆技术全面达到产业化要求的愿景,并给出了如表2-8所示的燃料电池汽车电堆技术目标。根据我国《节能与新能源汽车技术路线图2.0》规划:到2025年,氢燃料电池汽车保有量将达到10万辆左右;到2035年,氢燃料电池汽车保有量将达到100万辆左右。未来,提升燃料电池电堆的功率密度、减小电堆体积、降低制造成本依然是电堆发展的主要方向。

表2-8 燃料电池汽车电堆技术目标

类别	指标	2025年	2035年
乘用车	电堆体积功率密度/(kW/L)	>4	>6
	最低启动温度/℃	−40	−40
	电堆寿命/h	>5500	>8000
	电堆成本/(元/kW)	<1800	<500
商用车	电堆体积功率密度/(kW/L)	>2.5	>3
	最低启动温度/℃	−40	−40
	电堆寿命/h	>16500	>30000
	电堆成本/(元/kW)	<1200	<400

本章参考文献

[1] MEHTA V, COOPER J S. Review and analysis of PEM fuel cell design and manufacturing [J]. Journal of Power Sources, 2003, 114(1): 32-53.

[2] IYUKE S E, MOHAMAD A B, KADHUM A A H, et al. Improved membrane and electrode assemblies for proton exchange membrane fuel cells [J]. Journal of Power Sources, 2003, 114(2): 195-202.

[3] WANG L, ADVANI S G, PRASAD A K. Membrane electrode assembly

with enhanced membrane/electrode interface for proton exchange membrane fuel cells [J]. The Journal of Physical Chemistry C,2013,117(2):945-948.

[4] YANG T F,HOURNG L W,YU T L,et al. High performance proton exchange membrane fuel cell electrode assemblies [J]. Journal of Power Sources,2010,195(21):7359-7369.

[5] LIU Z X,QIAN W,GUO J W,et al. Proton exchange membrane fuel cell materials [J]. Progress in Chemistry,2011,23(0203):487-500.

[6] 谢玉洁,张博鑫,徐迪,等.燃料电池用新型复合质子交换膜研究进展[J].膜科学与技术,2021,41(4):177-186.

[7] BANHAM D,YE S Y. Current status and future development of catalyst materials and catalyst layers for proton exchange membrane fuel cells:an industrial perspective [J]. ACS Energy Letters,2017,2(3):629-638.

[8] OTT S,ORFANIDI A,SCHMIES H,et al. Ionomer distribution control in porous carbon-supported catalyst layers for high-power and low Pt-loaded proton exchange membrane fuel cells [J]. Nature Materials,2020,19(1):77-85.

[9] ZHANG W Q,YAO D M,TIAN L L,et al. Enhanced performance of high temperature polymer electrolyte membrane fuel cell using a novel dual catalyst layer structured cathode [J]. Journal of the Taiwan Institute of Chemical Engineers,2021,125:285-290.

[10] 李瑞松,刘亚琳,田浩,等.燃料电池中铂基电催化剂的设计与合成[J].化工进展,2021,40(9):4931-4947.

[11] TIAN N,ZHOU Z Y,SUN S G,et al. Synthesis of tetrahexahedral platinum nanocrystals with high-index facets and high electro-oxidation activity [J]. Science,2007,316(5825):732-735.

[12] ZHAO T,LUO E G,WANG X,et al. Challenges in the activity and stability of Pt-based catalysts toward ORR [J]. Journal of Electrochemistry,2020,26(1):84-95.

[13] OMRANI R,SHABANI B. Gas diffusion layer modifications and treatments for improving the performance of proton exchange membrane fuel cells and electrolysers:a review [J]. International Journal of Hydrogen Energy,2017,42(47):28515-28536.

[14] WANG X L,ZHANG H M,ZHANG J L,et al. Progress of gas diffusion layer for proton exchage membrane fuel cells [J]. Progress in Chemistry,2006,18(4):507-513.

[15] YANG Y G,ZHOU X Y,LI B,et al. Recent progress of the gas diffusion layer in proton exchange membrane fuel cells:material and structure designs of microporous layer [J]. International Journal of Hydrogen Energy,2021,46(4):4259-4282.

[16] SONG Y X,ZHANG C Z,LING C Y,et al. Review on current research of materials,fabrication and application for bipolar plate in proton exchange membrane fuel cell [J]. International Journal of Hydrogen Energy,2020,45(54):29832-29847.

[17] BOHACKOVA T,LUDVIK J,KOURIL M. Metallic material selection and prospective surface treatments for proton exchange membrane fuel cell bipolar platesa review [J]. Materials,2021,14(10):2682.

[18] FAN R L,PENG Y H,TIAN H,et al. Graphite-filled composite bipolar plates for fuel cells:material,structure,and performance [J]. Acta Physico-Chimica Sinica,2021,37(9):2009095.

[19] YI P Y,ZHANG D,QIU D K,et al. Carbon-based coatings for metallic bipolar plates used in proton exchange membrane fuel cells [J]. International Journal of Hydrogen Energy,2019,44(13):6813-6843.

[20] WU C W,ZHANG W,HAN X,et al. A systematic review for structure optimization and clamping load design of large proton exchange membrane fuel cell stack [J]. Journal of Power Sources,2020,476:228724.

[21] 殷俊,杨帆,杨代军,等.质子交换膜燃料电池一体化密封设计与仿真[J].汽车技术,2021(11):15-21.

[22] 李新,王一丁,詹明.质子交换膜燃料电池密封材料研究概述[J].船电技术,2020,40(6):19-23.

[23] 秦彦周,曹世博,刘国坤,等.质子交换膜燃料电池堆冷却系统研究进展[J].汽车技术,2021(11):1-14.

[24] 隋智通,隋升,罗冬梅.燃料电池及其应用[M].北京:冶金工业出版社,2004.

[25] 章桐.电动汽车工程手册(第三卷):燃料电池电动汽车设计[M].北京:机械工业出版社,2020.

[26] 黄镇江,刘凤君.燃料电池及其应用[M].北京:电子工业出版社,2005.

[27] CARRETTE L,FRIEDRICH K A,STIMMING U. Fuel cells:principles,types,fuels,and applications[J].ChemPhysChem,2000,1(4):162-193.

[28] ALBARBAR A,ALRWEQ M. Proton exchange membrane fuel cells:design,modelling and performance assessment techniques[M].Switzerland:Springer,2018.

[29] KIM J,LEE S M,SRINIVASAN S,et al. Modeling of proton exchange membrane fuel cell performance with an empirical equation[J].Journal of the Electrochemical Society,1995,142(8):2670.

[30] 毛宗强等.燃料电池[M].北京:化学工业出版社,2005.

[31] 陈维荣,刘嘉蔚,李奇,等.质子交换膜燃料电池故障诊断方法综述及展望[J].中国电机工程学报,2017,37(16):4712-4721,4896.

[32] 张雪霞,蒋宇,孙腾飞,等.质子交换膜燃料电池水淹和膜干故障诊断研究综述[J].西南交通大学学报,2020,55(4):828-838,864.

[33] 柯婉顿,陈奔,席清海,等.高电流密度下PEMFC水淹过程的碳腐蚀行为及耐久性研究[J].工程热物理学报,2017,38(2):364-368.

[34] YANG X G,YE Q,CHENG P. In-plane transport effects on hydrogen depletion and carbon corrosion induced by anode flooding in proton exchange membrane fuel cells[J]. International Journal of Heat and Mass Transfer,2012,55(17-18):4754-4765.

[35] GE S H,WANG C Y. Liquid water formation and transport in the PEFC anode [J]. Journal of The Electrochemical Society,2007,154 (10):B998-B1005.

[36] HE W S,LIN G Y,VAN NGUYEN T. Diagnostic tool to detect electrode flooding in proton-exchange-membrane fuel cells [J]. AIChE Journal,2003,49(12):3221-3228.

[37] 张洪霞,沈承,韩福江,等.质子交换膜燃料电池的水平衡[J].化学通报,2011,74(11):1026-1032.

[38] SANCHEZ D G,GARCIA-YBARRA P L. PEMFC operation failure under severe dehydration [J]. International Journal of Hydrogen Energy,2012,37(8):7279-7288.

[39] RAMASAMY R P. Fuel cells-proton-exchange membrane fuel cells | membrane-electrode assemblies [M] // GARCHE J, DYER C K, MOSELEY P T, et al. Encyclopedia of electrochemical power sources. Amsterdam:Elsevier,2009.

[40] ZHANG J,COLBOW K M,WILKINSON D P. Ionomer impregnation of electrode substrates for improved fuel cell performance:US09222507 [P]. 2001-02-13.

[41] LITSTER S,MCLEAN G. PEM fuel cell electrodes [J]. Journal of Power Sources,2004,130(1):61-76.

[42] LIM B H,MAJLAN E H,TAJUDDIN A,et al. Comparison of catalyst-coated membranes and catalyst-coated substrate for PEMFC membrane electrode assembly:a review [J]. Chinese Journal of Chemical Engineering,2021,33:1-16.

[43] 希普切恩 S,巴尔迪佐内 C,鲍尔 H.用于制造用于燃料电池的膜片电极单元的方法:CN201980061679.6 [P]. 2021-04-30.

[44] SU H N,LIAO S J,SHU T,et al. Performance of an ultra-low platinum loading membrane electrode assembly prepared by a novel catalyst-sprayed membrane technique [J]. Journal of Power Sources,2010,195

(3):756-761.

[45] WANG W T,CHEN S Q,LI J T,et al. Fabrication of catalyst coated membrane with screen printing method in a proton exchange membrane fuel cell [J]. International Journal of Hydrogen Energy,2015,40(13): 4649-4658.

[46] MAO Q,SUN G Q,WANG S L,et al. Comparative studies of configurations and preparation methods for direct methanol fuel cell electrodes [J]. Electrochimica Acta,2007,52(24):6763-6770.

[47] HIRANO S,KIM J,SRINIVASAN S. High performance proton exchange membrane fuel cells with sputter-deposited Pt layer electrodes [J]. Electrochimica Acta,1997,42(10):1587-1593.

[48] KIM H,MOON S H. Chemical vapor deposition of highly dispersed Pt nanoparticles on multi-walled carbon nanotubes for use as fuel-cell electrodes [J]. Carbon,2011,49(4):1491-1501.

[49] MORIKAWA H,TSUIHIJI N,MITSUI T,et al. Preparation of membrane electrode assembly for fuel cell by using electrophoretic deposition process [J]. Journal of The Electrochemical Society,2004,151 (10):A1733-A1737.

[50] 刘锋,王诚,张剑波,等.质子交换膜燃料电池有序化膜电极 [J].化学进展,2014,26(11):1763-1771.

[51] SERP P,CORRIAS M,KALCK P. Carbon nanotubes and nanofibers in catalysis [J]. Applied Catalysis A:General,2003,253(2):337-358.

[52] MATSUMOTO T,KOMATSU T,ARAI K,et al. Reduction of Pt usage in fuel cell electrocatalysts with carbon nanotube electrodes [J]. Chemical Communications,2004,7(7):840.

[53] WANG C,WAJE M,WANG X,et al. Proton exchange membrane fuel cells with carbon nanotube based electrodes [J]. Nano Letters,2004, 4(2):345-348.

[54] HATANAKA T,NAKANISHI H,MATSUMOTO S I,et al. PEFC

[55] MURATA S,IMANISHI M,HASEGAWA S,et al. Vertically aligned carbon nanotube electrodes for high current density operating proton exchange membrane fuel cells [J]. Journal of Power Sources,2014,253 (5):104-113.

[56] DEBE M K,SCHMOECKEL A K,VERNSTROM G D,et al. High voltage stability of nanostructured thin film catalysts for PEM fuel cells [J]. Journal of Power Sources,2006,161(2):1002-1011.

[57] PAN C F,ZHANG L,ZHU J,et al. Surface decoration of anodic aluminium oxide in synthesis of Nafion®-115 nanowire arrays [J]. Nanotechnology,2006,18(1):015302.

[58] NING F D,BAI C,QIN J Q,et al. Great improvement in the performance and lifetime of a fuel cell using a highly dense,well-ordered,and cone-shaped Nafion array [J]. Journal of Materials Chemistry A,2020, 8(11):5489-5500.

[59] 沈春晖,潘牧,罗志平,等.质子交换膜燃料电池双极板的研究进展[J]. 新材料产业,2004,8:18-21.

[60] 董梁,方亮,石伟玉,等. 一种质子交换膜燃料电池双极板: CN110212213A [P]. 2019-09-06.

[61] REISER C A,SAWYER R D. Solid polymer electrolyte fuel cell stack water management system:US4769297A [P]. 1988-09-06.

[62] 李伟,李争显,刘林涛,等.多孔金属流场双极板研究进展[J].材料工程, 2020,48(5):31-40.

[63] JEON D H,GREENWAY S,SHIMPALEE S,et al. The effect of serpentine flow-field designs on PEM fuel cell performance [J]. International Journal of Hydrogen Energy,2008,33(3):1052-1066.

[64] 王敏,孙红,吴玉厚,等.组合流场PEM燃料电池的性能比较[J].电源技术,2009(7):563-566.

[65] 罗晓宽,侯明,傅云峰,等.质子交换膜燃料电池模压石墨双极板研究[J].电源技术,2008(3):174-176.

[66] 刘艳雄,华林.燃料电池金属双极板精密成形技术研究和发展[J].精密成形工程,2010,2(1):32-37,51.

[67] HENTALL P L,LAKEMAN J B,MEPSTED G O,et al. New materials for polymer electrolyte membrane fuel cell current collectors[J]. Journal of Power Sources,1999,80(1-2):235-241.

[68] WANG H L,SWEIKART M A,TURNER J A. Stainless steel as bipolar plate material for polymer electrolyte membrane fuel cells[J]. Journal of Power Sources,2003,115(2):243-251.

[69] BRADY M P,WEISBROD K,PAULAUSKAS I,et al. Preferential thermal nitridation to form pin-hole free Cr-nitrides to protect proton exchange membrane fuel cell metallic bipolar plates[J]. Scripta Materialia,2004,50(7):1017-1022.

[70] 李伟,李争显,刘林涛,等.氢燃料电池中钛双极板研究进展[J].钛工业进展,2018,35(6):10-15.

[71] ASRI N F,HUSAINI T,SULONG A B,et al. Coating of stainless steel and titanium bipolar plates for anticorrosion in PEMFC:A review[J]. International Journal of Hydrogen Energy,2017,42(14):9135-9148.

[72] CHEN Y H,XU J,XIE Z H,et al. Nanocrystalline TaCN coated titanium bipolar plate dedicated to proton exchange membrane fuel cell[J]. Ceramics International,2022,48(13):19217-19231.

[73] WANG S H,LUI W B,PENG J,et al. Performance of the iridium oxide (IrO_2)-modified titanium bipolar plates for the light weight proton exchange membrane fuel cells[J]. Journal of Fuel Cell Science and Technology,2013,10(4):041002.

[74] WANG S H,PENG J,LUI W B,et al. Performance of the gold-plated titanium bipolar plates for the light weight PEM fuel cells[J]. Journal of Power Sources,2006,162(1):486-491.

[75] YU F,WANG K,CUI L Z,et al. Vertical-graphene-reinforced titanium alloy bipolar plates in fuel cells [J]. Advanced Materials,2022,34(21):2110565.

[76] ZHANG M,HU L,LIN G Q,et al. Honeycomb-like nanocomposite Ti-Ag-N films prepared by pulsed bias arc ion plating on titanium as bipolar plates for unitized regenerative fuel cells [J]. Journal of Power Sources,2012,198:196-202.

[77] PARK W T,JIN C K,KANG C G. Improving channel depth of stainless steel bipolar plate in fuel cell using process parameters of stamping [J]. International Journal of Advanced Manufacturing Technology,2016,87(5):1677-1684.

[78] ZHANG J,WANG R C,ZENG Y. Hydroforming rules and quality control parameters analysis for metal bipolar plate [J]. Engineering Failure Analysis,2022,132:105919.

[79] ZHANG C B,MA J,LIANG X,et al. Fabrication of metallic bipolar plate for proton exchange membrane fuel cells by using polymer powder medium based flexible forming [J]. Journal of Materials Processing Technology,2018,262:32-40.

[80] HORNUNG R,KAPPELT G. Bipolar plate materials development using Fe-based alloys for solid polymer fuel cells [J]. Journal of Power Sources,1998,72(1):20,21.

[81] IJAODOLA O,OGUNGBEMI E,KHATIB F N,et al. Evaluating the effect of metal bipolar plate coating on the performance of proton exchange membrane fuel cells [J]. Energies,2018,11(11):3203.

[82] 裴普成,李子钊,任棚,等. PEM 燃料电池用金属双极板及其涂层的研究进展 [J]. 清华大学学报(自然科学版),2021,61(10):1025-1038.

[83] JIN J,LIU H J,ZHENG D C,et al. Effects of Mo content on the interfacial contact resistance and corrosion properties of CrN coatings on SS316L as bipolar plates in simulated PEMFCs environment [J]. Inter-

national Journal of Hydrogen Energy,2018,43(21):10048-10060.

[84] WANG H C,HOU K H,LU C E,et al. The study of electroplating trivalent CrC alloy coatings with different current densities on stainless steel 304 as bipolar plate of proton exchange membrane fuel cells [J]. Thin Solid Films,2014,570:209-214.

[85] YANG L H,QIN Z L,PAN H T,et al. Corrosion protection of 304 stainless steel bipolar plates of PEMFC by coating SnO_2 film [J]. International Journal of Electrochemical Science,2017,12:10946-10957.

[86] FETOHI A E,HAMEED R M A,EL-KHATIB K M,et al. Study of different aluminum alloy substrates coated with Ni-Co-P as metallic bipolar plates for PEM fuel cell applications [J]. International Journal of Hydrogen Energy,2012,37(14):10807-10817.

[87] SHANMUGHAM C,RAJENDRAN N. Poly(*m*-phenylenediamine)-coated 316L SS:a promising material for bipolar plates in PEMFC environment [J]. Materials and Corrosion,2019,70(9):1646-1656.

[88] SHANMUGHAM C,RAJENDRAN N. Corrosion resistance of poly p-phenylenediamine conducting polymer coated 316L SS bipolar plates for proton exchange membrane fuel cells [J]. Progress in Organic Coatings,2015,89:42-49.

[89] LI P P,DING X N,YANG Z Y,et al. Electrochemical synthesis and characterization of polyaniline-coated PEMFC metal bipolar plates with improved corrosion resistance [J]. Ionics,2018,24(4):1129-1137.

[90] BI F F,HOU K,YI P Y,et al. Mechanisms of growth,properties and degradation of amorphous carbon films by closed field unbalanced magnetron sputtering on stainless steel bipolar plates for PEMFCs [J]. Applied Surface Science,2017,422:921-931.

[91] BI F F,LI X B,YI P Y,et al. Characteristics of amorphous carbon films to resist high potential impact in PEMFCs bipolar plates for automotive application [J]. International Journal of Hydrogen Energy,2017,42

(20):14279-14289.

[92] 樊润林,彭宇航,田豪,等.燃料电池复合石墨双极板基材的研究进展:材料、结构与性能[J].物理化学学报,2021,37(9):102-107.

[93] BHOSALE A C,MAHAJAN M A,GHOSH P C. Optimization of contact resistance with better gasketing for a unitized regenerative fuel cell [J]. International Journal of Hydrogen Energy, 2019, 44 (37): 20953-20962.

[94] YE D H,ZHAN Z G. A review on the sealing structures of membrane electrode assembly of proton exchange membrane fuel cells [J]. Journal of Power Sources,2013,231:285-292.

[95] 张鑫.氢燃料电池密封橡胶复合材料设计与有限元仿真[D].北京:北京化工大学,2021.

[96] 衣宝廉.燃料电池——原理·技术·应用[M].北京:化学工业出版社,2003.

[97] BASULI U,JOSE J,LEE R H,et al. Properties and degradation of the gasket component of a proton exchange membrane fuel cell—a review [J]. Journal of Nanoscience and Nanotechnology, 2012, 12 (10): 7641-7657.

[98] SHEN L Y,XIA L C,HAN T,et al. Improvement of hardness and compression set properties of EPDM seals with alternating multilayered structure for PEM fuel cells [J]. International Journal of Hydrogen Energy,2016,41(48):23164-23172.

[99] SHIT S C,SHAH P. A review on silicone rubber[J]. National Academy Science Letters,2013,36(4):355-365.

[100] WU F,CHEN B,YAN Y Z,et al. Degradation of silicone rubbers as sealing materials for proton exchange membrane fuel cells under temperature cycling[J]. Polymers,2018,10(5):522.

[101] 陆刚.氟橡胶结构特点及其应用和发展探源[J].化学工业,2014,32(7):32-38,44.

[102] TAN J Z,CHAO Y J,LI X D,et al. Degradation of silicone rubber under compression in a simulated PEM fuel cell environment[J]. Journal of Power Sources,2007,172(2):782-789.

[103] QIU D K,PENG L F,LIANG P,et al. Mechanical degradation of proton exchange membrane along the MEA frame in proton exchange membrane fuel cells[J]. Energy,2018,165:210-222.

[104] QIU D K,PENG L F,YI P Y,et al. Review on proton exchange membrane fuel cell stack assembly:quality evaluation,assembly method,contact behavior and process design[J]. Renewable and Sustainable Energy Reviews,2021,152:111660.

[105] ZIHRUL P,WEBER P,DURST J,et al. Impact of hydrogen bleeding into the cathode feed of a PEM fuel cell[J]. Journal of the Electrochemical Society,2017,164(4):F209-F216.

[106] HUSAR A,SERRA M,KUNUSCH C. Description of gasket failure in a 7 cell PEMFC stack[J]. Journal of Power Sources,2007,169(1):85-91.

[107] LIANG P,QIU D K,PENG L F,et al. Structure failure of the sealing in the assembly process for proton exchange membrane fuel cells[J]. International Journal of Hydrogen Energy,2017,42(15):10217-10227.

[108] TAN J Z,CHAO Y J,VAN ZEE J W,et al. Degradation of elastomeric gasket materials in PEM fuel cells[J]. Materials Science and Engineering:A,2007,445-446:669-675.

[109] TAN J Z,CHAO Y J,YANG M,et al. Chemical and mechanical stability of a silicone gasket material exposed to PEM fuel cell environment[J]. International Journal of Hydrogen Energy,2011,36(2):1846-1852.

[110] CLEGHORN S J C,MAYFIELD D K,MOORE D A,et al. A polymer electrolyte fuel cell life test:3 years of continuous operation[J]. Jour-

nal of Power Sources,2006,158(1):446-454.

[111] SCHULZE M,KNÖRI T,SCHNEIDER A,et al. Degradation of sealings for PEFC test cells during fuel cell operation [J]. Journal of Power Sources,2004,127(1-2):222-229.

[112] HOU Y P,ZHOU W,SHEN C Y. Experimental investigation of gas-tightness and electrical insulation of fuel cell stack under strengthened road vibrating conditions [J]. International Journal of Hydrogen Energy,2011,36(21):13763-13768.

[113] DESHPANDE J,DEY T,GHOSH P C. Effect of vibrations on performance of polymer electrolyte membrane fuel cells[J]. Energy Procedia,2014,54:756-762.

[114] QIU D K,LIANG P,PENG L F,et al. Material behavior of rubber sealing for proton exchange membrane fuel cells [J]. International Journal of Hydrogen Energy,2020,45(8):5465-5473.

[115] 王伟,吴旨玉,董宗玉,等.硅橡胶密封垫的应力弛豫特性[J].润滑与密封,2004(2):27-28,30.

[116] ASGHARI S,FOULADI B,MASAELI N,et al. Leak diagnosis of polymer electrolyte membrane fuel cell stacks [J]. International Journal of Hydrogen Energy,2014,39(27):14980-14992.

[117] TIAN G Y,WASTERLAIN S,CANDUSSO D,et al. Identification of failed cells inside PEMFC stacks in two cases:anode/cathode crossover and anode/cooling compartment leak [J]. International Journal of Hydrogen Energy,2010,35(7):2772-2776.

[118] ASHRAF KHORASANI M R,ASGHARI S,MOKMELI A,et al. A diagnosis method for identification of the defected cell(s)in the PEM fuel cells [J]. International Journal of Hydrogen Energy,2010,35(17):9269-9275.

[119] SONG K,WANG Y M,DING Y H,et al. Assembly techniques for proton exchange membrane fuel cell stack:a literature review [J]. Re-

newable and Sustainable Energy Reviews,2022,153:111777.

[120] HEIMES H,KEHRER M,HAGEDORN S,et al. Production of fuel cell systems [M]. Aachen:RWTH Publication,2022.

[121] WANG Y M,SONG K. State-of-the-art and development trends of assembly technologies for proton exchange membrane fuel cell stack:a review [C] // WCX SAE World Congress Experience. New York:SAE,2020.

[122] LAI X M ,LIU D A ,PENG L F,et al. A mechanical-electrical finite element method model for predicting contact resistance between bipolar plate and gas diffusion layer in PEM fuel cells [J]. Journal of Power Sources,2008,182(1):153-159.

[123] ZHOU Y,LIN G,SHIH A J,et al. A micro-scale model for predicting contact resistance between bipolar plate and gas diffusion layer in PEM fuel cells [J]. Journal of Power Sources,2007,163(2):777-783.

[124] SHAHGALDI S,OZDEN A,LI X G,et al. A novel membrane electrode assembly design for proton exchange membrane fuel cells:characterization and performance evaluation [J]. Electrochimica Acta,2019,299:809-819.

[125] WU Z L,ZHOU Y Y,LIN G S,et al. An improved model for predicting electrical contact resistance between bipolar plate and gas diffusion layer in proton exchange membrane fuel cells [J]. Journal of Power Sources,2008,182(1):265-269.

[126] LEE S J,HSU C D,HUANG C H. Analyses of the fuel cell stack assembly pressure [J]. Journal of Power Sources,2005,145(2):353-361.

[127] ASGHARI S,SHAHSAMANDI M H,ASHRAF KHORASANI M R. Design and manufacturing of end plates of a 5 kW PEM fuel cell [J]. International Journal of Hydrogen Energy,2010,35(17):9291-9297.

[128] 王茁,曹婷婷,曲英雪,等.燃料电池电堆设计开发关键技术 [J].汽车文

摘,2020(10):57-62.

[129] KUMAR A,REDDY R G. Materials and design development for bipolar/end plates in fuel cells [J]. Journal of Power Sources,2004,129(1):62-67.

[130] LIN P,ZHOU P,WU C W. Multi-objective topology optimization of end plates of proton exchange membrane fuel cell stacks [J]. Journal of Power Sources,2011,196(3):1222-1228.

[131] YU H N,KIM S S,DO SUH J,et al. Axiomatic design of the sandwich composite endplate for PEMFC in fuel cell vehicles [J]. Composite Structures,2010,92(6):1504-1511.

[132] LIU B,WEI M Y,MA G J,et al. Stepwise optimization of endplate of fuel cell stack assembled by steel belts [J]. International Journal of Hydrogen Energy,2016,41(4):2911-2918.

第 3 章
质子交换膜燃料电池系统

3.1 系统的组成及结构

质子交换膜燃料电池电堆是产生电能的核心部件。然而,燃料电池电堆不能单独为汽车或者其他应用场景提供电力,需要和辅助系统一起组成一个质子交换膜燃料电池系统才能作为汽车的核心动力系统。因此,质子交换膜燃料电池系统是指由电堆和辅助系统构成的一个完整的燃料电池工作体系,通常包括燃料电池电堆、空气供给子系统、氢气供给子系统、冷却子系统等子系统。质子交换膜燃料电池系统的组成结构如图 3-1 所示。空气供给子系统主要由滤清器、空气压缩机及加湿器等组成。其中,空气压缩机是空气供给子系统的重要组成部分,其功率消耗占电堆总输出的 20%～30%,性能直接影响燃料电池系统的效率、噪声等一系列指标。氢气供给子系统主要由储氢罐、压力调节器、氢气循环泵、排气阀等组成。其中,氢气循环泵是氢气供给子系统的核心部件,主要作用为将电堆出口的氢气重新加压送至电堆入口,以实现氢气的循环流动、循环使用、阳极湿度的保持。冷却子系统主要负责控制燃料电池电堆的工作温度,维持燃料电池系统的稳定可靠运行。因此,只有各个子系统协同工作,才能保证燃料电池电堆成功完成能量转化与输出[1-3]。辅助系统对发挥燃料电池电堆性能、保持燃料电池电堆的耐久性,以及保障燃料电池汽车的安全和稳定运行具有十分重要的作用[4,5]。事实上,辅助系统中也包含了大量的重要技术。正因为如此,质子交换膜燃料电池发动机系统是燃料电池领域的重点研究课题,国内外许多重要科研机构和相关公司投入了大量的资源去开展系统的研究及开发工作[6,7]。本章将会对燃料电池系统的组成、各子系统的功能和重要部件等做详细的介绍。

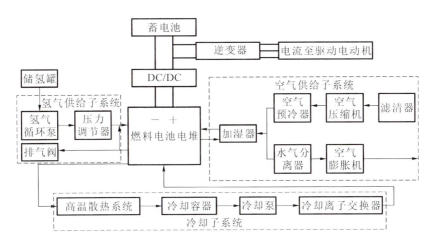

图 3-1　质子交换膜燃料电池系统组成结构

3.2　空气供给子系统

燃料电池进气系统分为两个部分：空气供给子系统和氢气供给子系统[8]。空气供给子系统的任务是为燃料电池的阴极提供阴极反应所需要的具有一定氧含量、温度、湿度和压力的空气,除了专门采用纯氧作为阴极反应物的质子交换膜燃料电池以外,一般的质子交换膜燃料电池均采用空气作为阴极进气,空气由空气供给子系统提供。空气供给子系统对保证燃料电池系统的性能和正常运行具有十分重要的作用。一方面,供给燃料电池阴极的空气的参数(空气流量、压力、温度和湿度)将直接影响燃料电池系统的输出特性,在系统运行过程中,需要保障空气进入电堆时的状态能够满足性能指标要求,否则会直接影响燃料电池的性能和寿命,从而使系统的运行效率降低;另一方面,由于空气供给子系统的结构复杂,且空气参数是非线性变量,因此空气供给子系统的硬件性能和结构仍然存在着很大的优化空间。

3.2.1　空气供给子系统硬件结构

燃料电池空气供给子系统结构如图 3-2 所示,其主要包含空气滤清器、空气压缩机、膨胀机、中冷器、加湿器、排气控制阀、水气分离器等[9]。下面主要对空气滤清器、空气压缩机、膨胀机、加湿器、中冷器这五个主要部件进行详细介绍。

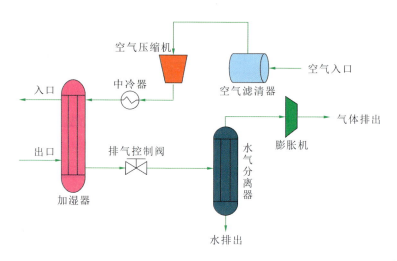

图 3-2 燃料电池空气供给子系统的结构

1. 空气滤清器

空气滤清器是车用质子交换膜燃料电池空气供给子系统的重要部件。车用空气滤清器由壳体和空气滤芯组成，其中壳体又由脏空气侧壳体和干净空气侧壳体组成。燃料电池的阴极催化剂对空气的洁净度具有高度的化学敏感性，因此燃料电池的空气滤清器除了需要过滤颗粒物之外，还要求能够滤除空气中的有害化学杂质，如氮氧化物、硫化物、一氧化碳、烃类等物质。除此之外，空气滤清器在设计时需要结合燃料电池系统的进气需求，充分考虑空气的过滤效果和压损。过滤效果较差将会导致燃料电池吸入外界空气中的杂质，而压损过大则会影响空气压缩机的进气，严重时甚至会导致空气压缩机进气困难，造成燃料电池空气供给受限。两者都会严重影响燃料电池的性能。因此，燃料电池空气滤清器在设计时需要同时满足以下功能要求：①吸附穿透时间、吸附容量、过滤效率能满足实际需要；②具有较小的空气流动阻力、压降以及能耗；③具有一定的降噪功能；④具有一定的机械强度和稳定性；⑤结构紧凑、简单，便于更换滤芯，成本低。表 3-1 列举了常用的空气滤清器的用途及滤料用材。

表 3-1 常用的空气滤清器的用途及滤料用材

种类	常用空气滤清器的用途	滤料用材
初效过滤器	过滤 5 μm 以上的粉尘颗粒	无纺布、金属丝网、玻璃丝、尼龙网

续表

种类	常用空气滤清器的用途	滤料用材
中效过滤器	过滤 1~5 μm 的粉尘颗粒	玻璃纤维、中细孔聚乙烯泡沫塑料和合成纤维毡
高效过滤器	捕集 0.5 μm 以下的颗粒粉尘和各种悬浮物	超细玻璃纤维滤纸
超高效过滤器	过滤 0.1~0.2 μm 的微粒烟雾和尘埃粒子	超细玻璃纤维纸

过滤的性能指标包含过滤效率、容尘量和阻力。如果过滤效率太高,容尘量会降低,即滤芯寿命降低,且阻力会大幅上升,导致空气压缩机进气不足、功耗增加等一系列问题。因此,找到三者之间的最优平衡参数,是保证发动机良好运行的关键。目前,燃料电池空气滤清器通常将含有活性炭吸附层的滤布(纸)作为空气滤清器的滤芯,采用物理过滤颗粒物和化学吸附有害化学物质相结合的方式来实现空气滤清。

近年来,对燃料电池空气滤清器的研究一直在进行,主要集中在以下几个方面:

(1)提高过滤效率。研究人员致力于开发高效的过滤材料和结构,以降低空气中的微粒、灰尘、颗粒物、液滴等污染物的透过率。一些研究利用纳米纤维材料、多孔材料和电化学氧化等技术来实现更高的过滤效率。某种意义上来说,滤清器对空气中化学污染物的吸附效率和吸附容量是燃料电池滤清器最为重要的技术指标。

(2)提高抗湿度性能。湿度问题是燃料电池系统中的一大挑战,特别是在高湿度环境下,滤清器容易被水蒸气和液态水堵塞。可以通过调整电极/电解质界面的性质,例如表面能、亲水/疏水性来改善燃料电池的湿度适应性,或是选择具有良好湿润性和稳定性的材料。

(3)降低压降。滤清器的压降对燃料电池系统的性能和能效影响很大。应减小滤清器的压降,以提高系统的输出功率和燃料利用率。一些研究方法包括优化过滤材料的孔隙结构、改进滤清器的设计和流道结构等。

(4)延长寿命和提高可持续性。燃料电池空气滤清器需要具备较长的使用寿命和可持续性,在不降低过滤效率的同时,应尽量延长更换周期和减少废弃物产生。研究人员对多种材料的复合和再生利用进行了探索,以延长滤清器的寿命和提高可持续性。

2. 空气压缩机

空气压缩机是空气供给子系统的关键部件。燃料电池空气压缩机的特点是工作范围宽、压比高、效率高、体积小、无油、噪声低、功耗低、可靠性高等。离心式空气压缩机由于具有结构紧凑、体积小、噪声低等特点,被业内企业广泛使用。空气压缩机向燃料电池电堆提供一定计量比、压缩比的空气。常见的空气计量比是 1.5~2,即供给燃料电池电堆的空气的量是理论需求量的 1.5~2 倍。若空气压缩机的驱动电动机转速过高,则会提供过量的压缩空气,不仅会使压缩机发生非必要的功率损耗,还会降低燃料电池的输出功率。如果空气压缩机驱动电动机的转速过低,则会使供给的空气不足,燃料电池电堆无法输出额定的功率,长期缺乏空气容易使电堆的使用寿命缩短[10]。

根据压缩气体方式的差异,燃料电池空气压缩机可分为两种类型:容积式和动力式。在文献[7]中,燃料电池空气压缩机分为图 3-3 所示的几种类型。容积式空气压缩机均采用相同的结构、相似的泄漏效率和不同的间隙容积,从而达到不同的回收效率。其中一组是活塞式空气压缩机和隔膜式空气压缩机,它们均由气缸和活塞组成,且均有充放阀,不接触油侧的气体可以用油润滑活塞。另一组是凸轮式、爪式、螺杆式和涡旋式。动力式空气压缩机是一种压缩气体的设备,与水泵构造类似,分为离心式和轴流式。离心式空气压缩机的工作原理是当气体通过离心式压缩机的叶轮时,原动机的机械能转变为气体的静压能和动能。

此外,燃料电池空气压缩机还有其他不同的分类方式,本书主要对螺杆式空气压缩机、涡旋式空气压缩机、滑片式空气压缩机、罗茨式空气压缩机、离心式空气压缩机进行详细介绍。

螺杆式空气压缩机的外壳由两个相互啮合的螺旋转子组成。螺杆式空气压缩机又分为双螺杆式和单螺杆式[11]。转子的长度和直径决定了空气的容量和排放压力。其内部结构如图 3-4 所示。其工作原理是利用螺旋齿相互啮合,螺杆啮合线把螺旋槽分割成多个密封工作仓,通过螺杆转动,密封工作仓在一

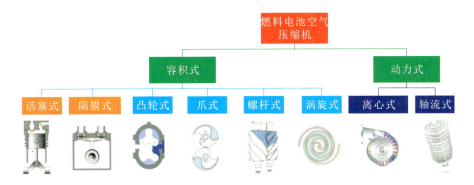

图 3-3　燃料电池空气压缩机分类[7]

端形成，同时不断地向另一端移动。螺杆式空气压缩机是一种有发展前景的燃料电池空气压缩机，具有结构紧凑、部件数量少、排气稳定、可靠性高等优点。国外许多公司都采用了螺杆式空气压缩机作为燃料电池的压缩机，如美国的 GM、Plug Power，德国的 Xcellsis，加拿大的 Ballard 等公司。

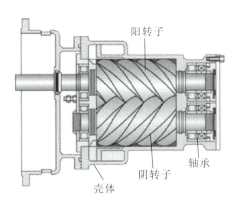

图 3-4　螺杆式空气压缩机内部结构[11]

涡旋式空气压缩机由两个轮廓按双函数方程型线设计的动、静涡盘相互啮合而成。其工作原理为：气体通过空气滤芯吸入静涡盘的外围，随着偏心轴的旋转，气体在动、静涡盘啮合所组成的若干个月牙形压缩腔内被逐步压缩，然后由静涡盘中心部件的轴向孔连续排出。它具有容积效率高、压力和流量可连续调整、高效率工作区较宽的优点，但质量和体积较大[12]。目前，美国能源部和 Author D. Little 公司已经合作研制了两代涡旋式空气压缩机。第一代的样机能够连续提供流量为 42 g/s、压力高达 0.22 MPa 的无脉动气流，可用于 28 kW

的燃料电池。但是第一代涡旋式空气压缩机的泄漏量较大,压比也不能满足实际要求。相对于第一代涡旋式空气压缩机,第二代涡旋式空气压缩机在转速和排量方面有了较大幅度的提升,其转速为 3450 r/min,流量为 76 g/s,可以满足 50 kW 燃料电池的性能要求。

滑片式空气压缩机属于容积式旋转压缩机。其工作原理为:当转子旋转时,滑片受离心力的作用从槽中甩出,其端部紧贴在气缸内表面,把月牙形的空间分割成若干扇形小室,称之为基元[13]。随着转子的连续旋转,基元容积从大到小周而复始地变化,由此达到压缩气体的目的。

罗茨式空气压缩机属于回转式空气压缩机,其内部有两个罗茨转子互相啮合从而将气体截住,并将气体从进气口送到排气口。伊顿公司已研制出适用于 80 kW 燃料电池系统的 VS 系列罗茨式空气压缩机,该系列空气压缩机具有做功能力强、功率密度高以及经济性较好等优势。

离心式空气压缩机通过高速旋转的叶轮对气体做功,在叶轮和扩压器的流道内,利用离心力升压和低速扩压,将机械能转换为气体势能。它具有排气量大、结构紧凑、体积小、响应快、效率高、运行平稳和寿命长等特点,被认为是未来最有前途的空气压缩机。但需避免低转速长期运行,否则空气压缩机会出现"喘振"的现象。Honeywell、MITI、Liebherr、AERITECH、MOHAWK、德燃动力等公司已研发了一系列用于燃料电池的离心式空气压缩机。

表 3-2 所示为常用的空气压缩机及其优缺点。

表 3-2 常用的空气压缩机及其优缺点

种类	优点	缺点
螺杆式空气压缩机	零部件少,易损件少;运转平稳安全,振动小;效率高、可靠性高	造价高;不能用于高压场合;噪声较大;冷却水消耗大
罗茨式空气压缩机	压力选择范围较宽;结构简单、维修方便、使用寿命长、整机振动小	达不到氢燃料电池工作的最佳效率点,且振动噪声大、效率低
离心式空气压缩机	气量大,结构简单、紧凑、机组尺寸小、占地面积小、转速高	存在"喘振"现象;在变工况下,性能会变差,甚至使用安全和寿命会受影响

续表

种类	优点	缺点
涡旋式空气压缩机	容积效率高;无吸气阀、排气阀,效率高,可靠性高,噪声低;力矩变化小,平衡性高,振动小,运转平稳,操作简便,易于实现自动化	空间占用较大,密封条磨损大、寿命短;在车用变工况的情况下,可靠性差

近年来,对燃料电池空气压缩机的研究主要集中在以下几个方面。

(1) 提高效率。提高燃料电池空气压缩机的效率,以减少能源消耗和提高系统性能。一些目前正处于研究中的提高空气压缩机效率的方法包括优化压缩机的设计、改进压缩机的气动和热力学性能,以及采用先进的材料和润滑技术等。

(2) 提高抗湿度性能。在高湿度环境下,水分容易进入压缩机并影响其性能和寿命。研究人员探索了各种方法来增强燃料电池空气压缩机的抗湿度性能,包括改善密封和排水系统、采用防水涂层和材料等。

(3) 减小噪声和振动。燃料电池空气压缩机的噪声和振动对系统的稳定性和舒适性有重要影响。因此,研究人员正在致力于降低空气压缩机的噪声和振动水平,采用噪声隔离、减振措施和优化设计等方式来提升用户的体验感。

(4) 优化尺寸和重量。燃料电池空气压缩机的尺寸和重量直接影响整个系统的紧凑性和移动性,因此,研究人员正在努力减小压缩机的尺寸和重量,以满足各种应用需求。

(5) 提高可靠性和耐久性。燃料电池空气压缩机需要具备较长的使用寿命和较高的可靠性,以满足系统的长期稳定运行和商业化应用需求。因此,应研究材料的耐蚀性、研发寿命预测模型以及测试和评估压缩机的寿命等。

3. 膨胀机

膨胀机可以从电堆排出的空气中回收能量,降低燃料电池空气压缩机的能耗,提升燃料电池的效率。研究表明:压缩机与膨胀机之间的工作参数匹配对于膨胀机效能的发挥至关重要[14]。膨胀机质量流量与压缩机质量流量的匹配度是影响燃料电池电堆性能的重要因素。图 3-5 所示为供气系统示意图。

尽管带有膨胀机的空气压缩机已得到推广应用,但是,针对如下方面开展

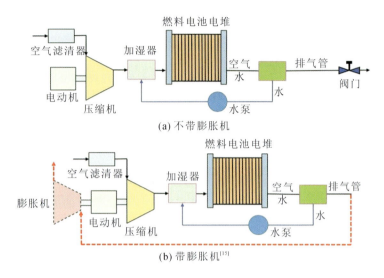

图 3-5 供气系统示意图[15]

研究仍然具有重要意义。

（1）提高效率。应提高燃料电池膨胀机的效率，以减少能源消耗并提高整个系统的性能。可能采取的措施包括优化膨胀机的设计和运行参数，改进气动和热力学性能，以及使用先进的材料和润滑技术等。

（2）提高耐腐蚀能力。废气中可能含有一些腐蚀性物质，对膨胀机的耐腐蚀能力提出了挑战。研究人员致力于开发耐腐蚀材料和涂层，以延长膨胀机的寿命和提高其耐久性。

（3）减小噪声和振动。膨胀机在运行中会产生噪声和振动，这可能对系统的性能和舒适性造成不利影响。因此，应降低膨胀机的噪声和振动水平，采用噪声隔离和减振技术等来提升用户体验感。

（4）优化尺寸和重量。膨胀机的尺寸和重量也是研究人员关注的焦点，因为其会直接影响整个燃料电池系统的紧凑性和移动性。研究人员致力于减小膨胀机的尺寸和重量，以满足不同应用场景的需求。

（5）提高可靠性和耐久性。膨胀机需要具备良好的可靠性和耐久性，这样才能长期稳定运行。有研究人员正致力于开发膨胀机寿命预测模型，并进行寿命测试和评估，以提高膨胀机的可靠性。

4.加湿器

湿化是 PEMFC 的关键问题。PEMFC 需要保持在水化状态,以具有高离子导电性和耐久性,这就需要适当的湿化[16]。有很多种方法可以实现 PEMFC 的湿化,这些方法可以分为内部方法和外部方法。物理加湿法和化学加湿法统称为内部加湿法。外部加湿法包括气泡加湿、直接注水、焓轮加湿、膜加湿,以及废气再循环加湿。此外,如前所述,注水方式可以与压缩机的工作过程相结合。对于容积式压缩机的供气系统,可直接向压缩机工作腔内注水。这样做有四个优点:①降低压缩机功耗;②降低压缩空气温度;③将加湿功能整合到压缩机的工艺过程中,即压缩机注水参数合理时,不再单独需要加湿器;④注水还可以减少压缩过程中产生的噪声和振动,使压缩机运行更加平稳和安静。图 3-6 为压缩机注水送风系统布局。当采用注水布置时,空气加湿在压缩机腔内完成,系统不再需要加湿器。因为排风压力高于压缩机进口压力,所以控制阀可以代替水泵。总而言之,是否使用加湿器取决于压缩机的注水状况。

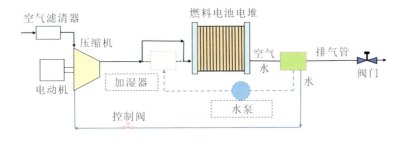

图 3-6 压缩机注水送风系统布局[15]

燃料电池加湿器是燃料电池系统中的重要组件之一,用于向进气中添加水分,以维持燃料电池电堆的运行湿度。以下是燃料电池加湿器的一些最新的研究方向。

(1)效率提升。研究人员正致力于提升燃料电池加湿器的运行效率,以减少能源消耗并提高系统的整体性能。优化方案包括改进加湿器的结构设计、准确控制水量等。

(2)抗结冰性能。在低温环境下,燃料电池系统中的加湿器容易结冰,影响系统的运行和寿命。因此,研究人员应关注增强加湿器的抗结冰性能,优化结构,改进控制策略,或采用防冰涂层和材料等。

(3)抗堵塞和污垢。加湿器中积聚的杂质和水垢都会导致加湿器堵塞,从而使其性能受损。因此,研究人员应致力于加湿器的防污垢涂层、防黏结涂层的开发,并制定定期维护加湿器的流程,以保证加湿器的正常运行。

(4)优化尺寸和重量。燃料电池加湿器的尺寸和重量也是研究的焦点,以满足系统紧凑性和移动性的需求。研究人员努力减小加湿器的尺寸和重量,采用微型化设计和先进的材料,以适应不同应用场景的需求。

(5)提高可靠性和耐久性。燃料电池加湿器需要具备长期的可靠性和耐久性,以确保系统的稳定运行和商业化应用。研究人员正在研究材料的耐腐蚀性能、开发寿命预测模型,以及进行测试和评估,以提高加湿器的可靠性和耐久性。

5. 中冷器

中冷器作为一种热交换设备,通过冷却介质和空气发生热交换来降低压缩空气温度,使得进入燃料电池发动机的空气温度处于合理的范围内。空气经空气压缩机压缩后,压力和温度升高,最高温度达150 ℃。而PEMFC的适宜工作温度通常在80 ℃左右,如不经降温处理,高温空气进入燃料电池电堆,会导致燃料电池电堆的性能下降,严重时还有可能损坏质子交换膜[17]。因此,为了控制燃料电池电堆空气的进气温度,在空气压缩机后端需要连接中冷器以降低空气温度。Chen等人[18]提出了一种线性化参数变化(LPV)模型来模拟供气系统,并证明其能够很好地控制燃料电池的动态响应。在燃料电池系统中,逆流中冷器是最常用的一种。逆流中冷器按冷却液类型主要分为风冷式和水冷式,在燃料电池系统中通常使用水冷式逆流中冷器,介质是去离子水,这样的中冷器在控制进气温度方面的效率较高。

燃料电池中的中冷器是关键的组件之一,用于控制燃料电池电堆的温度,确保系统的稳定性。以下是燃料电池中冷器的最新研究方向。

(1)高效散热。研究人员致力于提高燃料电池中冷器的散热效率,以便有效地控制燃料电池电堆的温度。这可能涉及改进中冷器的设计和构造,增强热传导和热对流效果,优化冷却介质的流动路径和速度等。

(2)热管理和分布。燃料电池中冷器需要能够达到均匀的温度分布,并有效地管理燃料电池系统中的热量。应关注中冷器的布局和结构优化,以实现均匀的热传递和热扩散。

(3) 材料选择和耐腐蚀性能。需要选择适当的中冷器材料,以确保其在长期运行中具有良好的耐腐蚀性能。研究人员正在研究耐高温、耐腐蚀的材料,如特种合金和陶瓷材料等,以提高中冷器的耐久性和可靠性。

(4) 尺寸和重量优化。中冷器的尺寸和重量对燃料电池系统的整体紧凑性和移动性具有重要意义。研究人员正在致力于减小中冷器的尺寸和重量,采用微型化设计和轻量化材料,以满足不同应用场景的需求。

(5) 热管理和控制策略。燃料电池中冷器的热管理和控制策略对于优化系统性能至关重要。应关注热管理系统的建模和控制算法,以实现更高效的温度控制和能量利用。

3.2.2 空气压缩机匹配

1. 流量计算

空气压缩机的流量计算主要考虑在燃料电池电堆以最大功率运行时可以满足空气供应需要。所需的最大流量计算公式如下:

$$m_{\text{comp-out}} \geq S_{O_2} \times \frac{nI}{4F \times 0.21} \times M_{\text{air}} \tag{3-1}$$

式中 $m_{\text{comp-out}}$——空气压缩机出口空气质量流量(g/s);

S_{O_2}——空气化学计量比;

F——法拉第常数,取值为 96485 C/mol;

n——电堆单体数;

I——电堆电流(A);

M_{air}——空气摩尔质量,取值为 28.96 g/mol。

电堆的空气化学计量比一般为 1.8～2.5。例如:假定某电堆的空气化学计量比为 2.0,电堆单体数为 300 片,电堆最大电流为 500 A,可计算得到空气压缩机流量 $m_{\text{comp-out}} \geq 107$ g/s。

2. 压比计算

计算燃料电池的压比。首先需要根据空气压缩机的流量(107 g/s)来估算

其他零部件的压力损失,然后计算压比,计算公式如下:

$$p_{\text{comp-out}} \geqslant p_{\text{cooler-down}} + p_{\text{hum-down}} + p_{\text{en-down}} + p_{\text{o}} \quad (3-2)$$

式中　$p_{\text{comp-out}}$——空气压缩机出口压力(相对压力)(kPa);

　　　$p_{\text{cooler-down}}$——电堆入口压力(相对压力)(kPa);

　　　$p_{\text{hum-down}}$——加湿器引起的压降(kPa);

　　　$p_{\text{en-down}}$——中冷器引起的压降(kPa);

　　　p_{o}——当地大气压,取值为 101 kPa。

一般限定电堆出口压力小于 150 kPa,按照 110 kPa 计算,预估在 107 g/s 流量下,电堆压降约为 20 kPa。

要求 $p_{\text{cooler-down}}=140$ kPa,$p_{\text{hum-down}}=10$ kPa 和 $p_{\text{en-down}}=10$ kPa,计算得到 $p_{\text{comp-out}} \geqslant 261$ kPa(相对压力)。

压缩机选型中的压比计算公式如下:

$$\lambda_{\text{comp}} = p_{\text{comp-out}} / p_{\text{comp-int}} \quad (3-3)$$

式中　$p_{\text{comp-int}}$——空气压缩机入口压力(kPa)。

空气压缩机入口压力为大气压,为 101 kPa,代入式(3-3)可得:

$$\lambda_{\text{comp}} = \frac{261}{101} = 2.58$$

3. 压缩机选型

压缩机的选型主要考虑流量和压比两个因素,另外的因素包括噪声、功率消耗、空气含油量等。例如:按照上面的计算,燃料电池系统需要的压缩机满足压比为 2.58 和流量为 107 g/s 的条件。

某空气压缩机的压比-流量曲线如图 3-7 所示,根据空气压缩机在不同叶轮转速值(29794~94063 r/min)下的压比-流量曲线,可得到流量为 107 g/s,压比为 2.58 的位置(图中红点位置)。该位置在压缩机性能曲线上,可见此压缩机满足上述电堆的选型要求。

4. 加湿器匹配

如前所述,加湿器的主要功能是使燃料电池空气进入电堆时的湿度满足燃料电池的要求,燃料电池空气出口端空气的湿度一般为 100%(饱和),其中还会有液态水排出,加湿器的主要选择依据是加湿器的效率,计算公式为

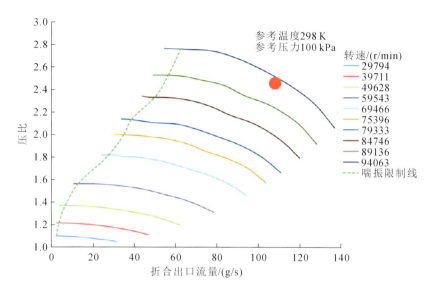

图 3-7 某空气压缩机压比-流量曲线[19]

$$\eta_{hum} = Q_{dry\text{-}out}/Q_{wet\text{-}in} \tag{3-4}$$

式中 η_{hum}——加湿器效率；

$Q_{dry\text{-}out}$——干侧出口水蒸气体积流量（m³/h）；

$Q_{wet\text{-}in}$——湿侧入口水蒸气体积流量（m³/h）。

5. 加湿器效率计算

计算加湿器的效率，需要知道进入加湿器的湿空气中的水蒸气流量以及流出加湿器的湿空气中的水蒸气流量。在匹配中我们按照最严苛的工况进行选型。加湿器的效率一般随着空气流量的增加而减小，我们选取最大的空气流量进行计算。已知电堆需求的进气湿度为 60%，空气质量流量为 107 g/s。

首先计算电堆生成水的质量流量，公式如下：

$$m_{H_2O\text{-}produce} = \frac{nI}{2F} \times m_{H_2O} \tag{3-5}$$

式中 $m_{H_2O\text{-}produce}$——电堆生成水的质量流量（g/s）；

n——电堆单体数；

I——电堆电流（A）；

m_{H_2O}——水分子的摩尔质量（18 g/mol）。

计算得到 $m_{H_2O\text{-produce}} = 14$ g/s,于是有

$$m_{\text{wet-in}} = m_{H_2O\text{-produce}} = 14 \text{ g/s}$$

电堆入口湿空气相对湿度为 50%,电堆入口湿空气温度为 65 ℃,电堆出口压力为 240 kPa,查图 3-8 可得:电堆出口含湿量为 34.23 g/kg(干空气),电堆入口质量流量为 107 g/s,可以得到

$$m_{\text{dry-out}} = \frac{107 \times 34.23}{1000} \text{ g/s} = 3.66 \text{ g/s}$$

$$\eta_{\text{hum}} = \frac{3.66}{14} \times 100\% = 26.1\%$$

式中　$m_{\text{dry-out}}$——电堆出口的质量流量(g/s);

　　　η_{hum}——加湿器效率(%)。

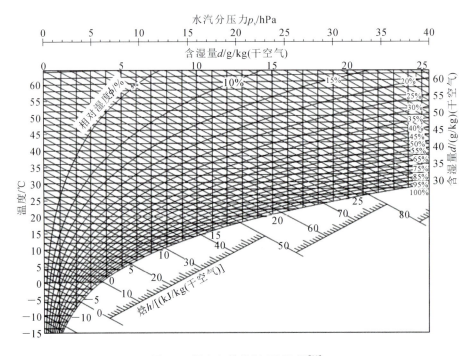

图 3-8　湿空气的焓湿(H-D)图[19]

计算入口标准体积流量:在标准条件下,1 m³ 空气质量为 1.29 kg,1 g/s 空气质量流量可以换算成 46.5 L/min=2.8 m³/h 的空气标准体积流量,空气质量流量为 107 g/s 时,计算得到空气标准体积流量为 4975.5 slpm(slpm 即标准

升每分钟)。

6.加湿器选型

加湿器的选型通常要考虑的两大因素为指定流量下的加湿效率、压降,除此之外,空气渗漏率、耐热性、耐久性也是重要的考虑因素。

例如:按照上面的计算,我们需要选择在4975.5 slpm流量下,加湿效率不小于26.1%的加湿器。假定某加湿器的加湿效率曲线如图3-9所示,显然,该加湿器在大约5000 slpm流量下,效率可达41%,可以满足加湿效率的要求。

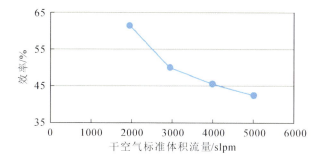

图3-9 加湿器的加湿效率曲线[19]

同时,我们通常还要考虑压降的因素,要求加湿器的压降尽可能小,一般要求低于10 kPa。假定某加湿器压降曲线如图3-10所示。由图3-10可知,在5000 slpm的流量下,压降为7 kPa,低于通常要求的10 kPa,可见该加湿器的加湿效率和压降可满足电堆的要求。

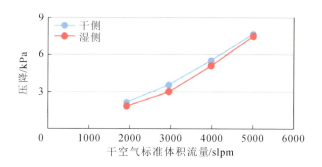

图3-10 加湿器压降曲线[19]

3.2.3 中冷器计算及选型

1. 中冷器计算

中冷器的散热功率需要满足在 107 g/s 的质量流量下,电堆的入口处空气温度不高于 65 ℃。中冷器冷却的空气经过加湿器加湿后,还会存在热交换,从而导致温度适度提升,因此要求中冷器出口的空气温度适当降低。根据供应商提供的加湿器实验数据,预估加湿器湿空气进口温度为 70 ℃,流量为 5000 slpm,要求当加湿器侧的出口温度为 65 ℃时,加湿器侧的进口温度(中冷器出口温度)小于 55 ℃。

计算经过压缩机压缩后的空气温度:

$$T_{\text{comp-out}} = T_{\text{comp-in}} \times \lambda_{\text{comp}} \frac{K-1}{K} \tag{3-6}$$

式中　$T_{\text{comp-out}}$——空气压缩机的空气出口温度(℃);

　　　$T_{\text{comp-in}}$——空气压缩机的空气进口温度;

　　　λ_{comp}——空气压缩机的压比值,由供应商提供;

　　　K——空气绝热压缩指数。

由式(3-6)及 $T_{\text{comp-in}}=45$ ℃,$\lambda_{\text{comp}}=10.4$,$K=1.4$ 计算得到:

$$T_{\text{comp-out}} = 134 \text{ ℃}$$

计算中冷器的冷却功率:

$$P_{\text{intercooler}} = c \times m_{\text{comp-out}} \times (T_{\text{comp-out}} - T_{\text{comp-in}}) \tag{3-7}$$

式中　c——空气定压比热容,取值为 1×10^{-3} kJ/(g·℃)。

由式(3-7)及 $T_{\text{comp-in}}=45$ ℃,$T_{\text{comp-out}}=134$ ℃,$m_{\text{comp-out}}=107$ g/s 计算出中冷器的冷却功率:

$$P_{\text{intercooler}} = 9.52 \text{ kW}$$

2. 中冷器选型

由上述计算可知,中冷器应满足以下条件:

$$P_{\text{实}} > 9.52 \text{ kW} \tag{3-8}$$

选择的中冷器实验结果见表 3-3。

表 3-3　中冷器实验结果

项目	单位	参数
换算质量流量	g/s	108
风侧入口温度	℃	145
风侧散热量	kW	12

根据中冷器实验数据,可以基本判断中冷器功率满足要求。

中冷器压降曲线如图 3-11 所示。由图 3-11 可知,中冷器压降为 7 kPa,满足 10 kPa 的匹配要求。

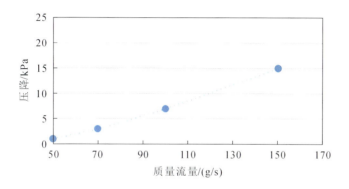

图 3-11　中冷器压降曲线[19]

3.2.4　背压阀匹配

燃料电池电堆在以最大功率和最大空气流量运行时,背压阀的匹配需要满足燃料电池背压要求。电堆出口压力为 220 kPa,经过加湿器后压力下降为 213 kPa,背压阀则需要使压力从 213 kPa 下降到大气压力 101 kPa,即背压阀压降应为 112 kPa。

在流量更小的工况下,考虑背压阀需要满足压降的要求,背压阀采用蝶阀。匹配计算中,背压阀开度为最大开度的 80% 时,背压阀压降应达到 112 kPa。选取直径为 20 mm 的蝶阀,绘制蝶阀在 80°开度下的压降曲线,以验证阀是否满足要求。

图 3-12 中,在质量流量为 121 g/s 的情况下,压降约等于 35 kPa,小于 112 kPa,满足要求。

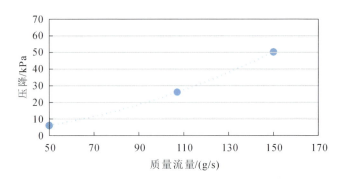

图 3-12　背压阀压降曲线[19]

3.2.5　空气供给子系统建模和仿真研究进展

建模和仿真研究可以帮助改进燃料电池空气供给子系统的设计和性能，提高其效率和可靠性。对燃料电池空气供给子系统进行建模和仿真研究具有以下重要意义。

（1）有利于优化设计。通过建立燃料电池空气供给子系统的数学模型，可以在计算机上模拟系统的工作过程。这有助于优化设计参数，如空气压缩机和循环风扇的工作点、热交换器的结构和尺寸等。通过仿真分析，可以预测系统性能，并找到最佳的设计方案。

（2）有助于加强系统控制。燃料电池空气供给子系统的控制非常复杂，需要精确的控制策略来实现稳定和高效的运行。通过建模和仿真，可以研究不同的控制算法和策略，优化系统的响应并提高稳定性。这有助于改善燃料电池空气供给子系统的动态性能和控制能力。

（3）有助于故障诊断。燃料电池空气供给子系统中可能存在各种故障和异常情况，如压力泄漏、颗粒堵塞等。通过建立相应的故障模型，可以识别和监测故障，并制定相应的诊断和修复策略。仿真研究还可以验证故障诊断算法的有效性和鲁棒性。

（4）有助于性能评估。借助于建模和仿真可以评估燃料电池空气供给子系统在不同工况和环境条件下的性能表现，包括氧气供应的稳态和动态特性、系统的能量效率等方面。通过仿真研究，可以评估系统在实际应用中的可行性和实际性能。

总而言之，建模和仿真研究对燃料电池空气供给子系统的优化、控制、故障诊断和性能评估等具有导向作用，可以提高燃料电池的效率和可靠性，推动其在清洁能源领域的应用和发展。

目前，燃料电池空气供给子系统的动态模型建立方式有两种，分别是对燃料电池系统各部分组成进行机理分析和对燃料电池系统的输入、输出端数据进行处理。其中，集中质量模型综合应用了以上两种建模方式[20]。例如，Pukrushpan[1]通过对燃料电池进气系统进行详细机理分析，建立了系统级模型，根据燃料电池空气供给子系统的工作原理推导出模型，模型选取了压缩机转速、歧管进气压力以及阴极流道各反应物质量和压力等九个变量作为状态变量[21]。然而该模型由于状态变量过多、计算量较大，很难应用于实际的控制系统。Guzzella[22]通过对空气压缩机、供给管道和电堆阴极空气进行机理分析，在假设电堆温度、湿度不变和电堆内水蒸气达到饱和状态的条件下，将九阶状态模型简化为包括空气压缩机转速、歧管进气压力、氧气分压和氮气分压等状态变量的四阶状态模型，建立了空气供给子系统四阶模型，该模型可以很好地描述系统内气体的动态行为，更方便控制器设计。根据实际实验数据，Talj[2]将模型中的氧气分压和氮气分压合并转换为阴极流道压力，从而将空气供给子系统模型简化为三阶系统模型，其状态变量分别是压缩机转速、歧管进气压力和阴极流道压力。三阶系统模型也是很多研究者设计控制器时选用的经典模型，该模型的级联控制结构如图3-13所示。

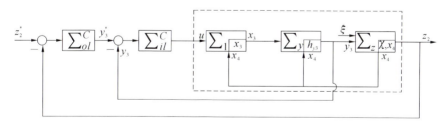

图3-13　级联控制结构[2]

Idres[3]建立了一种动力学模型，该动力学模型包括压缩机和供气管路的空气系统，能同时捕捉压缩机的流量和惯性动态，并在此基础上提出了一种压缩机映射的前馈控制方法,结果表明该模型对供气系统的瞬态行为预测是成功的。此外,Liu[4]研究了大功率燃料电池空气系统半机理半经验的动态模型,并提出了一种前馈比例-积分-微分(PID)复合控制方法来控制燃料电池供气系统,并在实际的质子交换膜燃料电池系统中得到了应用。Liu[5]将燃料电池电堆中水蒸气压力作为系统模型中的状态量,调整空气压缩机出口气体的流量,空气压缩机驱动电机二次电流分量作为燃料电池空气供给子系统的唯一输入控制,取代了空气压缩机控制电压。该模型的氧气过剩率控制系统方框图如图3-14所示。

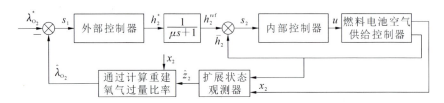

图 3-14　氧气过剩率控制系统方框图[5]

3.2.6　空气供给子系统模型建模参数

质子交换膜燃料电池是一个具有非线性、多复杂物理量的开放系统。因为一维模型方程能够对实际复杂过程进行简化,易于进行仿真和实时计算操作,所以我们以一维模型方程为基础,主要采取机理建模的方法,并以经验建模为辅进行简化,从而建立空气供给子系统模型,并对反应物和氧气的进料进行控制,还在燃料电池一维方向上建立等温两相模型模拟电堆的输出电压。

1. 电压模型

燃料电池电压建模采用 Pukrushpan[1] 提出的模型。

假设:①所有气体遵守理想气体定律;②忽略电堆内部温度梯度对各单电池电压的影响,假设各单电池处于完全相同的工作状态;③水分子仅以气态排出电堆。该模型在电堆中可模拟混合气体的传输及水蒸气的相变、跨膜渗透过程。

2. 辅助设备模型

电堆的空气供给回路结构如图 3-15 所示。

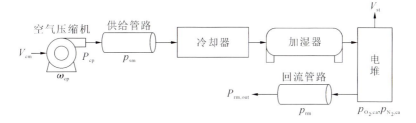

图 3-15　空气供给回路结构[16]

根据空气压缩机动态响应集总转动参数模型，有：

$$J_{cp}\frac{d\omega_{cp}}{dt}=\tau_{cm}-\tau_{cp} \qquad (3-9)$$

式中　J_{cp}——转动惯量（kg·m²）；

ω_{cp}——空气压缩机转速（rad/s）；

τ_{cm}——驱动力矩（N·m）；

τ_{cp}——负载力矩（N·m）。

分别由静态电动机方程及热力学动态方程计算 τ_{cm}、τ_{cp}：

$$\tau_{cm}=\eta_{cm}\frac{\kappa_1}{R_{cm}}(V_{cm}-\kappa_V\omega_{cp}) \qquad (3-10)$$

$$\tau_{cp}=\frac{c_p T_{atm}}{\omega_{cp}\eta_{cp}}\left[\left(\frac{p_{sm}}{p_{atm}}\right)^{\frac{\gamma-1}{\gamma}}-1\right]P_{cp} \qquad (3-11)$$

式中　η_{cm}——电动机机械效率；

η_{cp}——空气压缩机效率；

κ_1、κ_V——电动机常数；

R_{cm}——电动机阻抗（Ω）；

V_{cm}——电动机电压（V）；

γ——气体的比热容比；

c_p——空气定压比热容[kJ/(kg·K)]；

T_{atm}——环境温度（℃）；

p_{sm}、p_{atm}——空气供给管道及环境压力（Pa）；

P_{cp}——与定压比热容相关的功率（W）。

对空气出入口压力比与转速进行拟合：

$$P_{cp} = f(p_{sm}/p_{atm}, \omega_{cp}) \tag{3-12}$$

空气离开空气压缩机时的温度为：

$$T_{cp,out} = T_{atm} + \frac{T_{atm}}{\eta_{cp}}\left[\left(\frac{p_{sm}}{p_{atm}}\right)^{\frac{\gamma-1}{\gamma}} - 1\right] \tag{3-13}$$

对于阴极供给管道与回流管道均有：

$$\frac{dp}{dt} = \frac{RT}{V}(P_{in} - P_{out}) \tag{3-14}$$

式中　$\frac{dp}{dt}$——压力随时间的变化率；

R——气体常数，对于理想气体，取 8.314 J/(mol·K)；

T——温度(℃)；

V——体积(m^3)；

P_{in}——流入的系统功率(W)；

P_{out}——流出的系统功率(W)。

空气压缩机输出的机械功率 $P_{nm,out}$ 的计算方法如下：

$$P_{nm,out} = \frac{C_{D,rm}P_{rm}}{\sqrt{RT_{rm}}}\gamma^{\frac{1}{2}}\left(\frac{2}{\gamma+1}\right)^{\frac{\gamma+1}{2(\gamma-1)}} \tag{3-15}$$

式中　$C_{D,rm}$——回流管道排放系数；

T_{rm}——半径 r_m 处的绝对温度(K)。

进入阴极的加湿空气功率为：

$$P_{hm,out} = P_{a,cl} + \frac{p_{v,hm}M_V}{p_{a,cl}M_A}P_{a,cl} \tag{3-16}$$

式中　$p_{v,hm}$——加湿器出口水蒸气分压(Pa)；

$p_{a,cl}$——中冷器出口干燥空气分压(Pa)；

M_V——增湿后空气的质量流量(kg/s)；

M_A——干空气的质量流量(kg/s)；

$P_{a,cl}$——未增湿空气所需的功率(W)。

3.2.7　空气供给子系统仿真分析与控制

1. 模型构建

通过仿真软件构建燃料电池空气供给子系统仿真模型，如图 3-16 所示。

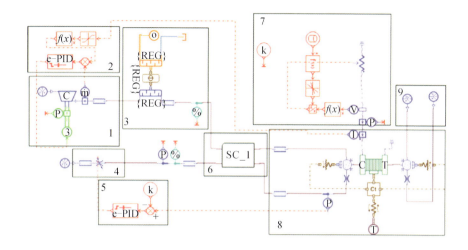

图 3-16　燃料电池空气供给子系统仿真模型[19]

1—空气压缩机；2—空气压缩机控制逻辑电路；3—中冷器；4—背压阀；5—背压阀控制逻辑电路；
6—加湿器；7—燃料电池功率控制电路；8—燃料电池电堆；9—氢气供给子系统

利用空气压缩机的计算仿真模型，查阅在不同转速下空气压缩机的压比以及效率曲线，根据可压缩气体的物性特征计算确定进、出压缩机的空气状态。中冷器建模采用比较常用的热传单元数（NTU）方法，根据实验数据对中冷器的换热特性进行标定，以得到适应更多工况的中冷器模型。标定结果如图 3-17 所示，最大误差为 2.6008%，平均误差为 1.4380%。背压阀采用直径为 20 mm 的节流孔的设计，节流孔流量系数为 0.72，可以通过调整背压阀的开度来改变横截面面积，进而改变压力情况。

加湿器模型的建立采用查表的方式，通过查阅不同流量下的加湿器效率，调整湿侧与干侧的水的摩尔分数，进而调整模型的加湿效率，使其与实验加湿效率一致。加湿器子模型如图 3-18 所示。

基于电堆模型，采用经验公式计算电堆输出电压，通过标定模型的主要参数，使得模型的极化曲线与实验极化曲线一致。压缩机主要通过调节电流的大小进行控制，根据电流得到满足化学计量比的空气质量流量，通过 PID 控制器调控压缩机的转速，使得压缩机的质量流量与所需的质量流量一致。主要通过调节 PID 控制背压阀和电堆出口压力。本书的控制均采用闭环控制方式。

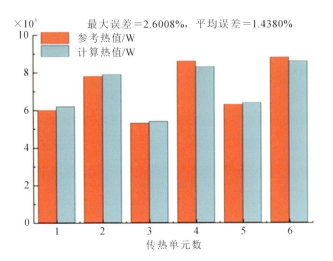

图 3-17 中冷器标定误差[19]

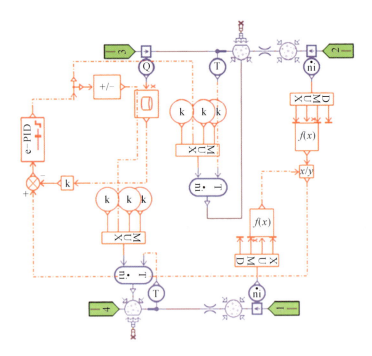

图 3-18 加湿器子模型[19]

2. 典型工况计算

本书计算两种典型工况，分别为最大电流工况和 NEDC（new European

driving cycle,新欧洲驾驶循环)工况,其中对于 NEDC 工况主要考察在行驶工况下系统的控制逻辑是否满足要求,对于最大电流工况主要考察零部件选型能否满足最大功率的要求。在最大电流工况下,燃料电池电堆功率为 100 kW,电流约为 510 A。

表 3-4 所示为温度仿真结果。燃料电池空气供应系统各个位置温度的仿真结果满足电堆工作要求(燃料电池电堆进口温度为 65 ℃),各个零部件的温度与匹配计算的温度基本一致。其中,空气压缩机出口温度与匹配计算结果相比略高,原因是在匹配计算中空气压缩机效率并没有考虑周全。

表 3-4 温度仿真结果

位置	单位	仿真结果
空气压缩机出口温度	℃	158.3
中冷器出口温度	℃	55.0
加湿器出口温度	℃	60.7
电堆出口温度	℃	69.3
背压阀进口温度	℃	65.0

表 3-5 所示为各个零部件的压力仿真结果,其中电堆出口压力为 210 kPa,满足电堆工作要求(230 kPa 以内)。其他各个零部件的压力数值与匹配计算数值基本一致。

表 3-5 压力仿真结果

位置	单位	仿真结果
压缩机进口压力	kPa	101.3
压缩机出口压力	kPa	245.5
中冷器出口压力	kPa	240.7
加湿器出口压力	kPa	231.3
电堆出口压力	kPa	210.0
背压阀进口压力	kPa	197.4
背压阀出口压力	kPa	101.3

表 3-6 所示为主要零部件的仿真结果。压缩机压比、压缩机转速、加湿器效

率等参数与匹配计算的结果基本一致;中冷器功率与匹配计算的结果相比较大,其原因是进口温度比匹配计算结果略高。

表 3-6 主要零部件的仿真结果

位置	单位	仿真结果
压缩机压比	无量纲	2.43
压缩机转速	r/min	91898
中冷器功率	kW	11.2
加湿器效率	%	43
背压阀开度	%	30

3.3 氢气供给子系统

氢气是氢质子交换膜燃料电池的燃料气体,燃料电池工作时,氢气在燃料电池的阳极发生氧化反应,将电子给予外电路,本身转化成为质子,并通过质子交换膜传递到阴极,与还原态的氧离子结合生成水。氢气供给子系统在燃料电池系统中的作用是为燃料电池的阳极提供具有合适温度、压力和湿度的氢气。在质子交换膜燃料电池系统中,氢气通常由储氢罐供应,通过减压来获得具有一定压力的气体,并以氢气循环泵来实现气体的流动、湿度的保持和水分的排出,同时,通过脉冲排放阀定时排放少量气体,以防止燃料电池电堆中积累的杂质气体的浓度过高从而影响燃料电池的输出性能[23]。

3.3.1 氢气供给子系统类型

目前广泛使用的氢气供给子系统有四种经典类型,这四种类型的详细特点如图 3-19 所示。

1. 直排式流通法

直排式流通法是 PEMFC 最简单的氢气供给子系统模式,工作原理如图 3-19(a)所示。氢气持续地从电堆阳极流入,一部分氢气参与电堆化学反应被消耗,而另一部分氢气从电堆阳极出口直接排到外界。这种氢气供应系统没有氢循环组件,具有系统简单、成本低等特点,但也存在一些问题,如将未完全反应的

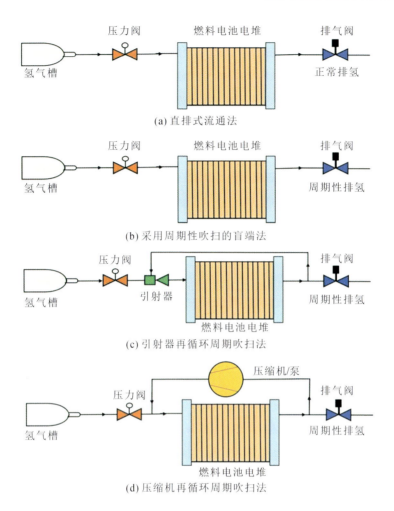

图 3-19 典型的氢气供给子系统[23]

氢气直接排放存在安全隐患且会使电池效率降低。因此,需要确保氢气的安全性、压力控制和供应稳定性,并考虑合理的储罐容量和氢气输送管道的设计等因素。对于在直排式流通模式下运行的燃料电池,为了防止出现膜干现象,需要额外的加湿系统来保持膜水分平衡。因此,这种方法在车用 PEMFC 系统中使用较少。

2. 采用周期性吹扫的盲端法

如图 3-19(b)所示,盲端法通过在电堆阳极出口设置常闭吹扫电磁阀来延长氢气在电堆内部的停留时间,从而提高氢气利用效率。在盲端模式下,氢气中的杂质以及从阴极渗透过来的空气中的氮气和反应生成的液态水会在电堆阳极积聚,逐渐富集,导致氢气浓度降低、气体通道堵塞及氢气与催化剂层接触不良等问题,从而造成电池电压下降。因此,对于盲端模式下运行的燃料电池,需要定期进行吹扫,将气体杂质和液态水及时排出,从而提高电池性能。因此,这种模式也不是目前质子交换膜燃料电池系统采用的供氢模式。

3. 引射器再循环周期吹扫法

引射器再循环周期吹扫法原理如图3-19(c)所示。这种布局通过引射器将未完全反应的氢气循环到燃料电池电堆的入口。引射循环由压力阀的高压氢气驱动,这意味着再循环能量是从氢气供给子系统内部获取的,不需要外部能量供应。

4. 压缩机再循环周期吹扫法

图3-19(d)显示了带有循环泵的阳极再循环配置。这种布局通过循环泵将未使用的氢气循环到燃料电池电堆的入口,并且在这种情况下氢气利用率高于前两种设计。再循环方式可以提高燃料电池电堆中氢气的质量流量,避免燃料电池阳极水淹,从而提高氢气利用率。研究表明,在没有吹扫阀的纯循环系统中,阳极氢气会被氮气严重稀释。为进一步确保燃料电池电堆中氢气的纯度,应将吹扫阀应用于各种氢气供给子系统。

有两种吹扫策略:不连续吹扫和连续吹扫。不连续吹扫是在燃料电池电堆出口处使用吹扫触发器来测量氢的含量。连续吹扫通过控制吹扫阀的开度实现连续放气。连续吹扫策略为原料气中氮含量高达30%(体积分数)的PEMFC提供了一种高效、可靠的解决方案[24]。Shen等人[23]研究了采用吹扫策略的最佳泵再循环系统,研究结果表明,吹扫时间为0.3 s、吹扫周期为10 s时,氢气利用率最高。

对于最初使用干氢运行的PEMFC,由于自加湿效应的存在,在启动时阳极再循环会一定程度地影响电池的性能。再循环法[(图3-19(c)、(d)]和盲端法[(图3-19(b)]都可实现自加湿。与盲端法相比,再循环法的优点是性能维持率较高,局部氢气充足,电流密度分布均匀性更好。

3.3.2 氢气供给子系统结构

在氢气供给子系统中,储氢罐的高压氢气经减压阀降压、加湿器调控湿度后进入燃料电池电堆中参与电化学反应,同时对电堆中氢气的流量和压力进行实时调控,从而避免氢气的供应不足,且燃料氢气的实际流量为理论流量的 1.1~1.5 倍[25]。氢气供给子系统的主要部件包括减压阀、引射器、氢气循环泵等,其结构如图 3-20 所示,而氢气循环泵与引射器是提升燃料电池系统中氢气利用率的关键再循环部件。

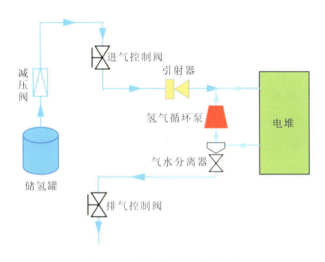

图 3-20 氢气供给子系统结构

1. 引射器

引射器的工作原理是:一次氢气的压力通过喷嘴内的绝热膨胀转化为动能,使得动力流体的压力降低,从而使得在混合区之前形成一个低压区;二次氢气(循环氢)向低压区移动并在混合区与一次氢气混合[26],混合氢气进入引射器的发散部分,在此处其动能转化为压力能。

引射器分为两种,即固定几何引射器和可变几何引射器,如图 3-21 所示。可变几何引射器在固定几何引射器基础上增加了一个可以改变主喷嘴开口大小的针头,可以最大限度地减少性能损失并扩大引射器的工作范围。研究结果表明,使用针头的引射器控制再循环特性时,部分负载条件下的再循环比范围为 0.625~0.8[27]。

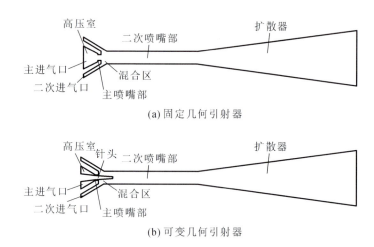

图 3-21 固定几何引射器和可变几何引射器的基本结构[27]

固定几何引射器的氢气供给子系统为被动再循环系统,可变几何引射器的氢气供给子系统为主动再循环系统。许多参数影响引射器的性能,如几何参数、阳极工作压力、二次循环中的水蒸气含量。氢气引射器的关键特性是工作范围大。引射器的典型特征是,与最佳操作条件的轻微偏差可能会大大降低引射器的性能[28]。Pei 等人[29]对主要几何参数进行了优化,通过提高夹带氢性能来扩大引射器的工作范围。结果表明,喷嘴直径与混合管直径之比影响引射器的夹带氢性能,最佳比范围为 3.0~3.54。水蒸气对 PEMFC 亚声速引射器的性能具有重要影响[30]。

相关研究通过一些模型来模拟 PEMFC 中引射器的性能,并采用固体氧化物燃料电池阳极气体再循环引射器的单方程模型[31]。所提出的单方程模型只有一个代数方程,其中包含四个常数参数。该单方程模型用于对燃料引射器进行实时控制和优化。Zhu 等人[32]基于二维凹指数曲线提出了一种分析引射器流动特性的速度函数,与传统的一维"恒定面积混合"或"恒定压力混合"引射器理论相比,这种速度的处理方式是一种改进。

Yin 等人[33]基于计算流体动力学(CFD)方法的 3D 数值模型对引射器进行研究。对引射器的几何参数进行研究和优化,最小和最大的氢气再循环比分别约为 0.15 和 0.85,引射器用于质子交换膜燃料电池中化学计量至少为 1.15 的阳极再循环和氢气供应。图 3-22 为引射器中水蒸气的压力、速度、温度和质量

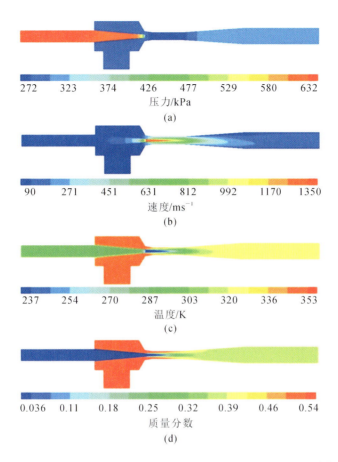

图 3-22　水蒸气的压力、速度、温度、质量分数分布的等值线图[33]

分数分布的等值线图。图 3-23 显示了单次质量流量对氢气再循环比的影响。

2. 氢气循环泵

氢气循环泵通过压缩氢气实现氢气在电堆阳极的循环，可以达到提升氢气利用率、及时排出阳极水分、保持阳极气体良好的润湿状态、保持燃料电池电堆良好的运行稳定性等效果。与引射器相比，氢气循环泵具有更好的功率适应性，可以达到更好的循环效果。常用的氢气循环泵有离心式、隔膜式、涡旋式、螺杆式等多种结构形式，但不管采用什么结构形式，其本质上都是基于氢气介质的气泵。氢气循环泵已在燃料电池系统得到广泛的应用，也有把氢气循环泵和引射器一起使用的案例（如丰田 Mirai 的燃料电池系统）。

相关研究人员开发了一种用于 PEMFC 再循环设备的侧通道压缩机[34]，其

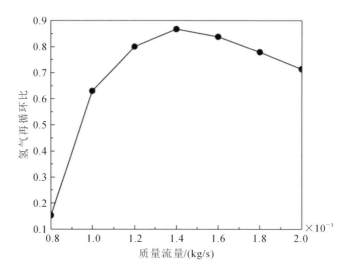

图 3-23 单次质量流量对氢气再循环比的影响[33]

主要结构如图 3-24(a)所示。Zhang 等人[35,36]使用其所研究开发的涡旋式压缩机进行试验,试验结果表明,当转速为 5000～20000 r/min、质量流量为 0～3.5 g/s 时,其运行效率小于 0.45。涡旋式压缩机的结构如图 3-24(b)所示。所研究的涡旋式压缩机的转速为 3000～6000 r/min。结果表明,当工作流体由空气变为氢气时,泄漏间隙对涡旋式压缩机性能的影响很大。隔膜式压缩机也可用于质子交换膜燃料电池中的氢气再循环[37,38]。隔膜式压缩机的压差为 30～40 kPa。

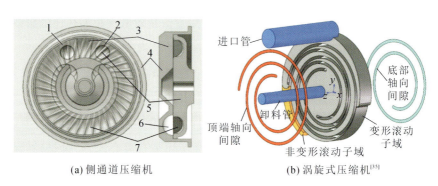

图 3-24 氢气压缩机的结构

1—进口;2—出口;3—隔膜或剥离器;4—壳体;5—侧通道;6—后弯叶片;7—叶轮

在 PEMFC 的氢气再循环回路中分析电化学泵[39,40]（图 3-25），具有电化学泵的氢气再循环系统的效率接近低电流密度的引射器系统。在高电流密度下，引射器的效率相对高于电化学泵，因为引射器会将氢气与外界的气流混合，一起送至真空泵的入口，从而满足真空泵的需求量，提升真空泵的抽吸能力。使用阳极再循环系统中的引射器可以提高真空泵的性能以及氢气循环系统的效率。

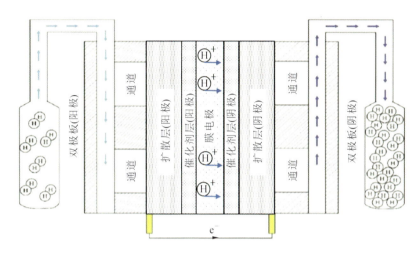

图 3-25　电化学泵的横截面[39]

总的来说，氢气供给子系统的再循环方式有引射器再循环和循环泵再循环两种。引射器再循环和循环泵再循环方式主要在以下方面有区别。

（1）输入功率。引射器的输入能量来自压力阀流出的高压氢气，这意味着不会有其他系统输入额外的能量。循环泵再循环系统需要额外的能量来驱动循环泵，这会导致燃料电池效率降低。

（2）工作范围。对于再循环系统，最关键的参数是再循环比的范围。受引射器工作原理的限制，带引射器的系统工作范围小于带循环泵的系统。循环泵的转速可以通过变频器调节，从而使供氢系统的运行范围较广。

（3）设备的复杂性。由于引射器中没有旋转或高速运动的部件，其结构简单，应用于 PEMFC 的可靠性高。循环泵中存在高速旋转部件，其结构复杂。循环泵的可靠性低于引射器。

3.3.3　车载氢气供给子系统部件基本参数

氢气循环装置是氢气供给子系统的关键零部件。例如,重型载货车动力系统供电方案的选择应考虑满足整车工况需求,且尽可能地降低成本,具体要求如下:

(1) 降低对燃料电池系统输出功率及动态响应特性的要求,提高燃料电池系统的可靠性;

(2) 瞬时输出高功率,满足重型载货车需求功率的瞬时响应特性;

(3) 回收重型载货车多余的能量,降低系统氢耗,提高利用率;

(4) 在满足功率需求的条件下,动力系统结构尽量简单,以降低控制难度及成本。

基于以上原则,考虑使用 PEMFC 与动力锂电池联合对车辆供电。重型载货车的整车模型基本参数见表 3-7[41,42]。

表 3-7　整车模型基本参数[41,42]

基本参数	数值
长×宽×高/(mm×mm×mm)	7425×2550×3985
轴距/mm	3775+1400
整备质量/kg	11600
准牵引质量/kg	49000
最高车速/(km/h)	115
爬坡性能	30%
滚动阻力系数	0.012
风阻系数	0.7
迎风面积/m^2	8
传动系统效率	0.85
旋转质量转换系数	1.12

3.3.4　电堆匹配计算与选型

燃料电池的参数匹配与重型载货车动力系统的空间布置及整体设计密切

相关。匹配的燃料电池净功率偏大,会使电池成本偏高;若计算的功率偏小,则可能无法满足动力系统功率需求,进而导致动力电池过度充放电,影响使用寿命。

参考巴拉德燃料电池电堆产品技术手册,其单电池额定电流密度是 1.2 A/cm^2,单电池电压是 0.5096 V,单电池反应面积是 280 cm^2。所需单电池片数为 555 片,取整为 560 片;额定电流为 336 A,额定电压为 285 V。燃料电池输出功率为 97 kW,通过计算和选型得到电堆参数[43,44],如表 3-8 所示。

表 3-8 燃料电池电堆参数[44]

参数	数值
燃料类型	氢气
电堆尺寸/(mm×mm×mm)	1100×500×270
工作环境/℃	80
额定功率/kW	97
输出电流范围/A	0~500
输出电压范围/V	250~500
滚动阻力系数	0.012

选取燃料电池的效率为 55%,则可计算得到重型载货车在常用车速下行驶 100 km 所需要的氢气量为 11.2 kg,重型载货车的设计持续运行里程是 300 km,故总氢气燃料是 33.6 kg。选取氢气供给子系统氢气瓶的基本参数,如表 3-9 所示[45]。

表 3-9 氢气瓶基本参数[45]

参数	数值
氢气瓶容积/L	30
氢气瓶数量/只	15
氢气瓶公称压力/MPa	30
外形尺寸/(mm×mm×mm)	220×220×670

3.3.5 氢气循环泵匹配计算与选型

氢气循环泵具有氢气利用效率高、工作范围广、响应速度快等优点。随着氢燃料电池往大功率方向发展,研发与之匹配的大流量氢气循环泵的需求日益迫切。然而氢气循环泵存在机械功率消耗增加、振动和噪声增大等问题,如何提高氢气循环泵的容积效率,降低振动和噪声,成为氢气循环泵大规模产业化需要攻克的一大问题。氢气循环泵通常采用爪式泵,全称为爪形转子干式机械真空泵。爪式泵的主体是两个啮合的转子。转子通过两个高精度齿轮的啮合来固定相位,转动元件的外部轮廓包括弧线、摆线。两个元件间存在细小的空间,箱体与转子间也存在空隙,这可以保证气体高效率传输。氢气循环泵外壳上留有气体的进、排气口,两个转子旋转使气口以固定频率闭合、打开。

爪式泵结构小巧而紧密,具有很高的效率,有如下特点:

(1) 泵腔内不含油,排气口不喷油,对被抽容器和环境均无污染;

(2) 转子悬浮于泵腔内,转子间及其与泵腔间均无摩擦,转子转速高,噪声小,性能稳定;

(3) 因其密闭性好,抽取气体速度快,且由于其爪式结构可以破冰及运输粉尘气体,无须定时保养,节省成本。

氢气循环泵的气体主要参数包括壳内气压及额定质量流量,本书研究的燃料电池氢气供给子系统中爪式泵工作于燃料电池运行的较低功率点(48 kW)附近,循环泵出口气体流量和外部负载电流的关系如下:

$$m_{\text{pump,out}} = \frac{I_{\text{stack}}}{2F} \times 0.002 \times N_{\text{cell}} \times \text{SR}_{\text{des}} \times \left(1 + \frac{1}{\omega_{\text{an,out}}}\right) \quad (3\text{-}17)$$

式中 $m_{\text{pump,out}}$——氢气循环泵出口气体流量(kg/s);

I_{stack}——电堆电流(A);

N_{cell}——单电池数量;

SR_{des}——氢气计量比目标,本书设定为 2;

$\omega_{\text{an,out}}$——电堆阳极湿度。

由式(3-17)计算得出氢气循环泵出口气体流量为 3.6 g/s,出于安全考虑,选择循环泵运输气体流量为 5 g/s。氢气循环泵进口压力一般取阳极压力再减去管道运输气体引起的压力损失,引射器混合室的气体压力决定出口压力。氢气循环泵技术参数如表 3-10 所示[46]。

表 3-10　氢气循环泵技术参数[46]

参数	数值
介质	氢气、水蒸气
入口、出口压力/(kPa)	170、190
流量/(g/s)	5
额定转速/(rad/s)	3000
额定功率/kW	4.0

3.3.6　氢气供给管道模型参数

氢气供给管道连接阳极气体加湿器和燃料电池电堆阳极流道入口侧，流入管道气体质量流量 $m_{sm,in}$ 与流出管道气体质量流量 $m_{sm,out}$ 影响管道气体压强 p_{sm}，如图 3-26 所示。本书采用理想气体状态方程描述气体在管道中的动态特性，以下是气体压力方程：

$$\frac{dp_{sm}}{dt} = \frac{m_{sm,in} - m_{sm,out}}{M_m} \frac{RT_{sm}}{V} \tag{3-18}$$

式中　M_m——混合气体摩尔质量，混合气体是指水蒸气和氢气的混合气体，比例按气体相对湿度计算；

　　　V——氢气供给管道气体流通体积(m^3)；

　　　p_{sm}——流道中的气体压力(Pa)；

　　　$m_{sm,in}$，$m_{sm,out}$——入口、出口气体质量流量(kg/s)；

　　　T_{sm}——管道内气体温度(K)。

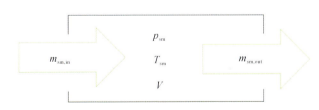

图 3-26　氢气供给管道原理图[47]

对于氢气供给管道，其气体流入量等于加湿器气体流出量：

$$m_{\text{sm,in}} = m_{\text{humd,out}} \tag{3-19}$$

式中 $m_{\text{humd,out}}$——气体加湿器出口气体质量流量(kg/s)。

由于阳极氢气供给管道压力与电堆阳极压力之差较小,阳极管道出口气体质量流量与供给管道两端气体压力差近似成比例关系,即

$$m_{\text{sm,out}} = m_{\text{an,in}} = \kappa_{\text{sm,out}}(p_{\text{an,in}} - p_{\text{an}}) \tag{3-20}$$

式中 $p_{\text{an,in}}$——阳极入口管道气体压力(Pa);

$\kappa_{\text{sm,out}}$——供给流道出口质量流量系数。

3.3.7 氢气循环泵模型参数

氢气循环泵工作动态方程:

$$J_{\text{cp}} \frac{d\omega_{\text{cp}}}{dt} = \tau_{\text{cm}} - \tau_{\text{cp}} \tag{3-21}$$

式中 J_{cp}——转动惯量(kg·m²);

ω_{cp}——循环泵叶片旋转速度(rad/s);

τ_{cm}——电动机输入转矩(N·m);

τ_{cp}——驱动叶片工作所需转矩(N·m)。

电动机输入转矩的计算式为

$$\tau_{\text{cm}} = \eta_{\text{cm}} \frac{\kappa_{\text{t}}}{R_{\text{cm}}}(\nu_{\text{cm}} - \kappa_{\nu}\omega_{\text{cp}}) \tag{3-22}$$

式中 $\kappa_{\text{t}}, R_{\text{cm}}, \kappa_{\nu}$——电动机常数;

η_{cm}——电动机机械效率;

ν_{cm}——电动机的转速(rad/s)。

驱动叶片工作所需转矩计算式为

$$\tau_{\text{cp}} = \frac{c_{\text{p}}}{\omega_{\text{cp}}} \frac{T_{\text{atm}}}{\eta_{\text{cm}}} \left[\left(\frac{p_{\text{sm}}}{p_{\text{atm}}}\right)^{\frac{\gamma-1}{\gamma}} - 1\right] m_{\text{cp}} \tag{3-23}$$

式中 c_{p}——氢气比热容[J/(kg·K)];

γ——气体比热容比,取 1.4;

T_{atm}——环境温度(K);

$p_{\text{sm}}、p_{\text{atm}}$——电动机输出压力及环境压力(Pa);

m_{cp}——氢气质量流量(kg/s)。

循环泵出口气体的温度计算式如下：

$$T_{cp,out} = T_{cp,in} + \frac{T_{cp,in}}{\eta_{cp}}\left[\left(\frac{p_{cp,out}}{p_{cp,in}}\right)^{\frac{\gamma-1}{\gamma}} - 1\right] = T_{atm} + \frac{T_{atm}}{\eta_{cp}}\left[\left(\frac{p_{sm}}{p_{atm}}\right)^{\frac{\gamma-1}{\gamma}} - 1\right]$$

(3-24)

式中　η_{cp}——氢气循环泵压缩效率，其与循环泵压缩比、进口气体质量流量相关；

$p_{cp,in}$——氢气循环泵进口气体压力(Pa)；

$T_{cp,in}$——氢气循环泵进口气体温度(K)；

$p_{cp,out}$——氢气循环泵出口气体压力(Pa)；

循环泵气体质量流量计算式如下：

$$m_{cp} = \phi \rho_{cp} \frac{\pi}{4} d_{cp}^2 u_{cp} \tag{3-25}$$

式中　ρ_{cp}——气体密度(kg/m³)；

d_{cp}——叶轮的直径(m)；

u_{cp}——叶轮尖端线速度(m/s)；

ϕ——氢气循环泵归一化流率，有

$$\phi = \phi_m\left[1 - e^{\beta(\frac{\psi}{\psi_m} - 1)}\right] \tag{3-26}$$

其中

$$\psi = c_p T_{cp,in}\left(\frac{p_{cp,out}}{p_{cp,in}}^{\frac{\gamma-1}{\gamma}}\right) \bigg/ \left(\frac{1}{2}u_{cp}^2\right) \tag{3-27}$$

$$\phi_m = \sum_{i=0}^{4} a_i M^i \tag{3-28}$$

$$\beta = \sum_{i=0}^{2} b_i M^i \tag{3-29}$$

$$\psi_m = \sum_{i=0}^{5} c_i M^i \tag{3-30}$$

以上各式中：$T_{cp,in}$为氢气循环泵进口处的气体温度(K)；a_i, b_i, c_i为回归系数，将循环泵的Map图数据通过曲线拟合得到系数值；M为马赫数。

$$M = \frac{u_{cp}}{\sqrt{\gamma R T_{cp,in}}} \tag{3-31}$$

通过上述公式计算得到的质量流量、叶片线速度通常需要根据循环泵进口气体温度修正：

$$m_{cr} = m_{cp} \frac{\sqrt{\frac{T_{cp,in}}{288}}}{p_{bl,in}} \tag{3-32}$$

$$U_{bl} = \frac{\pi}{60} d_{cp} \frac{N_{cp}}{\sqrt{\frac{T_{cp,in}}{288}}} \tag{3-33}$$

式中　m_{cp}——修正前的质量流量（kg/s）；

$p_{bl,in}$——叶片进口处的压力（Pa）；

N_{cp}——循环泵的转速（rad/s）。

3.3.8　燃料电池氢气供给子系统 Simulink 模型搭建及验证

通过 Simulink 仿真软件建立 PEMFC 氢气供给子系统面向控制的模型，该模型如图 3-27 所示，此模型可实现燃料电池氢气流量控制、氢气和水混合运输、氢气循环仿真。同时，燃料电池的电堆电化学反应、电堆输出电压、电堆输出功率，以及阴阳极气体压力与质子交换膜湿度等氢气供给子系统动态特性在模型中得以体现。

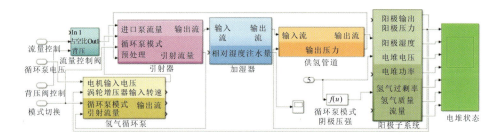

图 3-27　氢气供给子系统 Simulink 模型[47]

燃料电池氢气供给子系统的 Simulink 模型搭建及验证可以按照以下步骤进行。

（1）系统建模。首先，根据燃料电池氢气供给子系统的物理原理，确定需要建模和模拟的主要组件，如燃料电池、储氢罐、氢气循环泵等。然后，使用

Simulink工具箱中的相关模块进行系统建模,将各个组件及其之间的相互作用关系表示为Simulink模型的块,并连接它们。

(2) 参数设置。为每个组件设置合适的参数,包括燃料电池的效率、储氢罐的容量、泵的流量等。可以根据实际情况或参考资料来确定参数值,并在Simulink模型中进行相应的设置。

(3) 仿真配置。配置Simulink模型的仿真参数,包括仿真时长、仿真步长等。这样可以确保仿真结果的准确性和稳定性。

(4) 仿真运行。运行Simulink模型进行仿真。在仿真过程中,可以观察和记录各个组件的运行状态、氢气供应量等指标。根据仿真结果,可以进一步调整参数或改进系统设计。

(5) 结果验证。与实际情况进行对比验证。将仿真结果与实际燃料电池氢气供给子系统的运行数据进行对比,评估模型的准确性和可靠性。如果有差异,可以对模型进行调整和修正,直到模型与实际情况吻合。

由于项目实验条件有限,目前没有氢气供给子系统的相关实验数据,通过对引射器及气体循环泵模型仿真,在真实的物理环境中及相同的实验条件下,得出引射器及氢气循环泵的实验数据,与仿真数据进行对比。氢气循环泵和引射器实验条件如表3-11所示,模型验证如图3-28所示。

表3-11 氢气循环泵和引射器实验条件[47]

类型	实验参数	数值
氢气循环泵	输入电压范围/V	35~55
	入口压力/($\times 10^5$ Pa)	1.58
引射器	一次流、二次流、混合流压力/($\times 10^5$ Pa)	10、2.6、3.2
	一次流、二次流、混合流温度/K	192、353、300

由图3-28可知,引射器模型仿真数据与引射器实验数据变化趋势一致。仿真结果误差很小,最大误差控制在1.0%之内。在转速变化较大区间循环泵模型误差较大,转速平稳时误差较小。可得出结论,所建立的模型准确反映了氢气供给子系统的动态特性,可用于后续研究。

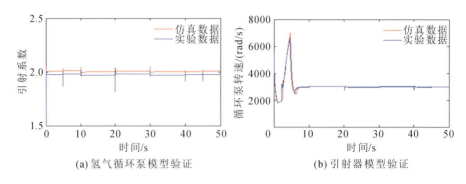

图 3-28 氢气循环泵和引射器模型验证[47]

3.4 冷却子系统

燃料电池的热管理是非常重要的。燃料电池的性能取决于许多因素,包括燃料、工作条件和电极类型等。每种类型的燃料电池都有一个合适的工作温度范围。为了获得高效的性能并防止损坏燃料电池的部件,需要进行适当的冷却。燃料电池冷却方法有很多,例如使用空气和液体流冷却、通过换热器冷却和通过相变传热冷却。研究表明,一些燃料电池的电堆系统成本约有 8% 属于热管理成本。选择合适的技术非常重要,应根据 PEMFC 的容量选择适当的冷却方法(图 3-29)[48]。

3.4.1 燃料电池系统热平衡

在燃料电池的工作过程中,氢气和氧气发生电化学反应生成水,同时产生电能和热量:

$$H_2 + \frac{1}{2}O_2 \longrightarrow H_2O \quad \Delta H = -285.8 \text{ kJ/mol}$$

式中 ΔH——反应焓。

电堆温度状况是产热和散热共同作用的结果,根据热量平衡方程,燃料电池系统热平衡关系为:

$$\frac{c_{st} M_{st} \mathrm{d} T_{st}}{\mathrm{d} t} = P_{gen} - P_{dis} \tag{3-34}$$

式中 c_{st}——电堆比热容[J/(kg·K)];

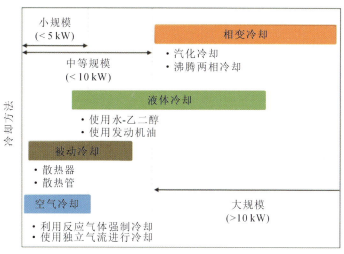

图 3-29　PEMFC 的冷却方法[48]

M_{st}——电堆质量(kg)；

T_{st}——电堆温度(K)；

t——时间(s)；

P_{gen}、P_{dis}——电堆产热功率和散热功率(kW)。

为了简化燃料电池电堆产热功率的计算，假设燃料电池中的化学能全部转换为电能和热能，则电堆产热功率为：

$$P_{gen} = \Delta H \cdot N(H_2) - P_{elec} \qquad (3-35)$$

式中　$N(H_2)$——单位时间内反应消耗的氢气的物质的量(mol/s)，$N(H_2) = N_{cell} I_{st}/(2F)$；

P_{elec}——有效电功率(W)，$P_{elec} = V_{st} I_{st}$；

N_{cell}——单电池数量；

I_{st}——电堆电流(A)；

V_{st}——电堆电压(V)。

燃料电池系统的散热途径包括物质进出系统的散热、冷却剂散热以及对流和辐射散热，总散热功率为：

$$P_{dis} = P_{mass} + P_{cool} + P_{rad} + P_{conv} \qquad (3-36)$$

式中 P_{mass}——单位时间内反应物和生成物进出系统产生的散热量之和(W)，

$$P_{mass}=P_{mass,an}+P_{mass,ca};$$

P_{cool}、P_{rad}、P_{conv}——冷却剂散热功率、辐射散热功率和对流散热功率(W)；

$P_{mass,an}$、$P_{mass,ca}$——阳极和阴极流动散热功率(W)。

阳极和阴极流动散热功率分别为

$$P_{mass,an} = \left(\sum m_{i,an,out} c_{pi}\right)(T_{an,out} - T_{atm}) - \left(\sum m_{i,an,in} c_{pi}\right)(T_{an,in} - T_{atm}) \tag{3-37}$$

$$P_{mass,ca} = \left(\sum m_{j,ca,out} c_{pj}\right)(T_{ca,out} - T_{atm}) - \left(\sum m_{j,ca,in} c_{pj}\right)(T_{ca,in} - T_{atm}) \tag{3-38}$$

式中 $m_{i,an,out}$、$m_{i,an,in}$——阳极出口处和入口处组分 i(包括 H_2、气态 H_2O 和液态 H_2O)的质量流量(kg/s)；

c_{pi}——组分 i 的比热容[J/(kg·K)]；

$T_{an,out}$、$T_{an,in}$——阳极出口处和入口处温度(K)；

T_{atm}——环境温度(K)；

$m_{j,ca,out}$、$m_{j,ca,in}$——阴极出口处和入口处组分 j(包括 O_2、N_2、气态 H_2O 和液态 H_2O)的质量流量(kg/s)；

c_{pj}——组分 j 的比热容[J/(kg·K)]；

$T_{ca,out}$、$T_{ca,in}$——阴极出口温度和入口温度(K)。

燃料电池电堆辐射散热功率和对流散热功率与电堆温度相关，由于 PEMFC 工作温度较低，这部分占比很小，一般可忽略不计：

$$P_{rad} = \delta\sigma_b A_{rad}[(T_{st}+273.15)^4 - (T_{atm}+273.15)^4] \tag{3-39}$$

$$P_{conv} = HA_{rad}(T_{st} - T_{atm}) \tag{3-40}$$

式中 δ——辐射率；

σ_b——黑体辐射常数[W/(m²·K⁴)]；

A_{rad}——电堆辐射表面积(m²)；

H——对流换热系数[W/(m²·K)]。

3.4.2 空气冷却

空气冷却是将冷却系统与阴极供气系统集中在一起进行冷却,阴极通入的空气不仅是燃料电池电化学反应所需的反应物,同时也是冷却系统的冷却剂。因此,冷却系统不需要冷却管路、水泵和散热器,从而使系统的结构得到简化,有助于减小燃料电池系统的体积和降低成本。在这种冷却方法中,必须使用风扇或鼓风机进行空气循环。由于强制对流换热是电堆散热的主要途径,空气质量流量对散热效果有着关键性影响。除了冷却系统的配置之外,空气(作为冷却剂)的入口温度及其混合物也是影响冷却效果的因素。按照结构可将空气冷却型燃料电堆划分为两种[49]。

1. 阴极空气冷却

用于参加反应的空气和用于冷却的空气共用阴极流道,只有小部分阴极空气参与燃料电池的电化学反应。开放式阴极通道用于实现氧气供应和空气冷却两种功能,因此燃料电池的性能取决于阴极通道的结构。Qiu 等人[50]开发了一种 3D 开放式阴极燃料电池模型[图 3-30(a)~(c)],并通过实验验证了阴极通道设计对性能的影响。该实验还考虑了通道结构的影响,并采用了两种新型阴极通道,即开口型[图 3-30(e)]和弯曲型[图 3-30(f)]。与开口特征相比,通道底部的弯曲特征能更有效地改善空气冷却燃料电池的冷却效果。

改善流动条件可以显著提高冷却效果。Luo 等人[51]通过实验研究了湍流网格对开放式阴极 PEMFC 的堆栈性能的影响。放置的栅极对阴极空气产生了混合效应,改善了其传热性能,最终增加了极限电流和最大功率密度。Song 等人[52]采用了一种基于卡门涡街的新方法,以增强开放阴极燃料电池的冷却效果,结果表明,应用涡流促进剂可使能量转换效率提高 0.91%,冷却效果提高 0.15%。

阴极空气冷却是一种简单的冷却方法,因为不需要进行额外的配置和改变结构。总体而言,这种冷却方法能最大限度地降低控制策略的复杂性以及燃料电池的重量、体积和成本[53]。然而,在高温低湿环境下,空气冷却型燃料电堆容易造成膜干,存在水热耦合管理问题。

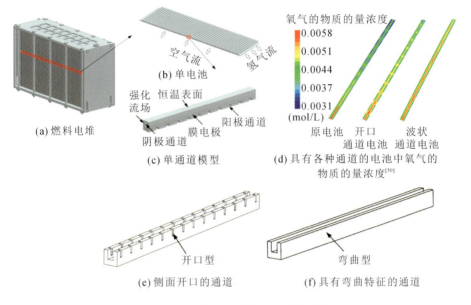

图 3-30 风冷燃料电池 3D 示意图[50]

2. 单独的空气冷却通道

另一种典型的空气冷却方法是设置单独的空气冷却通道,分别向电堆提供反应物空气和冷却空气。电池之间附加冷却板,冷却板位于阴、阳极板之间,为冷却空气另外设计专用冷却通道板,冷却空气流过冷却通道的同时带走电堆产生的热量,这种结构能够避免水热耦合管理问题。一般来说,冷却通道可以设计在双极板(BP)中或在 BP 之间保留额外的冷却板。不同研究人员对这种冷却方法进行了数值和实验研究,以提高冷却效果。沿冷却通道的温度梯度较大,这是风冷燃料电池所面临的挑战。Tong 等人[54]为无人机设计了一种基于石墨板的新型千瓦级风冷 PEMFC 电堆,有效面积为 125 cm^2,并通过数值法研究了空气冷却的额外边缘通道对测试电堆性能的影响。与共同交叉操作相比,反交叉操作表现出了更好的性能。此外,研究人员发现边缘通道的热对流可以降低膜脱水和温度分布的均匀性,从而可提高电堆性能。

优化冷却通道的流场有助于提高冷却性能。Zhang 等人[55]设计了一种新型 PEMFC 阴极流场,旨在提升在干燥空气过量条件下的水管理能力。该设计的亮点在于将通道构造成扩散器的形状,当反应物通过时,流道截面面积会随之变化[图 3-31(a)]。结果表明,创新的流场使阴极通道中的反应空气减速,使冷却通道中的冷却空气加速。如图 3-31(b)所示,沿阴极催化剂层的三种阴极通道设计[基准线、类型一(开角 $\theta=2.29°$)和类型二(开角 $\theta=3.43°$)]的温度分布看起来相似,因此具有不同横截面积的新颖设计不会引起更大的温升。然而,由于气体通道中反应空气的减速,阴极催化剂层的含水量在类型一和类型二中增加得更快[图 3-31(c)]。因此,与传统的平行流动通道相比,新通道有利于去除废热,同时最大限度地减少反应空气的水分流失。

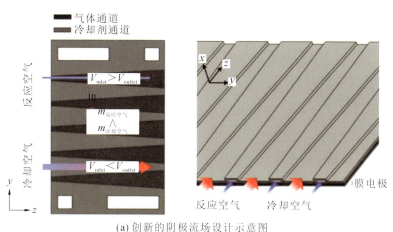

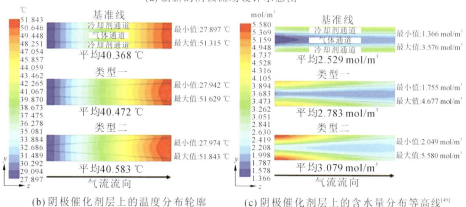

(b) 阴极催化剂层上的温度分布轮廓　　(c) 阴极催化剂层上的含水量分布等高线[49]

图 3-31　创新的阴极流场设计示意图、阴极催化剂层上的温度
分布轮廓和阴极催化剂层上的含水量分布等高线[49]

与其他冷却方法相比,在燃料电堆中,使用空气作为冷却剂具有一定的优势,但也存在以下明显的缺点:

(1) 空气对流换热系数低,因此需要较大的换热面积,尽管可以通过提高空气流速来提升冷却效果,但是空气流速越高,质子交换膜中的水流失越多,水流失过多会导致膜干,从而降低质子在膜内的传输能力,导致燃料电池的电阻升高,输出性能变差。

(2) 空气比热容低,冷却通道进、出口空气温差大,反应区域的温度分布不均匀,各处含水量差别大,局部电流密度分布也不均匀,影响燃料电池的整体性能。因此,目前空气冷却方法主要应用于小型燃料电堆(额定功率≤5 kW),功率超过 10 kW 的电堆必须采用液体冷却方法。

3.4.3 被动冷却

被动冷却也称为边缘冷却,通常使用平面内高热导率的散热器或热管,将产生的热量从燃料电池的中心区域传递到其边缘。采用被动冷却方法时,双极板中没有额外的冷却通道,并且不需要大功率冷却剂泵(除了一些热管冷却方法),因此被动冷却可以降低冷却系统的复杂性并提高燃料电池系统的紧凑性[49,56,57]。

1. 热管

热管冷却方法是一种被动冷却方法[58]。如图 3-32(a)所示,在热管冷却过程中,运行的流体在吸收足够的潜热后在蒸发器部分蒸发。此后,它被输送到冷凝器侧。最终,在泵或重力的推动下,冷凝的流体将被输送回蒸发器[59]。热管冷却方法可以成为燃料电池系统热管理的候选方案。燃料电池的热管类型取决于燃料电池的比发热率。热管输出功率在 10 W 到 100 W 之间,为微型燃料电池提供了可靠性。回路热管和脉动热管可能更适合输出功率高于 100 W 的燃料电池[60]。

Oro 等人[61]提出了一种使用扁平热管冷却的燃料电池系统。其研究结果表明,扁平热管可以排出高达 12 W 的热量,满足一般燃料电池运行时的排热需求。Darvishi 等人[62]使用两相瞬态流动模型对燃料电池的热管进行数值研究,发现根据燃料电池的温度控制热管,可以使蒸发器部分的温度保持在69 ℃

Tetuko等人[63]研究了用于冷却燃料电池的热管,提高了金属氢化物的氢排放率。结果表明,燃料电池产生的约30%的热量就足以使燃料电池系统维持适当温度,而约70%的热量可以被热管排出;同时,研究结果还证实耦合冷却子系统提供了相对均匀的温度分布(<5 ℃的温差)。

超薄均热板是一种先进的热管,具有高导热性、几何灵活性和采用了轻量化设计等优点。Luo等人[64]设计了6个超薄均热板[厚度仅为1.5 mm,图3-32(b)右图],并将其安装在五芯燃料电堆中,如图3-32(b)左图所示,其中膜电极组件被夹在两个蒸汽室之间,然后5个电池和6个蒸汽室形成了测试的PEMFC电堆。实验结果表明,电堆温度分布非常均匀,采用超薄均热板法可以获得最小温差为0.3 K的阴极气体扩散层。

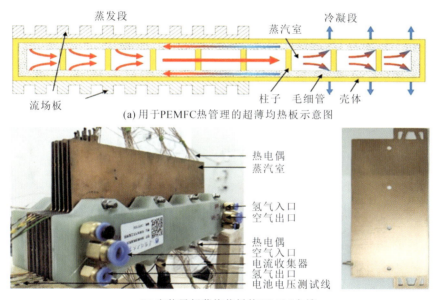

图3-32 用于PEMFC热管理的超薄均热板和安装了超薄均热板的PEMFC电堆[64]

2. 散热器

另一种典型的被动冷却方法是利用具有高热导率的材料,例如铜、铝、石墨基材料制作散热器[65],以实现高散热率。为了获得更好的冷却性能和结构紧凑性,人们付出了很多努力。Yu等人[66]使用热解石墨片(PGS)作为散热器,通过实验研究了有效面积为 100 cm² 的 10 组 PEMFC 电堆,如图 3-33(a)所示。在实验装置中,分别使用了 10 个串联组装的电池和 PGS,采用了 3 个平行通道蛇形流场用于阳极和阴极,在电堆的顶部放置 2 个风扇/鼓风机进行冷却。他们的研究结果表明电堆的最大输出功率提高了 15% 以上,从而证明了应用 PGS 的可行性。Wen 等人[67]扩展了这项研究,他们将采用这种冷却方法的电堆与配备不同功率风扇且没有 PGS 的其他电堆进行了比较。最终,他们发现配备了 PGS 翅片的电堆的输出功率不是最高的,但冷却效率显著提升。Tolj 等人[68]将边缘散热片和冷却风扇连接到 1 kW 便携式 PEMFC 电堆中进行了研究,发现散热片的设计对电堆的整体温度均匀性有重大影响。此外,最高温度和平均温度几乎与 BP 的热导率成比例。

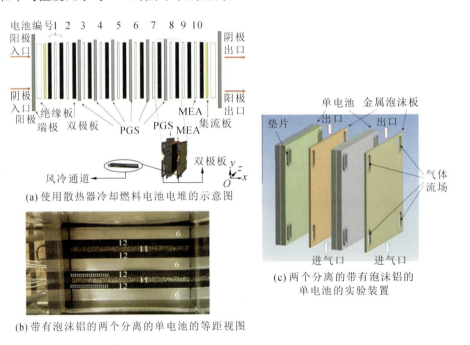

图 3-33 使用散热器冷却燃料电池电堆的示意图、带有泡沫铝的两个分离的单电池的等距视图和两个分离的带有泡沫铝的单电池的实验装置[69]

金属泡沫也被认为是燃料电池中应用的一种可靠的散热器。Odabaee 等人[69]研究了一种用于冷却燃料电池系统的金属泡沫热交换器。图 3-33(b)所示为带有泡沫铝的两个分离的单电池的等距视图。与水冷燃料电池系统相比,使用泡沫铝只需 1/2 的泵做功即可释放与水冷燃料电池系统相同的热量,并使整个表面的温度分布均匀。Vazifeshenas 等人[70]使用泡沫铝作为散热器来扩展燃料电池电堆的冷却表面。测试结果表明,采用较厚的泡沫铝板可以降低温差和压降。图 3-33(c)显示了插在两个单电池之间的泡沫铝薄层,其热导率大约是空气的 200 倍,比水的热导率大 20 倍。此外,发现孔隙率与温差和压降成正比。

由于 PEMFC 的工作温度较低,将散热器的热量排放到环境中具有挑战性。在 40 ℃ 的炎热环境中,空气和散热器之间的温差较小,从而使温度梯度较小。在相同的散热条件下,温度梯度越小,传热面积越大,但燃料电池汽车的部分设备对重量有严格的限制,因此,应选择使设备最轻的冷却方式。为了满足在炎热环境或大功率输出条件下的散热需求,丰田汽车公司将主散热器和副散热器结合起来来提高 Mirai 的冷却性能,这意味着传统散热器已不能满足燃料电池汽车的散热需求。目前,带有波纹翅片[图 3-34(a)]的管状散热器凭借自身出色的冷却能力已广泛应用于汽车系统。大多数研究集中在散热器的空气侧,并且具有更好传热效果的结构已被设计出来。Wen 等人[71]研究了风洞中的不同翅片,并证明复合翅片具有最佳的传热效率。Jang 等人[72]通过数值计算模拟优化了百叶窗翅片热交换器的可变百叶角度和初始百叶角度,以获得更好的冷却性能,并通过实验验证,合适的可变百叶角度和初始百叶角度分别在 0°~4° 和 18°~30° 的范围内。这些研究工作表明,像百叶鳍这样的结构可以提高散热器的传热能力,因为它们破坏了气流产生的热边界层。而为了解决燃料电池汽车中散热器体积庞大的问题,Gong 等人[73]提出了一种新颖的散热器结构,将其命名为迎风百叶鳍(windward-louvered fins,WLF)[图 3-34(d)],它结合了百叶窗翅片[74][图 3-34(b)]和迎风弯[图 3-34(c)]的特点。WLF 有 5 个核心单元纵向排列(x 轴),2~4 个柱单元横向排列(y 轴),管和翅片厚度为 0.2 mm,迎风杆直径为 1 mm。Gong 等人通过实验进一步研究了四种典型结构的散热能力,包括波纹翅片、迎风弯、百叶窗翅片和迎风百叶鳍,可发现新型迎风百叶鳍结构的努塞尔数是测试结构中最大的。此外,迎风百叶鳍结构的协同角最小,其换热量是迎风弯结构的 1.25 倍。Gong 等人发现,开窗角度也会影响燃料电池汽车散热器的冷却能力。为了使传热系数最大,他们测试了燃料电池汽车的散热器翅片的最佳开窗角度,发现最佳开窗角度应为 23°。优化散热器结构,可显著改善地表的气流状况,形成强湍流,由此可以降低热阻并提高传热能力,这对于解决燃料电池汽车散热器过大的问题尤为关键。

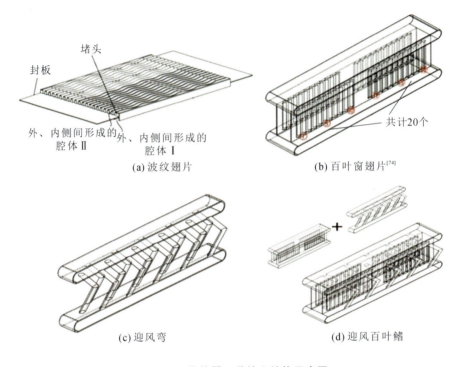

图 3-34　散热器四种核心结构示意图

3.4.4　液体冷却

众所周知,液态水的传热系数远高于冷凝水,而且使用液体进行冷却通常可以得到更均匀的温度[75],这意味着燃料电池的性能会更好。因此,当系统的输出功率高于 5 kW 时,液体冷却方法就被广泛使用,特别是在汽车燃料电池系统中[56]。液体冷却方法与单独的空气冷却方法类似,单独的冷却通道始终集成到双极板中,这样液体冷却剂就会流过燃料电池的内部区域。图 3-35 表明,在液体冷却系统中,冷却剂最初从燃料电池电堆吸收热量,到后来通过散热器将热量散发到环境中,从而降低温度,并最终利用泵循环冷却。燃料电池商业化的关键之一是设计大功率(>80 kW)系统,尤其是汽车燃料电池系统。在液体冷却研究领域,为提高冷却性能人们做出了许多努力,包括优化冷却流场、优化冷却通道几何形状、开发替代冷却剂和优化冷却系统。

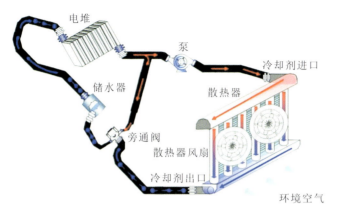

图 3-35　使用液体冷却技术的燃料电池系统示意图[76]

1. 冷却流场

在 PEMFC 的液体冷却系统中,冷却剂通过集成在双极板中的冷却通道将产生的热量带走。因此,冷却流场的结构和类型会影响冷却剂的流动条件和传热效率。

在一项初步研究中,Chen 等人[77]提出并研究了 6 个冷却流场,包括 3 个蛇形流场和 3 个平行流场。一般来说,蛇形流场比平行流场具有更好的冷却性能。然而,蛇形流场[图 3-36(a)]的压降大于平行流场[图 3-36(b)]的压降,因为在蛇形流场上设置了曲折结构和拐角,这显著增加了通道的阻力。此外,Yu 等人[66]、Nam 等人[78]和 Baek[79]等人分别对常规蛇形流场和多通道蛇形流场(MPSFF)进行了研究。结果表明,与传统的蛇形流场相比,采用多通道蛇形流场可以获得更好的冷却性能和对流强度。

传统的冷却流场已经在各个方面得到了广泛研究,之后一些新型的冷却流场被提出,用于实现更好的冷却效果。Baek 等人[79]创新了一种新颖的锯齿形流场,用作大型 PEMFC 的冷却流场,如图 3-36(c)所示,其中通道是一系列交替的 90°弯曲结构,并且有两个交替弯曲结构在空间中是周期性布置的。然而,沿通道的总压降在配置中也很重要。Tong 等人[54]提出了一种新型平行流场,如图 3-36(d)所示,该流场将增强传热的翅片用于燃料电池冷却系统;同时,

Tong 等人还研究了不同翅片角度和翅片长度的影响。结果表明,翅片对降低燃料电池电堆的平均温度有显著影响,翅片开角为 15°、长度为 1 mm 时,冷却系统性能最佳。Li 等人[80]通过数值模拟研究了冷却板中锯齿形流场的冷却性能,发现锯齿形流场的最高表面温度、温差和均温指数远低于传统的平行流场。

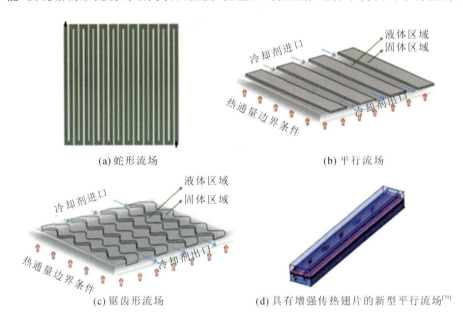

(a) 蛇形流场　　(b) 平行流场　　(c) 锯齿形流场　　(d) 具有增强传热翅片的新型平行流场[79]

图 3-36　各流场示意图

2. 冷却剂

液体冷却系统的理想冷却剂应具有一些优异的性能,例如高热容量、低黏度、无毒和耐腐蚀,以及化学惰性。最常用的冷却剂是具有高热容量的液态水。在燃料电池应用中,当电堆系统冷启动及双极板漏电时,液态水会出现问题,这是因为液态水的冰点为 0 ℃ 且具有高导电性。因此,冷却水通常掺入防冻、防腐添加剂。在可选的冷却剂中,与乙二醇混合的水常用于燃料电池液体冷却系统[81]。带有去离子滤清器的冷却支路通常设计在冷却回路中,用于去除存在于冷却剂中的离子。

许多研究工作都集中在以各种方式改善冷却剂的热性能方面。近年来,纳米流体受到了极大的关注,因为它们是传统冷却剂的绝佳替代品。纳米流体是纳米级金属或非金属颗粒在特定基础流体中的胶体悬浮液。当纳米流体用作

燃料电池系统中的冷却剂时,它们具有以下优点[81,82]:

(1) 具有较低寄生功率的紧凑型冷却系统。与传统的冷却剂相比,纳米流体可以提供更高的热导率,并可以使换热器的尺寸减小。

(2) 冷却剂的自去离子。冷却剂中存在的纳米颗粒会与自由离子发生反应并固定它们,因此无须在冷却回路中使用去离子滤清器。

(3) 冰点低。Hong 等人[83]进行的实验测量表明,纳米材料在降低纳米流体的冰点方面非常有效,这对燃料电池系统的冷启动非常有帮助。

3.4.5　冷却子系统的意义以及未来展望

PEMFC 技术是一种持续、高效、清洁的能源技术,可以将化学能转化为电能。然而,在燃料电池中发生的化学反应会产生大量的热量,需要及时、有效地冷却电池以保证系统正常运行。有效的冷却对于 PEMFC 电堆的安全高效运行至关重要。冷却还影响电池成本和耐用性,因为质子交换膜的安全性、水管理和反应动力学在很大程度上取决于 PEMFC 电堆的工作温度。许多冷却策略和技术已被开发,并在实践中应用于不同额定功率的 PEMFC 电堆[84,85]。以下是在 PEMFC 电堆的冷却方面取得的一些重大进展。

(1) 开发具有极高热导率的材料方面:例如高定向热解石墨(highly oriented pyrolytic graphite,HOPG)已被用于有效面积小的单电池和 PEMFC 电堆,并被证明可有效散热。此外,还有各种具有极高热导率的热管作为散热器,被用于冷却有效面积大的 PEMFC 电堆。

(2) 使用单独气流进行冷却方面:通过优化 PEMFC 电堆的设计和操作,在提高冷却性能和降低寄生功耗方面取得了进展。

(3) 液体冷却方面:液体冷却方法已广泛且成功地应用于高功率 PEMFC 电堆,特别是在汽车领域,在优化冷却剂流量和反应气体流量配置,以及开发替代冷却剂以防止冷却剂降解方面取得了重大进展。虽然在优化散热器设计和冷却系统布局方面也取得了进展,但是减小散热器尺寸仍然是一个挑战。

虽然研究人员在开发用于 PEMFC 电堆的各种冷却技术方面已取得了很大进展,但是仍然存在许多任务有待完成。其中包括为 PEMFC 电堆开发低成本、高性能和可靠的冷却技术,以促进其在各种环境条件,比如从沙漠地区的高环境温度到寒冷气候中的极度寒冷条件下的商业化。为提高 PEMFC 系统的散热效果并减小冷却单元，特别是对于汽车电堆的体积，迫切需要开发先进的冷却技术。结合各种传热方法，例如使用主动和被动方法，可以针对不同工作条件为燃料电池设计灵活可行的冷却系统。一般来说，液体冷却在近几年的实际应用中仍然是首选。未来冷却技术研究应重点关注以下几个方面：

（1）通过原位和非原位实验研究获取 PEMFC 组件的热特性和传热特性数据。这些实验数据的重要性不仅在冷却方面得到了充分证实，而且在 PEMFC 电堆的性能和耐久性方面也得到了很好的证实。

（2）开发可集成在双极板中的高导热材料和热管。大面积 PEMFC 电堆的热管具有出色的冷却能力，但仍需要付出巨大努力以低成本将它们有效地集成到双极板中。

（3）优化冷却剂和反应物流动配置，以低成本和高效率实现 PEMFC 中局部电流密度、温度和含水量的理想分布特性。

（4）提高汽车 PEMFC 电堆散热器的传热效率以减小其尺寸。优化冷却系统设计，降低峰值散热负载也有利于减小散热器尺寸。此外，还需要研究开发一种冷却剂，该冷却剂应具有高离子电阻，在电堆的使用寿命内不会降解，并且具有低黏度以降低泵送功率。

3.5 控制及管理子系统

在 PEMFC 系统中，PEMFC 的性能和耐久性极大程度上受控于精细的控制策略和高效的管理系统。控制及管理子系统起着至关重要的作用，它确保了燃料电池的稳定运作、性能最优化以及操作安全性。该子系统的核心职能包括对燃料电池关键操作参数的实时监控与调节，这些参数包括但不限于进气流量、系统压力、工作温度及环境湿度。此外，该子系统还涉及对性能输出和热能管理的统筹。精确的参数控制对电池性能的最大化至关重要，实现精确的参数控制不仅能够提升能量转换效率，还能延长电池的工作寿命，并确保系统在多变的工作条件下依然保持高度的可靠性和稳定性。通过先进的控制算法和智能化管理策略，PEMFC 系统的控制及管理子系统能够适应负载的快速变化，优化能源消耗，并维持操作环境的最佳状态。综合运用传感器网络、智能诊断工具和实时数据处理技术，控制及管理子系统能够实现对燃料电池状态的精确感知和对潜在运行问题的及时响应。这种高度集成和自动化的管理系统，是推动PEMFC技术向商业化和规模化发展的关键优势之一。随着技术的不断进步，控制及管理子系统将进一步提升其智能化水平，为PEMFC系统的广泛应用提供坚实的技术支撑。

3.5.1 冷却子系统控制

冷却子系统负责高效地控制和调节设备产生的热量，以确保整个系统在最佳温度下稳定运行。PEMFC电化学反应产生的能量中，大部分能量以反应热的形式存在。因此，冷却子系统也备受关注。在优化PEMFC运行和延长其使用寿命方面，冷却子系统发挥着至关重要的作用。PEMFC发动机冷却子系统主要由水泵、散热器、PTC加热器、膨胀水箱、散热风扇和节温器等部件构成，通过各部件的协同工作来控制氢燃料电池电堆进出口的冷却液温度，从而维持电堆的运行温度，确保燃料电池系统的温度在适当的范围内保持平衡。冷却水泵驱动冷却水循环，将电堆中的热量散出。冷却水循环分为大循环和小循环。大循环经过散热器，散热器风扇转动强制实现空气对流，加强散热；小循环不经过散热器。大、小循环流量由节温器根据水温自动分配。不均匀的温度分布可能导致电化学反应速率的变化，影响反应气体中水的蒸发和冷凝[86]。在适宜的温度下，电堆电化学反应更快，PEMFC系统性能更好，如图3-37所示[87]。温度过高，会导致膜脱水、收缩、起皱或破裂。干膜的电阻较高，会导致输出电压变低。此外，膜干可能会导致电压下降到适当范围以外，会使得PEMFC性能和效率下降。因此，必须开发一种更高效的冷却子系统，以保持整个电堆的温度分布均匀，同时可以降低燃料消耗[88]。

冷却子系统的主要目标是将温度保持在最佳操作范围内，以及保持电堆和膜在最佳湿度水平。低温PEMFC的最佳工作温度范围为65～85℃。而高温PEMFC系统的最佳工作温度范围是120～140℃，这个温度的组件的热量可以被回收去加热水或空气。如果功率高达1500 W的小型PEMFC电堆的温度可以通过简单的空气冷却系统得到控制，那么能量的利用率将大大提升。然而更

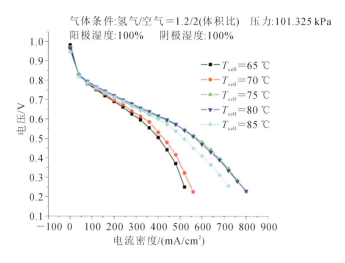

图 3-37　不同工作温度下的燃料电池极化曲线[87]

高功率的电堆必须有完整的冷却系统,以处理更高的热负载。图 3-38[89]所示是燃料电池系统中冷却子系统的示例。

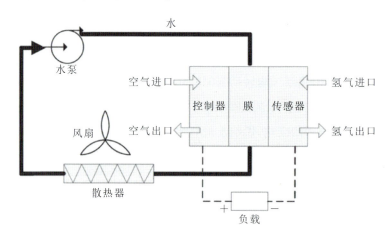

图 3-38　燃料电池系统中冷却子系统示例

3.5.2　水管理子系统控制

水管理子系统作为冷却子系统的另一关键部分,专注于水和水基冷却液的分配、循环和回收,以实现对高温设备的持续冷却和温度控制。PEMFC 中的水包括气态和液态两种,包括电化学反应生成的水(在阴极)和由加湿的反应气体带入的水。水在以氢气为燃料的PEMFC内的迁移主要表现为两种形式:一种是电渗作用,即在电渗力的作用下水被水化的质子携带,由阳极向阴极运动而且越过膜的质子数愈多(电流密度愈大),每个质子携带的水分子也愈多,则随同质子从阳极迁移至阴极的水也愈多;另一种形式是扩散作用,即水在浓度梯度下的扩散,扩散速度正比于浓度梯度。电渗作用和扩散作用分别使水向相反的方向运动,如果两者的速率相等,则膜中的水仍处于平衡状态。而在实际运行中,随着放电电流的增加,反向扩散的水量愈来愈少于正向电渗迁移的水量,形成所谓的水净迁移,即结果是水从膜的阳极侧迁移至阴极侧,导致膜的阳极侧脱水。为了建立新的水平衡,就得使阳极补充水量等于水净迁移量。液态水会促进质子交换膜的质子传导。因此,膜必须保持饱和含水量,用于确保更高的膜电导率和更好的膜稳定性。然而,过多的水会造成严重的极化损失。阴极反应产生的水在空气中质量传递较慢,因此需要在低空气流速中去增加水的驱动力。同时,流道的亲水性/疏水性对流道的排水性能影响也很大。对于亲水性的流道,流动阻力随着接触角的增加明显降低,因为随着接触角的增加,漫流面积相应地减少。减弱波阻效应不利于流道的排水,但是能够及时地将气体扩散层中的液态水排出,防止气体扩散层发生"水淹"。图3-39[90]显示了可用于溢流观测的透明燃料电池。在较低的温度下水的蒸发速度较慢,水淹概率将会增加。液态水会降低气体扩散层的孔隙度,从而导致水淹。可通过控制反应气体的湿度来防止溢流。因此,高效的水管理系统可防止液态水过多,同时保持膜湿度以获得更好的PEMFC性能。

  PEMFC的水管理子系统的主要作用是确保充足的水量和维持膜水合。质子交换膜的导电性随其含水量的增加而增加。若不及时对进入电池的反应气加湿,则由于在阴极生成的水向阳极扩散,阳极侧质子交换膜会失水变干,在有大量气体通过时,阴极入口处的质子交换膜也会被吹干,造成电池的内阻大幅度上升,PEMFC性能下降,甚至难以工作。因此,在排放阴极生成水的同时,必须对进入电堆的反应气体加湿。PEMFC的水管理主要有两种方法:外部加湿和内部加湿[91,92]。在外部加湿系统中,通过控制加湿温度和反应气体与水的接触时间来控制气体的湿度。在内部加湿系统中,液态水被直接注入PEMFC来确保膜的含水量维持在适当的范围内。如图3-40[89]所示,使用风扇控制湿度可

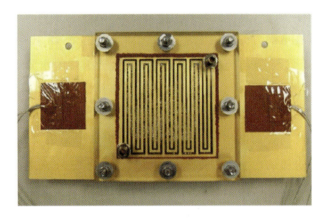

图 3-39 用于溢流观测的透明燃料电池[90]

明显改善水管理子系统。

3.5.3 空气供给子系统控制

空气供给子系统负责将过滤和调节后的空气有效地输送到发动机或燃烧室,同时确保空气质量和压力满足特定应用要求。对于汽车中使用的大功率PEMFC,空气供给子系统的动态特性受到许多因素的影响,例如空气湿度、工作温度、阴极内部的电化学反应速率、水蒸气动力学。同时,空气供给子系统的瞬态行为对 PEMFC 的使用寿命有着至关重要的影响[93]。空气供给子系统的运行过程如下:首先,空气通过滤清器进入压缩机,压缩机调节其流量;其次,空气通过中冷器和加湿器进入阴极,在其中发生电化学反应;然后,空气通过水-空气分离装置;最后,水蒸气进入排气箱,干燥的空气通过节流阀排出。近年来,一些汽车公司将新产品推向市场,这些产品使用 PEMFC 系统作为驱动发动机,如现代 Nexo、丰田 Mirai、本田 Clarity 等。下面以丰田 Mirai 为例来总结汽车空气供给子系统的一些应用。丰田 Mirai 的第一个版本中使用了六叶螺旋罗茨式空气压缩机,类似于螺杆式空气压缩机,最大输出功率为 20 kW,最大速度为 12500 r/min。丰田 Mirai 的氢气泵为二叶直根型,最大输出功率为 430 W,最大转速为 6200 r/min。2021 年 Mirai 的空气供给子系统升级,转速为 183700 r/min 的离心式空气压缩机代替了六叶螺旋罗茨式空气压缩机。

由于空气供给子系统的能耗占 PEMFC 总能耗的比重很高,因此 PEMFC

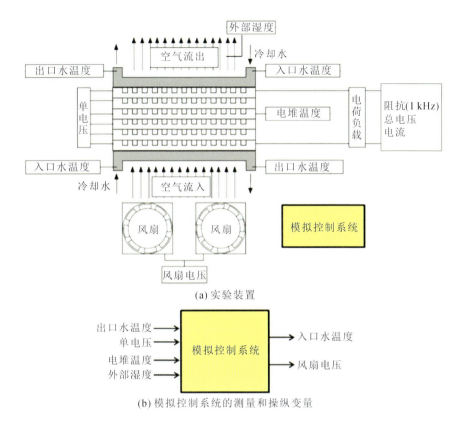

图 3-40 用风扇改善水管理子系统的应用[89]

和空气压缩机的运行参数需要耦合,以便优化整个系统的性能。空气供给子系统的压力、温度和质量流量参数会影响 PEMFC 的效率和功率。实际运行时,当 PEMFC 工况发生变化,空气压缩机的工况也会发生变化。当空气压缩机在不同的工况下运行时,效率会发生变化,因此,应在 PEMFC 的不同工况下优化压缩机的性能。通过将 PEMFC 仿真模型与空气压缩机仿真模型耦合,可以获得空气供给子系统和 PEMFC 的最佳工作条件,从而指导 PEMFC 控制系统的设置。

在设计方面,空气压缩机应考虑 PEMFC 的所有运行条件,空气压缩机的参数应通过多操作点的方法进行优化。

在控制方面,应首先控制离心式空气压缩机的"喘振"。然后,压缩机控制的主要目的是满足 PEMFC 的要求,同时保证压缩机的高运行效率。因此,可以降低空气供给子系统的能耗,并提高 PEMFC 的效率。

反应物空气供给子系统的控制性能评估通常涉及以下四个方面:①稳定性,它是保证控制系统能够正常工作的基本性能,指的是系统在受到扰动后回到初始平衡状态或达到新的稳定状态的能力;②响应速度,它描述了系统对输入变化的反应速度,即系统从一种状态过渡到另一种状态所需要的时间;③阻尼,它反映了系统在达到稳定状态前的振荡过程,包括是否出现衰减、发散或等幅振荡等形式的动态行为;④稳态误差,是指系统达到稳态后,输出值与期望值之间的差距,反映了系统的控制精度。

3.5.4　管理氢气供给子系统的运行

氢气供给子系统是氢气管理系统的重要组成部分,它通过精确调节氢气的供应量和压力来确保氢燃料电池系统的高效、稳定运行,并提高能量转换效率。当两种气体的分压下降时,尤其是在快速瞬态负载期间,氢气和氧气的不均匀流动会引起燃料电池电堆中单个电池的燃料不足,从而降低整体电堆的电势。更严重的是,当阴极和阳极出现供氧不足和供氢不足时,可能会发生反极。这会导致气体扩散层和背衬层等碳组件的腐蚀,然后电极和膜表面的催化剂层被腐蚀或燃烧。因此,应该防止在供应的空气少于消耗的空气时出现空气不足的现象。当燃料电池系统需要突然增加功率时,就会发生"饥饿"现象,而"饥饿"现象通常发生在瞬态期间。"饥饿"是造成燃料电池老化和退化的主要原因之一。当由于缺氧和/或氢气而发生"饥饿"时,燃料电池的性能会随着电池电压的下降而下降。电池电压的快速下降会导致膜表面烧伤。低反应物流速可能会导致电池组中细胞之间的不均匀分流,从而产生局部或完全"饥饿"的细胞。氧气或氢气匮乏会导致阴极中产生氢气或导致阳极中产生氧气。阳极中氧气或阴极中氢气的存在会导致电池电位的反转,也就是阳极和阴极之间的负电位差。电池电位反转会加速碳成分的腐蚀,例如背衬层以及随之而来的电催化剂腐蚀,并最终导致组件损坏。燃料不足会导致电池性能下降、电极表面损坏和催化剂寿命缩短。

因此,增加 PEMFC 净功率的常用方法是采用更多的燃料,防止"饥饿"现象的发生。氢气和氧气的流量都被控制在固定的过量比(化学计量比)上以维持所需的最小流量。PEMFC 功率随着空气化学计量比的增加而增加,因为更多的氧气可用于反应。图 3-41 展示了燃料电池工作的三个区域[94],每条垂直电压线的长度表示各参数最近 10 min 输出电压的范围。

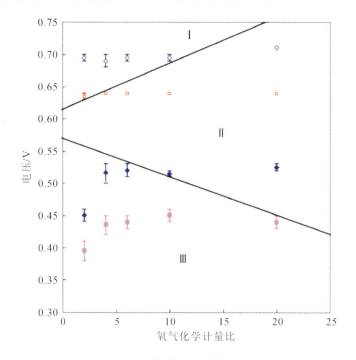

图 3-41 不同操作条件下的电压

(◆)输出电流为 70 A,电池温度为 50 ℃,6 h 后;(■)输出电流为 70 A,电池温度为 50 ℃,15 h 后;(◇)输出电流为 30 A,电池温度为 50 ℃,20 h 后;(□)输出电流为 50 A,电池温度为 50 ℃,28 h 后

PEMFC 功率也受到进料气的化学计量比的影响。当化学计量比超过 6 时,PEMFC 功率开始趋于平稳,因为更多的液态水开始形成并且传质开始限制氧气到达催化剂的速率。然而,通过增加空气化学计量比来避免氧气不足,会增加空气压缩机的功耗,从而增加寄生损失并降低由较高的空气化学计量比获得的净功率。已发现提高 PEMFC 效率、防止燃料电池损坏和增加其耐用性的最佳氢气操作化学计量比为 1.1~1.5,而空气化学计量比为 2~2.4。此外,定期吹扫去除废氢还有助于提高 PEMFC 的性能[94]。

3.6 燃料电池系统的运行及维护

燃料电池系统的运行和维护是确保燃料电池系统高效、稳定及长期运行的关键因素。一个恰当的运行策略能够保证系统在最佳状态下工作,而定期的维护则有助于预防故障、延长设备寿命,并降低整体运营成本。在燃料电池系统中,空气供给子系统、氢气供给子系统、冷却子系统等各个子系统需精确协调运作,以维持化学反应的平衡和效率。运行中的实时监控和调整,可以确保系统参数(如温度、压力和流量)维持在最佳范围内,从而提高能量转换效率并优化电池性能。因此,深入理解燃料电池系统的运行原理,并制订出合理的维护计划,是实现燃料电池商业化和广泛应用的基础。

3.6.1 空气供给子系统运行及维护

空气供给子系统运行注意事项包括精确控制空气流量和压力、快速响应负载变化、维持适宜的湿度和温度、避免氧气供应不足、优化控制策略等,维护注意事项包括定期检查空气压缩机和节气门、监测滤清器状态、保持管道密封性、校准传感器和控制系统、使用高质量替换零件等。

1. 空气供给子系统的运行注意事项

(1)精确控制空气流量和压力:对空气流量和压力进行精确调控是实现燃料电池最佳性能的关键。通过实时调节空气泵的转速和节气门的开度,系统能够根据实际功率输出的需求,动态调整空气供应,确保在所有操作条件下都能维持设计的流量和压力水平。

(2)快速响应负载变化:PEMFC系统对负载变化的响应要求极为严格,因此,系统设计中需集成辅助电源(如动力电池),以提供瞬时功率支持,弥补主电源在应对快速负载波动时的不足,确保系统输出的连续性和稳定性。

(3)维持适宜的湿度和温度:空气湿度和温度的精确控制对于燃料电池的性能和长期稳定运行至关重要。通过先进的环境控制系统,使空气湿度和温度维持在最优范围内,可以有效提高电池的化学反应效率,同时减小膜电极组件的应力。

（4）避免氧气供应不足：防止燃料电池在高负载下出现氧气供应不足，需实施精细的控制策略，如调节氧气过量比。这一措施确保了在任何时候电池都能获得充足的氧气，避免由缺氧导致燃料电池的性能下降和其他潜在损伤。

（5）优化控制策略：采用先进的控制策略，包括 PID 控制、模糊控制和模型预测控制等，可以显著提高系统控制的精度和鲁棒性。这些策略通过不断学习及优化控制参数来适应系统的状态，从而在多变的操作条件下实现最佳的空气供给管理。

通过以上这些综合措施，燃料电池的空气供给子系统能够实现高度精确和智能化的运行，不仅提升了系统的整体性能，还增强了对各种操作条件的适应性和稳定性。

2. 空气供给子系统的维护注意事项

（1）空气压缩机和节气门的定期检查与维护：空气压缩机和节气门是空气供给子系统中至关重要的组件，负责精确地调节空气流量与压力。对这些部件进行定期检查和维护，可以确保它们的性能最优，从而保障整个系统的高效运行。监控其运行状况包括但不限于观察设备的磨损情况、检测压力是否在正常范围内，以及确认没有不正常的噪声或振动。

（2）滤清器状态监测：空气滤清器对于防止灰尘、颗粒物和其他潜在有害污染物进入系统内部至关重要。随着时间的推移，滤清器可能会因为积聚污染物而堵塞，这会降低空气流动效率并增加系统的负担。因此，定期更换或清理滤清器是必要的维护步骤，以保持空气质量并优化系统性能。

（3）管道密封性的保持：任何空气供给子系统的泄漏都会导致系统效率的降低和能源的浪费。检查所有管道和连接处的密封性，确保没有空气泄漏，对于维持系统的完整性和使系统保持最佳性能至关重要。通过使用现代检测工具，如超声波泄漏检测器，可以准确地识别出微小的泄漏点。

（4）传感器和控制系统的校准：为了确保空气流量、压力、温度和湿度等参数的准确监测，定期对相关的传感器和控制系统进行校准是不可或缺的。这不仅有助于维持设备的最佳工作状态，而且对于节约能源也具有重要意义。

（5）高质量替换零件的使用：选择高质量的替换零件对保证系统的可靠性和长期稳定运行非常重要。高质量的零件通常具有更好的耐久性，可以降低未来的维修需求并延长整个系统的使用寿命。

综上所述,为确保燃料电池空气供给子系统的高效和安全运行,必须注意其运行和维护过程中的关键因素。遵循以上原则将有助于提高燃料电池系统的性能、延长其使用寿命,并确保燃料电池系统在各种操作条件下的可靠性。

3.6.2 氢气供给子系统运行及维护

氢气供给子系统承担着为燃料电池提供清洁、连续和稳定氢气流的重要任务,对整个系统的性能和安全起着至关重要的作用。以下是氢气供给子系统在运行和维护时应考虑的关键事项,以确保系统的最优性能和长期稳定性。

1. 氢气供给子系统的运行注意事项

(1) 氢气纯度保障:必须严格确保氢气的高纯度,以防空气、水蒸气或其他气体杂质的污染。这些杂质不仅会降低燃料电池的性能,还可能引起系统故障或安全风险。

(2) 压力稳定性维护:氢气的压力控制对于保持燃料电池内部反应的均匀性和效率至关重要。通过精细调节,维持恒定的氢气压力,确保氢气在整个电池电堆中分布均匀,从而优化化学反应。

(3) 流量精确调节:根据燃料电池实时的功率输出需求,动态调节氢气流量。这种调节确保了氢气供应与电负荷需求的同步,提高了能源利用效率。

(4) 泄漏检测机制:定期对氢气供给子系统的连接点、阀门和管道进行全面的泄漏检测。这一预防性措施对于避免潜在的安全隐患和氢气损失至关重要。

(5) 温度实时监控:对氢气的温度进行实时监控,以防止温度异常导致的氢气压力和密度变化。确保氢气在最佳温度范围内,有助于保证燃料电池的最优性能和延长其寿命。

(6) 遵守安全操作规范:严格遵守安全操作规范,特别是在涉及高压氢气的操作中。安全措施的执行对于保护人员和设备的安全至关重要。

(7) 实时监控系统:利用先进的传感器和监控系统,实时跟踪氢气供给的关键参数。这种实时监控确保系统能够及时发现并响应任何异常情况,保障系统稳定运行。

(8) 负载变化适应性:氢气供给子系统必须具备快速响应负载变化的能力,

及时调整氢气供应,以满足不同的功率需求并适应不同的操作条件。

(9)紧急停机程序:在检测到任何异常情况,如压力或流量异常时,系统应能够立即执行安全停机程序。这一紧急响应机制对于防止系统损坏和保障人员安全至关重要。

2.氢气供给子系统的维护注意事项

(1)系统性检查:实施全面的检查流程,对氢气供给子系统组件的状况进行仔细评估,包括压缩机的运行效率、阀门的响应速度和密封性能、管道的完整性和传感器的准确性。此过程应结合视觉检查、性能测试和先进的诊断技术,以确保在早期识别问题并解决,避免系统故障。

(2)清洁保养:制定和执行一套详细的清洁和保养计划,旨在去除氢气管道和组件上的污染物,防止由灰尘、污垢或腐蚀性物质的积累而引起管道和组件的性能下降或损坏。这包括定期清洗滤清器、排除管道中的杂质以及使用适当的清洁剂和方法来清洁设备,确保所有部件都保持最佳状态。

(3)耗材管理:建立一个严格的耗材更换计划,根据系统的运行负荷,定期检查和更换滤清器、密封件和其他关键耗材。这有助于消除由耗材磨损或性能退化引起的风险,确保氢气系统的连续稳定运行。

(4)性能验证:采用标准化的性能验证程序,定期对氢气供给子系统的关键组件进行测试,以确保它们符合设计规格并能够可靠地执行预定的任务。这些测试可能包括但不限于流量测试、压力测试和响应时间测试,以评估组件的实际表现是否符合性能指标。

(5)故障排查:开发一套有效的故障检测和诊断流程,以便出现任何不寻常的操作迹象时氢气供给子系统能够及时响应。这涉及使用高精度的监测设备来检测声音、振动或其他性能参数的变化,并应用先进的分析技术来确定故障的根源,从而快速实施修复策略以缩短停机时间。

(6)软件管理:确保控制系统的软件始终为最新版本,包括安装最新的补丁、更新和升级等。这样可以提升控制系统的处理能力、优化算法性能并增加新的功能,从而提高氢气供给子系统的效率和可靠性。

(7)维护记录:详细记录每一次的维护活动和更换的部件,建立系统的维护档案,以便于追踪系统的运行历史和预测未来的维护需求。

(8)环境选择:为氢气供给子系统选择一个合适的操作环境是至关重要的。需要考虑温度、湿度、通风、灰尘水平以及其他可能影响设备性能和安全性的环境因素。例如,过高或过低的温度都可能影响系统的正常运行,而良好的通风可以防止气体积聚,降低爆炸风险。此外,保持环境的清洁可以减少污染和腐蚀问题。因此,应密切监控这些条件,并采取适当措施来维持最佳的环境状态。

3.6.3 冷却子系统运行及维护

冷却子系统是确保燃料电池在最佳工作温度下稳定运行的关键系统。在燃料电池的运行过程中,氢氧化反应和氧还原反应会产生大量热量,如果不及时有效地将这些热量排出,将导致燃料电池过热,从而影响其性能和寿命。因此,冷却子系统的运行和维护对于整个燃料电池系统的稳定性和可靠性至关重要。以下具体介绍冷却子系统的运行注意事项和维护注意事项。

1. 冷却子系统的运行注意事项

(1)维持适宜的工作温度:燃料电池的最佳工作温度通常为60~80℃。过高或过低的温度都会影响电池的性能和寿命。因此,冷却子系统需要根据负载变化和环境条件,精确地调节冷却液的流量和温度,以使燃料电池电堆的温度保持在合适的范围内。

(2)保证冷却液的品质:冷却液的品质直接影响冷却效果和燃料电池的寿命。冷却液应具有高热导率、低黏度、低电导率、适当的pH值、低冰点和高沸点等。同时,冷却液还应具有良好的化学稳定性和防腐蚀能力,以防止对燃料电池组件的腐蚀。

(3)避免冷却系统的泄漏:冷却系统的泄漏会导致冷却液量的减少,影响冷却效果,甚至可能导致燃料电池过热。因此,需要定期检查冷却系统中的所有管道和连接部位,确保没有泄漏,并及时更换磨损的密封件。

(4)控制冷却液的流速和流量:冷却液的流速和流量需要根据燃料电池的热负荷进行调节。过大的流速可能会导致冷却液不能充分吸收电池产生的热量,而过小的流速则可能导致局部过热。因此,需要通过精确的控制策略来调节水泵的转速和阀门的开度,以实现对冷却液流速和流量的精确控制。

2.冷却子系统的维护注意事项

（1）定期更换冷却液：随着系统的运行，冷却液可能会因为蒸发、污染或化学分解而失去其原有的性能。因此，需要定期检查冷却液的状态，并根据需要更换新鲜的冷却液，以保持冷却系统的高效运行。

（2）清洁散热器和冷却通道：散热器和冷却通道可能会因为灰尘、污垢或其他杂质的积累而堵塞，影响冷却效果。因此，需要定期清洁这些部件，确保冷却液能够顺畅流动，有效带走燃料电池产生的热量。

（3）检查水泵和节温器的性能：水泵和节温器是冷却系统中的关键部件，它们的性能直接影响冷却效果。因此，需要定期检查这些部件的工作状态，及时发现并修复故障或磨损。

（4）监控冷却系统的温度和压力：通过安装温度和压力传感器，可以实时监控冷却系统的工作状态。这些传感器的数据可以帮助操作人员及时发现异常情况，如过热或压力过高，从而采取相应的措施防止故障的发生。

（5）采用先进的控制策略：为了提高冷却系统的响应速度和控制精度，可以采用先进的控制策略，如 PID 控制、预测控制、自适应控制和模糊控制等。这些控制策略可以根据燃料电池的实际工况动态调整冷却参数，从而实现最优的温度控制。

总体而言，燃料电池冷却子系统的运行和维护对于整个燃料电池系统的性能和寿命至关重要。通过精确控制冷却液的温度和流量、定期维护关键部件以及采用先进的控制策略等，可以确保燃料电池在各种工况下的稳定和高效运行。

3.7　燃料电池系统的常见故障及故障处理方法

燃料电池系统的运行需要 PEMFC 正常工作，需要适当的水管理子系统和冷却子系统，防止出现水淹和膜干的故障。燃料电池存在不少隐患，比如燃料电池的水淹、燃料电池的膜干、燃料电池的中毒、燃料电池空气压缩机故障。以下对这些常见故障及故障处理方法进行介绍。

1.燃料电池的水淹

在大电流密度下，随着输出电流的增大，电堆内部迁移电子增加，反应生成的水较多。电堆排水效果不好就会使液态水积聚,造成水淹,燃料电池操作不当也会打破电堆含水量的平衡,从而出现电堆水淹/膜干的现象。在对PEMFC内部湿度产生影响的各因素中,温度对电堆内部湿度的影响最大。同时发现燃料气体进电堆时需要保持一定的压力,以维持其流动性。电极两侧压力差会推动水在膜中的传递,但电堆内部压力过大可能会引起气流分布不均匀,导致流道内阻力变化,造成气体扩散、电极腐蚀以及水淹现象。空气侧气体流量比氢气侧大,将内部液态水带出电堆的能力较强,因此水淹一般发生在氢气侧,当氢气侧液态水逐渐积聚至流道堵塞时,就会发生水淹。

PEMFC中的水分布极为关键,是实现稳定放电和解决免加湿运行问题的基础。液态水影响膜和电极之间的效率传输。水的任何干扰都可能导致电堆内部故障,也会影响系统性能和导致电池溢流或膜干,因此水管理是PEMFC系统运行期间最复杂和最关键的任务之一。溢流是PEMFC系统中最常见的故障之一。PEMFC在运行过程中,大水滴的聚集会阻碍流道内的水传输。此外,水覆盖会导致催化剂活性面积减小以及催化剂失活。

当阳极的压力降至阈值时,可使用脉冲排气的方法来缓解水淹,将脉冲排气和水/热管理相结合来调整电堆运行状态,可增强电堆运行的可靠性并延长电堆的寿命。但是,脉冲排气只能短效缓解水淹现象,排气结束后电堆很快又会进入水淹状态,不能从根本上解决水淹问题,所以只能作为严重水淹情况下的辅助策略,通过控制水管理和热管理才能从源头上解决膜干和水淹问题。

2. 燃料电池膜干

燃料电池膜干是因为水/热管理不当,电堆内水分流失,从而导致质子交换膜含水量过低。质子交换膜传输质子的过程需要水分子作为载体,因此当出现膜干现象时,PEMFC传导质子的能力会大幅下降,影响电池正常运行,且膜的电阻也会随之增大,严重时会发生局部过热现象而导致质子交换膜被烧坏。燃料电池在膜干状态下长期运行时,不仅电堆性能会衰减,而且还会使膜的物理降解加速,进而发生膜穿孔,甚至使膜上形成裂纹。

针对膜干现象,采取的措施是为PEMFC电堆的阻抗设置阈值,当阻抗大于阈值时,增加空气进气湿度来缓解膜干。

3. 燃料电池的中毒

燃料电池中毒主要由各种杂质引起,是与反应物供应有关的典型问题。例如,阳极侧进气中可能存在许多不同的杂质,如 CO、CO_2、N_2、NH_3、H_2S 和碳氢化合物,它们可能会显著降低 PEMFC 的性能和使用寿命。例如,铂阳极催化剂表面的 CO 吸附现象会导致催化剂失活,这会进一步导致PEMFC的性能损失。此外,CO 中毒与入口气体含量,以及入口气体流速、湿度、停留时间和温度有关。

当前,车载氢气净化法是将特定催化剂放置在燃料电池入口处,在氢气进入燃料电池之前,氢气中的 CO 气体杂质优先与氧气发生反应,避免 CO 进入电池毒化电极。然而,现有催化剂只能在极窄的温度范围内工作,使得氢燃料电池无法在频繁冷启动期间得到有效保护。

4. 燃料电池空气压缩机故障

燃料电池空气压缩机故障种类较多,发生故障的部位几乎遍及空气压缩机各个组成部分,故障原因也多种多样,具有一定的不确定性和随机性。而在燃料电池系统中,空气压缩机负责为电堆输送特定压力和流量的洁净空气,为电堆反应提供必需的氧气,是燃料电池系统的核心零部件。

空气压缩机最常见的故障就是主传动电动机运转不正常,在运行过程中剧烈振动,从而引起轴承发热。拆开离合器电枢与磁极转子,检查主传动电动机的轴承是否缺乏润滑油脂,若缺乏,就需要重新更换已损坏的轴承,并加注润滑油脂。正常情况下,应对机械的所有部件进行定期清洗和加润滑油脂,保证主传动电动机的正常运行。

空气压缩机的另一种常见故障就是主机转速周期性下降,这多半是因为机械部分发生故障。由于空气压缩机电动机的胶辊比较多,每根胶辊都靠轴承来支承,如果某一根胶辊出现了问题,则可能导致空气压缩机主机的转速周期性下降,应当及时更换轴承。另外,还应当注意空气压缩机主机各滚筒的轴承和润滑部位的工作情况是否正常,如果发生故障,同样也会影响空气压缩机的正常工作。

本章参考文献

[1] PUKRUSHPAN J T,STEFANOPOULOU A G,PENG H. Avoid fuel cell oxygen starvation with air flow controllers[J]. IEEE Control Systems Magazine,2004,24(2):30-46.

[2] TALJ R J,HISSEL D,ORTEGA R,et al. Experimental validation of a PEM fuel-cell reduced-order model and a moto-compressor higher order sliding-mode control[J]. IEEE Transactions on Industrial Electronics,2010,57(6):1906-1913.

[3] IDRES M,KAFAFY R,FARIS W F. Air supply system transient model for proton-exchange membrane fuel cell[J]. International Journal of Vehicle Systems Modelling and Testing,2011,6(3/4):396-407.

[4] LIU Z,LI L,DING Y,et al. Modeling and control of an air supply system for a heavy duty PEMFC engine[J]. International Journal of Hydrogen Energy,2016,41(36):16230-16239.

[5] LIU J,GAO Y,SU X,et al. Disturbance-observer-based control for air management of PEM fuel cell systems via sliding mode technique[J]. IEEE Transactions on Control Systems Technology,2019,27(3):1129-1138.

[6] 袁守利,杜传进,颜伏伍,等.车用燃料电池发动机系统的研究与应用[J]. 能源与环境,2004(3):8-10.

[7] HOU J,YANG M,KE C,et al. Control logics and strategies for air supply in PEM fuel cell engines[J]. Applied Energy,2020,269(4):115059.

[8] ZHOU S,XIE Z C,CHEN C G,et al. Design and energy consumption research of an integrated air supply device for multi-stack fuel cell systems[J]. Applied Energy,2022,324(4):119704.

[9] 张新义.基于PID控制方法的燃料电池空气供应系统控制研究[J].时代汽车,2020(6):40-46.

[10] BLUNIER B,MIRAOUI A. Air management in PEM fuel cells:state-of-the-art and prospectives[C]//2007 International Aegean Conference on Electrical Machines and Power Electronics. New York:IEEE,2007.

[11] 张炯焱. 双螺杆压缩机齿型优化[J]. 压缩机技术,2020(2):49-53.

[12] STOSIC N,SMITH I K,KOVACEVIC A. Combined compressor-expander in fuel cell application[R]. Sao Paulo:17th International Congress of Mechanical Engineering,2003.

[13] GEORGIOU E P,DREES D,DE BILDE M,et al. Pre-screening of hydraulic fluids for vane pumps:an alternative to Vickers vane pump tests[J]. Wear,2018,404-405:31-37.

[14] WANG C,LIU M K,LI Z G,et al. Performance improvement of twin-screw air expander used in PEMFC systems by two-phase expansion[J]. Energy,2023,273:127249.

[15] ZHAO Y,LIU Y,LIU G,et al. Air and hydrogen supply systems and equipment for PEM fuel cells:a review[J]. International Journal of Green Energy,2022,19(4):331-348.

[16] FANG M,WAN X M,ZOU J X. Development of a fuel cell humidification system and dynamic control of humidity[J]. International Journal of Energy Research,2022,46(15):22421-22438.

[17] XING L,CHANG H W,ZHU R Q,et al. Thermal analysis and management of proton exchange membrane fuel cell stacks for automotive vehicle[J]. International Journal of Hydrogen Energy,2021,46(64):32665-32675.

[18] CHEN F X,JIAO J R,LIU S G,et al. Control-oriented LPV modeling for the air supply system of proton exchange membrane fuel cells[J]. Fuel Cells,2018,18(4):433-440.

[19] 于江,邱亮,岳东东,等. 燃料电池空气供应系统选型与仿真[J]. 时代汽车,2021(18):91-95.

[20] DEGLIUOMINI L N,BISET S,DOMÍNGUEZ J M,et al. Control orien-

ted dynamic rigorous model of a fuel processor system and fuel cell stack[J]. Computer Aided Chemical Engineering,2009,27:609-614.

[21] PUKRUSHPAN J T,PENG H,STEFANOPOULOU A G. Control-oriented modeling and analysis for automotive fuel cell systems[J]. Journal of Dynamic Systems, Measurement, and Control, 2004, 126 (1): 14-25.

[22] GUZZELLA L. Book reviews[J]. International Journal of Robust and Nonlinear Control,2005,15(12):553-554.

[23] SHEN K Y,PARK S,KIM Y B. Hydrogen utilization enhancement of proton exchange membrane fuel cell with anode recirculation system through a purge strategy[J]. International Journal of Hydrogen Energy,2020,45(33):16773-16786.

[24] STEINBERGER M,GEILING J,OECHSNER R,et al. Anode recirculation and purge strategies for PEM fuel cell operation with diluted hydrogen feed gas[J]. Applied Energy,2018,232:572-582.

[25] BAO C,OUYANG M G,YI B. Modeling and control of air stream and hydrogen flow with recirculation in a PEM fuel cell system—I. Control-oriented modeling[J]. International Journal of Hydrogen Energy,2006, 31(13):1879-1896.

[26] HONG L,CHEN J,LIU Z Y,et al. A nonlinear control strategy for fuel delivery in PEM fuel cells considering nitrogen permeation[J]. International Journal of Hydrogen Energy,2017,42(2):1565-1576.

[27] BRUNNER D A,MARCKS S,BAJPAI M,et al. Design and characterization of an electronically controlled variable flow rate ejector for fuel cell applications[J]. International Journal of Hydrogen Energy,2012,37 (5):4457-4466.

[28] BESAGNI G,MEREU R,INZOLI F,et al. Application of an integrated lumped parameter-CFD approach to evaluate the ejector-driven anode recirculation in a PEM fuel cell system[J]. Applied Thermal Engineer-

ing,2017,121:628-651.

[29] PEI P C,REN P,LI Y H,et al. Numerical studies on wide-operating-range ejector based on anodic pressure drop characteristics in proton exchange membrane fuel cell system[J]. Applied Energy,2019,235:729-738.

[30] LI F Q,DU J Y,ZHANG L H,et al. Experimental determination of the water vapor effect on subsonic ejector for proton exchange membrane fuel cell (PEMFC)[J]. International Journal of Hydrogen Energy,2017,42(50):29966-29970.

[31] ZHU Y H,LI Y Z,CAI W J. Control oriented modeling of ejector in anode gas recirculation solid oxygen fuel cell systems[J]. Energy Conversion and Management,2011,52(4):1881-1889.

[32] ZHU Y H,LI Y Z. New theoretical model for convergent nozzle ejector in the proton exchange membrane fuel cell system[J]. Journal of Power Sources,2009,191(2):510-519.

[33] YIN Y,FAN M Z,JIAO K,et al. Numerical investigation of an ejector for anode recirculation in proton exchange membrane fuel cell system[J]. Energy Conversion and Management,2016,126:1106-1117.

[34] BADAMI M,MURA M. Theoretical model with experimental validation of a regenerative blower for hydrogen recirculation in a PEM fuel cell system[J]. Energy Conversion and Management,2010,51(3):553-560.

[35] ZHANG Q Q,FENG J M,WEN J,et al. 3D transient CFD modelling of a scroll-type hydrogen pump used in FCVs[J]. International Journal of Hydrogen Energy,2018,43(41):19231-19241.

[36] ZHANG Q Q,FENG J M,ZHANG Q Q,et al. Performance prediction and evaluation of the scroll-type hydrogen pump for FCVs based on CFD-Taguchi method[J]. International Journal of Hydrogen Energy,2019,44(29):15333-15343.

[37] MIGLIARDINI F,CAPASSO C,CORBO P. Optimization of hydrogen feeding procedure in PEM fuel cell systems for transportation[J]. International Journal of Hydrogen Energy,2014,39(36):21746-21752.

[38] MIGLIARDINI F,DI PALMA T M,GAELE M F,et al. Hydrogen purge and reactant feeding strategies in self-humidified PEM fuel cell systems[J]. International Journal of Hydrogen Energy,2017,42(3):1758-1765.

[39] TOGHYANI S,BANIASADI E,AFSHARI E. Performance analysis and comparative study of an anodic recirculation system based on electrochemical pump in proton exchange membrane fuel cell[J]. International Journal of Hydrogen Energy,2018,43(42):19691-19703.

[40] TOGHYANI S,AFSHARI E,BANIASADI E. A parametric comparison of three fuel recirculation system in the closed loop fuel supply system of PEM fuel cell[J]. International Journal of Hydrogen Energy,2019,44(14):7518-7530.

[41] 宋强,叶山顶,高朋,等.基于小生境多目标粒子群算法的电动汽车传动系统速比动态优化[J].汽车工程,2017,39(10):1167-1175.

[42] DONG Q C,QI H Z,LIU X T,et al. Calibration and optimization of an electric vehicle powertrain system[J]. Journal of the Chinese Institute of Engineers,2018,41(7):1-8.

[43] MUMMADI V C. Steady-state and dynamic performance analysis of PV supplied DC motors fed from intermediate power converter[J]. Solar Energy Materials and Solar Cells,2000,61(4):365-381.

[44] GRIJALVA E R,MARTÍNEZ J M L,FLORES M N,et al. Design and simulation of a powertrain system for a fuel cell extended range electric golf car[J]. Energies,2018,11(7):1766.

[45] CHEN J,HUANG L H,YAN C Z,et al. A dynamic scalable segmented model of PEM fuel cell systems with two-phase water flow[J]. Mathematics and Computers in Simulation,2020,167:48-64.

[46] 刘世闯,孙恒五,王瑞鑫,等. 大功率型氢燃料电池重卡动力系统匹配设计[J]. 汽车工程,2021,43(2):196-203.

[47] 刘子伟. 燃料电池供氢系统建模与控制策略研究[D]. 北京:北京交通大学,2022.

[48] CHOI E J,PARK J Y,KIM M S. Two-phase cooling using HFE-7100 for polymer electrolyte membrane fuel cell application[J]. Applied Thermal Engineering,2019,148:868-877.

[49] LEE J,GUNDU M H,LEE N,et al. Innovative cathode flow-field design for passive air-cooled polymer electrolyte membrane (PEM) fuel cell stacks[J]. International Journal of Hydrogen Energy,2020,45(20):11704-11713.

[50] QIU D K,PENG L E,TANG J Y,et al. Numerical analysis of air-cooled proton exchange membrane fuel cells with various cathode flow channels[J]. Energy,2020,198:117334.

[51] LUO L Z,JIAN Q F,HUANG B,et al. Experimental study on temperature characteristics of an air-cooled proton exchange membrane fuel cell stack[J]. Renewable Energy,2019,143:1067-1078.

[52] SONG K,FAN Z X,HU X,et al. Effect of adding vortex promoter on the performance improvement of active air-cooled proton exchange membrane fuel cells[J]. Energy,2021,223:120104.

[53] DE LAS HERAS A,VIVAS F J,SEGURA F,et al. How the BoP configuration affects the performance in an air-cooled polymer electrolyte fuel cell. Keys to design the best configuration[J]. International Journal of Hydrogen Energy,2016,42(17):12841-12855.

[54] TONG G Y,XU X M,YUAN Q Q,et al. Research on influencing factors of heat transfer enhancement fins in fuel cell cooling channel[J]. Ionics,2021,27:743-757.

[55] ZHANG F,MA Y,ZHU T L,et al. Nonlinear control of air-feed system for proton exchange membrane fuel cell with auxiliary power battery

[J]. Journal of Renewable and Sustainable Energy,2019,11(5):054302.

[56] FLÜCKIGER R,TIEFENAUER A,RUGE M,et al. Thermal analysis and optimization of a portable,edge-air-cooled PEFC stack[J]. Journal of Power Sources,2007,172(1):324-333.

[57] ZHANG G,KANDLIKAR S G. A critical review of cooling techniques in proton exchange membrane fuel cell stacks[J]. International Journal of Hydrogen Energy,2012,37(3):2412-2429.

[58] VASILIEV L L,VASILIEV L L. Heat pipes to increase the efficiency of fuel cells[J]. International Journal of Low-Carbon Technologies,2009,4(2):96-103.

[59] CHEN Q,ZHANG G B,ZHANG X Z,et al. Thermal management of polymer electrolyte membrane fuel cells:a review of cooling methods, material properties, and durability[J]. Applied Energy, 2021, 286:116496.

[60] HAJMOHAMMADI M R,AHMADIAN M,NOURAZAR S S. Introducing highly conductive materials into a fin for heat transfer enhancement[J]. International Journal of Mechanical Sciences,2019,150:420-426.

[61] ORO M V,BAZZO E. Flat heat pipes for potential application in fuel cell cooling[J]. Applied Thermal Engineering,2015,90:848-857.

[62] DARVISHI Y,HASSAN-BEYGI S R,ZARAFSHAN P,et al. Numerical modeling and evaluation of PEM used for fuel cell vehicles[J]. Materials,2021,14(24):7907.

[63] TETUKO A P,SHABANI B,OMRANI R,et al. Study of a thermal bridging approach using heat pipes for simultaneous fuel cell cooling and metal hydride hydrogen discharge rate enhancement[J]. Journal of Power Sources,2018,397:177-188.

[64] LUO L Z,HUANG B,BAI X Y,et al. Temperature uniformity im-

provement of a proton exchange membrane fuel cell stack with ultra-thin vapor chambers[J]. Applied Energy,2020,270(4):115192.

[65] NGUYEN H Q,SHABANI B. Proton exchange membrane fuel cells heat recovery opportunities for combined heating/cooling and power applications[J]. Energy Conversion and Management, 2020, 204:112328.

[66] YU S H,SOHN S,NAM J H,et al. Numerical study to examine the performance of multi-pass serpentine flow-fields for cooling plates in polymer electrolyte membrane fuel cells[J]. Journal of Power Sources, 2009,194(2):697-703.

[67] WEN C Y,LIN Y S,LU C H,et al. Thermal management of a proton exchange membrane fuel cell stack with pyrolytic graphite sheets and fans combined[J]. International Journal of Hydrogen Energy,2011,36 (10):6082-6089.

[68] TOLJ I,PENGA Ž,VUKIČEVIĆ D,et al. Thermal management of edge-cooled 1 kW portable proton exchange membrane fuel cell stack [J]. Applied Energy,2020,257:114038.

[69] ODABAEE M, MANCIN S, HOOMAN K. Metal foam heat exchangers for thermal management of fuel cell systems-An experimental study [J]. Experimental Thermal and Fluid Science, 2013, 51: 214-219.

[70] VAZIFESHENAS Y,SEDIGHI K,SHAKERI M. Open cell metal foam as extended coolant surface-fuel cell application[J]. Fuel Cells,2020,20 (2):108-115.

[71] WEN M Y,HO C Y. Heat-transfer enhancement in fin-and-tube heat exchanger with improved fin design[J]. Applied Thermal Engineering, 2009,29(5-6):1050-1057.

[72] JANG J Y,CHEN C C. Optimization of louvered-fin heat exchanger with variable louver angles[J]. Applied Thermal Engineering,2015,91: 138-150.

[73] GONG C Y,SHEN J,YU Y,et al. A novel radiator structure for enhanced heat transfer used in PEM fuel cell vehicle[J]. International Journal of Heat and Mass Transfer,2020,157:119926.

[74] AFSHARI E,ZIAEI-RAD M,DEHKORDI M M. Numerical investigation on a novel zigzag-shaped flow channel design for cooling plates of PEM fuel cells[J]. Journal of the Energy Institute,2017,90(5):752-763.

[75] RAMEZANIZADEH M,ALHUYI NAZARI M,HOSSEIN AHMADI M,et al. A review on the approaches applied for cooling fuel cells[J]. International Journal of Heat and Mass Transfer,2019,139:517-525.

[76] HAN J,YU S. Ram air compensation analysis of fuel cell vehicle cooling system under driving modes[J]. Applied Thermal Engineering,2018,142:530-542.

[77] CHEN F C,GAO Z,LOUTFY R O,et al. Analysis of optimal heat transfer in a PEM fuel cell cooling plate[J]. Fuel Cells,2003,3(4):181-188.

[78] NAM J H,LEE K J,SOHN S,et al. Multi-pass serpentine flow-fields to enhance under-rib convection in polymer electrolyte membrane fuel cells:design and geometrical characterization[J]. Journal of Power Sources,2008,188(1):14-23.

[79] BAEK S M,YU S H,NAM J H,et al. A numerical study on uniform cooling of large-scale PEMFCs with different coolant flow field designs[J]. Applied Thermal Engineering,2011,31(8-9):1427-1434.

[80] LI S,SUNDÉN B. Numerical study on thermal performance of non-uniform flow channel designs for cooling plates of PEM fuel cells[J]. Numerical Heat Transfer,Part A:Applications,2018,74(1):917-930.

[81] ISLAM M R,SHABANI B,ROSENGARTEN G,et al. The potential of using nanofluids in PEM fuel cell cooling systems:a review[J]. Renewable and Sustainable Energy Reviews,2015,48:523-539.

[82] WONG K V, DE LEON O. Applications of nanofluids: current and future[J]. Advances in Mechanical Engineering, 2010, 2: 519659.

[83] HONG H P, ROY W. Nano materials for efficiently lowering the freezing point of heat transfer nanofluids[J]. Nanoengineering: Fabrication, Properties, Optics, and Devices IV, 2007, 6645: 731660.

[84] SOPIAN K, WAN DAUD W R. Challenges and future developments in proton exchange membrane fuel cells[J]. Renewable Energy, 2006, 31(5): 719-727.

[85] HUANG Z P, JIAN Q F. Cooling efficiency optimization on air-cooling PEMFC stack with thin vapor chambers[J]. Applied Thermal Engineering, 2022, 217: 119238.

[86] KANDLIKAR S G, LU Z. Fundamental research needs in combined water and thermal management within a proton exchange membrane fuel cell stack under normal and cold-start conditions[J]. Journal of Fuel Cell Science and Technology, 2009, 6(4): 044001.

[87] YAN Q G, TOGHIANI H, CAUSEY H. Steady state and dynamic performance of proton exchange membrane fuel cells (PEMFCs) under various operating conditions and load changes[J]. Journal of Power Sources, 2006, 161(1): 492-502.

[88] AHLUWALIA R K, WANG X, KWON J, et al. Performance and cost of automotive fuel cell systems with ultra-low platinum loadings[J]. Journal of Power Sources, 2011, 196(10): 4619-4630.

[89] DAUD W R W, ROSLI R E, MAJLAN E H, et al. PEM fuel cell system control: A review[J]. Renewable Energy, 2017, 113: 620-638.

[90] WENG F B, SU A, HSU C Y. The study of the effect of gas stoichiometric flow rate on the channel flooding and performance in a transparent fuel cell[J]. International Journal of Hydrogen Energy, 2007, 32(6): 666-676.

[91] YOSHIOKA S, YOSHIMURA A, FUKUMOTO H, et al. Development

of a PEFC under low humidified conditions[J]. Journal of Power Sources,2004,144(1):146-151.

[92] MISRAN E,HASSAN N S M,DAUD W R W,et al. Water transport characteristics of a PEM fuel cell at various operating pressures and temperatures[J]. International Journal of Hydrogen Energy,2013,38(22):9401-9408.

[93] LI M,YIN H,DING T W,et al. Air flow rate and pressure control approach for the air supply subsystems in PEMFCs[J]. ISA Transactions,2021,128(A):624-634.

[94] WENG F B,SU A,HSU C Y. The study of the effect of gas stoichiometric flow rate on the channel flooding and performance in a transparent fuel cell[J]. International Journal of Hydrogen Energy,2007,32(6):666-676.

第 4 章
燃料电池发动机的控制原理及智能管理

4.1 燃料电池发动机系统及其控制

燃料电池汽车中,燃料电池发动机是以一个独立的整体出现和存在的。虽然燃料电池的控制系统与整车的控制系统之间存在通信和数据交换,但是一般燃料电池发动机的控制系统是一个独立的控制单元。燃料电池发动机系统在自身的控制系统下独立运行,根据车辆的用电需求,控制和调整燃料电池发动机的输出,为车辆提供稳定、可靠、响应及时的动力。因此,高水平的燃料电池发动机控制系统对燃料电池发动机及燃料电池汽车具有十分重要的意义。同时,现代燃料电池发动机控制系统常常包含智能管理和控制的功能,能够对燃料电池的异常工况进行有效识别和及时处理,并对燃料电池的异常状态进行诊断,给出结论、处理建议和意见。

第 3 章已对燃料电池系统进行了详细的介绍,燃料电池系统通常包括电堆、空气供给子系统、氢气供给子系统、热管理(冷却)子系统、控制子系统五个部分。有时人们也把电能变换及输出控制(如升压器、DC/DC 转换器等)列入燃料电池发动机的子系统,但是大多数情况下所说的燃料电池系统不包含电能变换及输出控制子系统。

图 4-1 所示为燃料电池发动机系统的结构,按照燃料电池发动机的五个组成子系统,可以将燃料电池发动机的控制分解成空气供给子系统(含水管理)控制、氢气供给子系统控制、热管理(冷却)子系统控制、电堆系统控制。燃料电池发动机控制系统结构如图 4-2 所示。

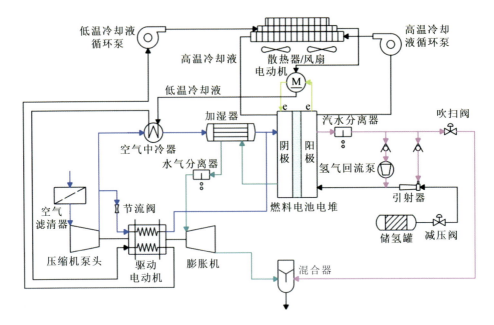

图 4-1 燃料电池发动机系统的结构

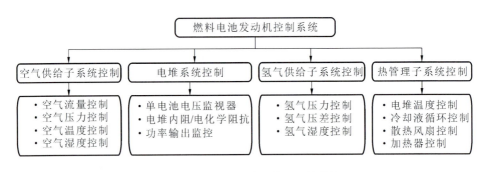

图 4-2 燃料电池发动机控制系统结构

下面将从图 4-2 所示的几个方面详细介绍燃料电池的控制原理、要求及实现的方法。

4.2 燃料电池发动机空气供给子系统的控制

4.2.1 空气供给子系统的控制要求

具有合适温度、流量和湿度的空气供给是实现燃料电池发动机稳定、高效对外输出最为重要的因素之一。因此,空气供给子系统的控制对燃料电池发动机系统的性能及寿命具有重要的影响。

图4-3所示为燃料电池发动机空气供给子系统的详细结构。简单来说,燃料电池发动机空气供给子系统的控制目标包括如下几个方面:①根据按燃料电池系统功率需求设定的空气计量比,为燃料电池电堆提供空气计量比稳定的空气;②根据燃料电池系统设定的湿度,为燃料电池提供符合湿度要求的空气;③根据燃料电池输出(负载)的变化,快速调整空气压缩机的空气输出量;④为防止压缩空气过热对加湿器及电堆的损害,通过中冷器有效控制输出空气的温度;⑤根据燃料电池系统的要求,控制背压阀并及时调整燃料电池电堆的空气压力。

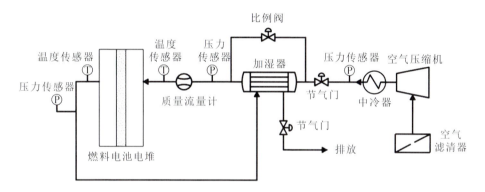

图4-3　燃料电池发动机空气供给子系统详细结构

4.2.2　空气供给子系统的控制实现方法

1. 空气流量控制

空气流量控制是通过控制空气压缩机的输入功率(转速)来实现的,而输入功率(转速)的变化可通过变频器或者空气压缩机自带的驱动控制器来实现。图4-4所示为空气流量控制原理。

控制系统通过对燃料电池电堆输出电流及功率的监测,按照设定好的工作曲线,给变频器或者空气压缩机发送控制信号(电流指令或电压指令),变频器或者空气压缩机控制器及时调整压缩机的输出,从而实现对空气流量的控制。

PEMFC电堆的空气计量比一般在2左右,早期的燃料电池电堆的空气计

图 4-4 空气流量控制原理

量比常常高达 2.6~2.8。近年来，随着电堆设计技术及膜电极技术的进步，空气计量比大幅度降低。

空气供给不足会使得燃料电池阴极侧氧气浓度偏低，进而使燃料电池输出功率降低。也可能会引起阴极生成水不能顺利排出，导致阴极水淹，最后导致燃料电池无法输出的严重问题。

空气供给过度虽然可以提升阴极侧的氧气浓度，但是过量的空气可能会带走太多的水分，导致质子交换膜脱水而失去水平衡，最后也引起燃料电池输出性能的降低。同时，过量的空气会使空气压缩机消耗过多的电能，降低燃料电池系统的整体能量输出效率。

一般在燃料电池低负荷输出时，供给的空气多于燃料电池正常运行时所需的空气。一些燃料电池系统启动时空气计量比可高达 10 左右，但是一旦启动完成，很快会恢复到 2.0 左右的水平，目前高水平的燃料电池电堆的空气计量比可达到 1.8 甚至更低的水平，这对降低燃料电池系统自身的消耗、提高燃料电池的输出效率十分有利。

2. 空气温度控制

车用燃料电池空气压缩机通常采用高转速的离心式空气压缩机，转速高达 90000~120000 r/min，以达到提高压缩机空气输出压力的目的。在压缩过程中，空气分子的压缩会产生大量的热量，导致空气温度急剧升高（通常可升高至 110 ℃以上），过高的温度将会对加湿器和燃料电池电堆造成损害。因此，通常在空气压缩机后端设置一个中冷器对空气进行冷却，中冷器系统包括循环泵、冷却介质和散热器（散热风扇），通过中央控制器对出口空气的温度进行控制。

3. 空气湿度控制

目前，PEMFC 发动机一般都采用膜管式加湿器来对干燥空气进行加湿。某公司生产的燃料电池加湿器及加湿器工作原理如图 4-5 所示。

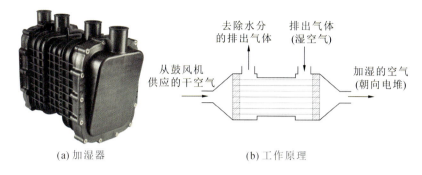

(a) 加湿器　　　　　(b) 工作原理

图 4-5　某公司生产的燃料电池加湿器及加湿器工作原理

加湿器中有一束膜管，这束由特殊高分子材料制作的膜管具有可透水、透热但是不透气(或者透气率很低)的特点，同时其可耐高温、耐高压，可在高温、高压、高湿环境下长久运行。膜管内流过的干燥新鲜空气通过膜管的管壁获得在膜管外流过的湿热空气中的水分(来自燃料电池电堆)，从而实现空气的增湿。

空气湿度控制主要通过所选取的合适的加湿器来实现。一般来说，交换面积越大，热和湿的交换程度越高，干燥空气的加湿程度越高。因此，选取合适的加湿器是实现气体有效增湿的最为有效的措施。

同时，对于一个既定的加湿器，为了提高空气湿度调节的自由度进而实现湿度的精准控制，通常在加湿器上安装一个如图 4-6 所示的旁路，通过对流经旁路和加湿器的气体流量的分配，实现对空气湿度的有效和精准控制。

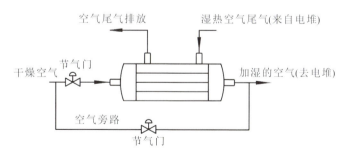

图 4-6　带有空气旁路的加湿器气路

4. 空气压力和压差控制

燃料电池发动机系统中，空气的压力是通过背压阀来控制的，调节背压阀的背压压力,即可实现燃料电池电堆空气一侧压力的控制。对于车用燃料电池发动机,目前的空气压缩机可以给出的压力为 0.1~0.2 MPa,再结合电堆系统的性能需求和耐压能力,目前燃料电池在额定功率下的背压压力通常被控制在 0.1 MPa 左右。

对于车用燃料电池发动机,电堆入口和出口的压差也是非常重要的控制参数。一般设计成功的燃料电池电堆,在额定工作条件下的压差可低于 30 kPa,控制好压差对于保证燃料电池系统的正常运行非常重要。同时,在特定空气流量条件下电堆出、入口的压差也是评估电堆空气流道状态的一个参数。因此,一般均会在电堆入口和出口处设置压力传感器,及时监测电堆的空气压差及其变化。

在实际的燃料电池系统中,流量、压力、温度、湿度的控制比上文描述的要复杂得多,主要原因是上述各物理量以及整个燃料电池系统中的其他物理量往往是相互耦合且非线性相关的,难以对某一个物理量进行精细、独立控制。比如,一般的空气压缩机的输入功率(转速)、输出流量、输出压力是相互关联的,即调整了转速,则输出流量和输出压力会同时发生变化。此外,空气压缩机也有一个正常的工作范围,一般用图 4-7 所示的 Map 图进行标称,在标称范围外工作空气压缩机会有效率低下、喘振甚至损坏的可能。因此,实际的燃料电池空气供给子系统的控制往往都需要经过理论计算与论证、实际测试与标定等过程。

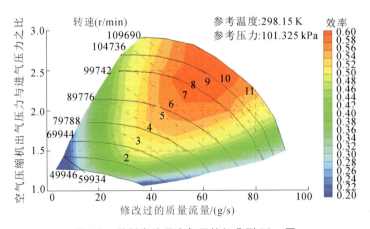

图 4-7　燃料电池用空气压缩机典型 Map 图

4.2.3 空气供给子系统控制的国内外相关研究

在燃料电池发动机各组成部分中,空气供给子系统消耗的功率约占燃料电池系统输出功率的 25%。空气压缩机、运输管路、加湿系统存在时滞性,在实际运行工况负载变化的情况下,容易出现空气供应不足或过量供应,进而导致电堆输出电压波动,电池系统的整体输出功率降低[1,2]。因此,研究者们对燃料电池发动机空气供给子系统的控制开展了大量的研究工作。

1. 空气供给子系统模型建模研究

PEMFC 的工作过程复杂,存在耦合性、滞后性较强等特点,涉及电化学、流体力学、传热学等知识。为使控制系统稳定、可靠,需要整体研究燃料电池系统的具体工作状态、参数,进行燃料电池工作状态的模拟,建立燃料电池空气供给子系统模型。目前,PEMFC 模型主要分为机理模型、经验模型和混合模型[3,4]。

1) 机理模型

PEMFC 空气供给子系统的机理模型是从系统内部机理出发,在合理的假设基础上,根据质量守恒定律及电化学反应原理列写方程,从而推导得到的。经过学者们多年的研究,针对 PEMFC 空气供给子系统机理模型的建立已形成了一套十分成熟的理论体系。Fontalvo 等人[5]从质量传递、热力学以及电化学角度对空气供给子系统机理模型中的参数进行了深入分析,提出了电压损失的主要影响因素为活化、电阻和浓度。研究人员选择膜上的电压和压差作为变量进行控制,对多变量控制策略进行了测试,并分析了其动态响应。Simulink 仿真结果表明,阴、阳两极气体回路之间存在强相互作用,由机理层面出发设计控制器面临着不小的挑战。为避免耦合变量的相互影响,需要先对两个变量关系进行解耦,再分别设计控制器。

2) 经验模型

近年来,运用人工智能方法进行 PEMFC 空气供给子系统建模受到了越来越多研究人员的关注。基于数据建立的经验模型是将燃料电池复杂耦合的系统视为一个整体,不关注内部复杂的反应机理及具体的数学方程,通过大量实测经验输入、输出数据,通过人工智能及海量的数据计算,经过训练拟合得到的。

随着新型神经网络结构的提出,以及硬件计算能力的不断提升,越来越多研究者选择神经网络建立空气供给子系统数据模型。张新义[6]在Simulink实验环境下,针对罗茨式空气压缩机,分别应用径向基函数(radial basis functions,RBF)神经网络和Elman神经网络建立了以空气流量和温度为输入,空气压力为输出的数据模型,结果发现通过RBF神经网络建立的空气压缩机模型拟合误差更小,训练效率提高了60%,更符合PEMFC空气供给子系统控制的实时性要求。

燃料电池空气供给子系统中的空气压缩机通常是非线性强耦合的,针对这个问题,Deng等人[7]将循环神经网络运用在燃料电池空气压缩机建模中,提出了一种具有外源输入的非线性自回归移动平均(NARMAX)模型,这种等效的时变线性模型中的时变参数是通过递归神经网络(RNN)识别的。因此,研究人员建立了以空气压缩机转速为输入,以空气压缩机消耗功率、空气质量流量和空气压力为输出的非线性自回归滑动平均模型。仿真结果表明,气流和压力比的误差接近于零,气流和压力比的均方误差(MSE)分别为 1.5171×10^{-7} 和 6.3767×10^{-5},即模型具有十分高的拟合精度。

经验模型的建立源于大量的数据推理,缺点在于无法反映系统内部具体工作机制,因而无法对某个具体参数对系统的影响进行分析,在对燃料电池系统进行改进优化时,需要再次输入大量的经验数据优化原本得到的模型,难以实现同步优化。同时,因为数据模型的泛化能力差,并且需要采集大量系统运行数据,所以虽然数据模型精度很高,但相对机理模型而言,其应用还不是十分广泛。

3) 混合模型

机理模型能很好地描述系统机理,但是模型参数取值有很大的随意性,模型未能全面描述理论模型参数与实际测量的数值之间的差异;经验模型忽略了内部潜在规律,只注重系统的输入-输出关系。而将机理模型与经验模型相结合得到的半经验模型则很好地结合了两者的优点,也称为混合模型。

参数辨识模型是混合模型中的一种,它是在PEMFC空气供给子系统机理模型的基础上,运用智能优化算法,对未知参数进行寻优,从而建立的系统模型。Zhao等人[8]基于简化三阶系统模型,利用状态空间方程建立了离心式空气压缩机半物理模型,并对离心式空气压缩机的工作特性进行了分析。该模型具有很强的非线性和参数耦合性,其中包含许多难以确定的物理和经验参数。利用内点(IP)优化算法对组成空气供给子系统的超高速离心式空气压缩机进行参数确定,结果表明该混合模型能较好地拟合各种工况下的系统运行曲线。

2. PEMFC 空气供给子系统控制策略

PEMFC 空气供给子系统是一个强滞后、多耦合的多变量非线性系统。目前大部分控制算法的控制对象为氧气过量比(OER)。氧气过量比定义为氧气实际消耗量与氧气反应量的比,过低或过高的氧气过量比都不利于电堆正常运行。但是,单纯的氧气过量比控制并不能完全满足系统的实际需求,在保证系统进气流量的同时,应保证阴、阳极侧的压差不会破坏质子交换膜。适当提高阴极侧压力可以提高催化剂及燃料电池系统的性能,这给空气供给子系统压力与流量的协同控制和解耦控制提出了较高的要求[9]。

除去传统 PID 控制,目前常采用的控制策略主要有模糊控制、预测控制、神经网络控制、非线性控制等[10,11]。

1) 传统 PID 控制

PID 控制器由于具有算法简单易懂的特点,至今仍活跃在很多工业过程控制中。同样,PID 控制器也适用于 PEMFC 空气供给子系统控制。纯 PID 控制主要见于 PEMFC 空气供给子系统控制的早期研究中。目前,PID 控制常常与各种智能优化算法或智能控制策略相结合,从而改善系统的控制效果[12,13]。

Liu 等人[14]结合 150 kW PEMFC 混合动力汽车发动机系统离心式空气压缩机的工作特点,建立了半机械半密闭供气系统模型,将该模型嵌入燃料电池控制系统,并提出了空气供给子系统的复合前馈 PID 控制方法,对离心式空气压缩机进行随发动机占空比变化的动态控制。实时检测电流和气流并向系统控制器反馈信息,经检测,系统的输出与输入完全一致,系统误差始终为 0,复合前馈补偿通道并不影响系统的特征方程,复合前馈补偿通道的引入消除了系统误差,大大提高了系统的精度,且满足了稳定性要求。

基于四阶简化模型,Fan 等人[15]将自适应模糊 PID 用于空气供给子系统控制中,根据氧气过量比及其变化率的大小,通过模糊规则库,在线调整 PID 控制器参数。不同电流扰动下的仿真测试结果表明,相比于其他几种传统 PID 控制,该控制系统能够快速、准确地跟踪氧气过剩率设定值,调节时间更短,并且没有出现超调现象,验证了所提出的控制器的优越性。

2) 模糊控制

模糊控制是建立在模糊集理论、模糊语言变量和模糊逻辑推理基础上的一种控制方法。模糊控制的基本原理框架如图 4-8 所示,其主要由模糊化、模糊推理以及反模糊化三个部分组成[16]。模糊控制算法依靠的不是精确的数学模型,而是设计者建立的输入/输出变量的模糊规则库,从而达到复杂系统控制目的[17]。由于难以对 PEMFC 空气供给子系统构建精确的数学模型且控制复杂,模糊控制非常适合其系统控制。

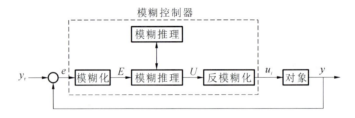

图 4-8 模糊控制基本原理框架

同样基于四阶模型,Baroud 等人[16]设计了一种混合模糊 PID 控制器控制氧气过量比,以防止氧气匮乏和燃料电池电堆损坏。当误差较大时,模糊控制器起主要控制作用;反之,PID 控制器起主要控制作用。模糊控制器决定哪个控制器应该对控制系统发挥最大的作用,该控制器将系统上升时间从 150 ms 降到 60 ms,很适合负载变化频繁的 PEMFC 空气供给子系统。在积分平方误差(ISE)、积分绝对误差(IAE)和积分时间加权绝对误差(ITAE)等关键性能指标以及闭环控制系统的建立等方面,新型混合模糊 PID 控制器的性能明显优于传统 PID 控制器。Ou 等人[18]为了优化 PEMFC 的运行及防止氧气匮乏,通过调节压缩机功率来优化输出功率,采用在线模糊逻辑优化回路,开发了一种前馈 PID 控制器,利用参考前馈输入和误差以及自调节 PID 参数来调节空气流量。传统的线性控制 PID 控制器的参数整定是基于频率响应的,由于燃料电池工作点总是在变化,不适合调节空气流量,难以约束氧气过剩率。而提出的新型前馈 PID 控制器因 PID 控制作用和参考前馈输入具有非线性特性,更适合于复杂多变的燃料电池工作环境。Ou等人对比实验证实,相较于传统PID控制以及单一模糊控制策略,在其所提出的控制方法下,PEMFC系统的动态响应速度更快,超调量更小,能更有效地避免"氧饥饿"现象的发生。

模糊控制鲁棒性好,且不依赖于特别精确的系统模型,但建立高性能、高准确度的模糊规则库则要求设计者具有丰富的设计经验,否则便难以设计出高性能的模糊控制器[19]。

3)预测控制

预测控制算法是以预测模型、滚动优化、反馈校正为基础的一种先进自适应优化控制算法,其基本原理框架如图4-9所示。与传统PID控制相比,预测控制具有能有效地消除实际系统中时变、噪声干扰和模型失配的影响等优点,因此常用于PEMFC空气供给子系统控制器的设计。

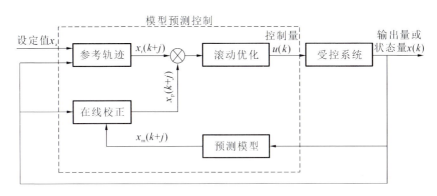

图4-9 预测控制基本原理框架

Wang等人[20]建立了简化的线性非时变PEMFC系统模型,并将不同电流下的最优氧气过量比曲线与最大净功率的控制目标结合,提出了模型预测控制(MPC)算法及PID串联和并联耦合控制算法。仿真结果表明,PID控制下系统存在严重的过冲和振荡,模型预测控制由于能够预测和约束系统状态,具有稳定的控制效果,在并联耦合控制下,PEMFC系统在氧气过量比跟踪、输出功率和输出电压方面具有稳定性好和响应速度快的关键优势。

Yang等人[21]将送风系统的高阶非线性模型线性化,在基于T-S模糊算法建立的模型上,加入了广义预测控制器(FGPC),能将氧气过剩率控制在理想范围内,并能有效抑制负载变化带来的波动。仿真结果表明,该控制策略能准确地控制供气量,通过快速响应提高系统输出性能,从而使得系统能更好地支持车辆负载变化,提高系统净功率和系统能效。在该控制策略下,平均消耗的计算时间为 3.416 ms,在可接受的范围(10 ms)内。

预测控制优点众多,但预测模型需要消耗一定的计算资源。此外,非线性预测控制这一领域的理论还不完善,因此在系统稳定性、鲁棒性分析等方面存在一定的不足。

4) 神经网络控制

神经网络作为控制器,通过训练,能具备良好的自适应学习能力,可大大提高控制器的鲁棒性、实时性,且硬件实现日趋方便[22]。

针对氧气过量比控制,战俊豪等人[23]设计了一种 PID 神经网络控制器,这种控制器具有任意精度的非线性逼近能力,初始参数选取容易,收敛速度快,有较强的鲁棒性,且不依赖被控对象精确的数学模型,用隐含层的三个神经元代替比例积分微分作用,通过训练来保证系统的收敛性和稳定性。仿真结果表明,基于 PID 神经网络的控制器能够准确地使燃料电池跟踪经验值设定的氧气过量比,且误差较小,具有较高的准确性和鲁棒性。Simulink 对比实验验证了所设计的方法具有收敛速度快、超调量小等优点。

和数据模型一样,神经网络控制器对使用者而言是一个"黑箱"。虽然其具有很高的容错性和自适应性,但需要大量实测数据以进行训练[24]。

5) 非线性控制

传统控制算法大都建立在线性化模型的基础上,而线性化模型存在诸多限制。首先,线性化是一种近似算法,因此仅能代表工作点邻域内非线性系统的局部特性;其次,非线性系统的动力学特性远比线性系统复杂,用线性化模型显然无法刻画非线性系统的很多本质特性。而对于 PEMFC 空气供给子系统这种强非线性系统,很多研究者也从其本质出发,设计非线性控制器,以达到更好的控制效果[25]。

在燃料电池建模过程中,参数估计是燃料电池系统建模和控制的关键。然而,非线性参数化是燃料电池模型的固有特性,这使得线性参数化系统的经典参数估计方法无法应用。Xing 等人[26]针对非线性函数中包含未知参数的 PEMFC 系统,提出了一种新的自适应参数估计方法,通过一个只有一个调优参数的 USDE（未知系统动态估计函数）来估计包含未知参数的未知动态。USDE 是通过对系统输入和输出测量值进行简单的滤波运算来构造的，从而满足系统状态导数的要求。

基于一种为提高送风系统快速响应性的 PEMFC 混合动力系统，Zhang 等人[27]研究了一种新型的用于聚合物电解质膜燃料电池的空气供给子系统非线性控制器，提出了一种功率协调策略，将动态变化的负载功率需求分配到 PEMFC 和电池组。研究人员采用降维三阶非线性模型分析送风系统的非线性特性，为提高对氧气过量比的跟踪性能，通过仿射式送风系统模型设计了三步非线性控制器，包括稳态控制、基于参考变分的前馈控制和误差反馈控制三部分。他们通过仿真测试比较验证了功率协调策略和控制器的有效性，结果表明，对于无辅助电池的 PEMFC 系统，所提方法的性能优于传统 PID 控制器和三步控制器，在混合系统中，PEMFC 的电流和电压曲线更加平滑。

非线性控制器是从系统本质出发设计的，能够解决线性控制器无法解决的很多问题，但缺点在于其理论分析复杂，对数学要求很高，并且还没有形成一套系统、全面的设计理论。

4.3　燃料电池发动机电堆系统的控制

严格来说，对燃料电池发动机的控制就是对燃料电池电堆的控制，通过对燃料电池电堆的温度、压力、原料供给、水平衡的控制实现电堆的高效和稳定工作。本节主要介绍燃料电池单电池及与整堆监测相关的问题。

燃料电池电堆由许多个（最多可达数百个）单电池通过共用极板（双极板）串联而成，反应气体及冷却液均匀地分布在数百个单电池中。在理想状态下，各个单电池性能完全一致，监控电堆的整体性能即可推算出各个单电池的性能，但在实际的电堆中实现这一点极其困难，这是因为：受膜电极的一致性、极板的设计和加工精度、密封材料的高度均匀性和一致性等系统固有因素的限制，以及运行过程中的局部传质传热状态、局部水淹等运行因素的影响，单电池输出存在不均衡性。上述因素引起的单电池输出不均衡情况在输出电流密度高、氢气和空气供应不足等条件下会加剧，严重时会导致膜电极反极甚至烧毁等严重的后果。因此,为了保证电堆的正常运行,通常的做法是对燃料电池系统的各单电池进行监测,最常见的监测方式是监测各个单电池的电压,更为先进的方式是在此基础上进一步监测各个单电池的内阻或阻抗谱。

对各个单电池进行电压巡检的单元一般以独立模块 CVM(电池电压检测器)的形式出现。CVM 的基本工作原理较为简单,即依次将各个待测的单电池(或两个甚至多个串联的电池)的两极接入待测系统,测量其电压。由于扫描需要快速进行,且一个燃料电池电堆中各单电池之间的压差可能达几百伏特,各电极的接入一般采用光耦开关,便于快速切换。

对于 CVM 系统,关键问题在于如何把各个单电池的极板接入测量电子电路。当前主流的燃料电池极板材料是石墨或金属,虽然在极板设计阶段可以在其上面预留一些孔槽结构以便于 CVM 接线,但最终还是得依靠物理接触实现极板与检测电路的连通,这就带来了两个难题。第一个难题是便捷性,一个电堆往往有几百片电极,即有几百个接触点,逐个接入较为烦琐,连线时容易混淆而出错,拆卸检修维护也较为麻烦;第二个难题是可靠性,如果接触点未通过焊接或粘接方式固定,则其在实际运行工况条件下长期受振动、水汽等影响很容易变得松动而导致接触不良。为解决上述问题,广大工程技术人员做了各种尝试,提出了一系列可行的解决方案,图 4-10 所示是笔者设计的一种燃料电池巡检单元及巡检结果。本设计将镀金弹性顶针与极板上预留的孔对接,具有较高的便利性和可靠性。

以 CVM 的形式对各个单电池进行电压巡检是较为传统的单电池监测手段,其在电堆运行异常诊断和电堆保护方面非常有效。近年来,另外一种监测技术——电池内阻(或阻抗谱)监测技术越来越得到学术界和产业界的重视。燃料电池膜电极的质子传导能力以及电化学活性对整个电堆的性能具有决定性的影响,因此对其进行监测及智能调节是提升燃料电池性能和耐久性的重要手段,这一手段在反复启停与变载、低温存储与冷启动等情况下尤为重要。以冷启动过程为例,停机后膜电极内含水量一般较高,必须对膜电极进行吹扫以避免结冰,但也不能吹扫过度而影响下一次启动。对电堆进行内阻监测是一个较为有效的方式,将内阻作为判断是否达到吹扫终点的依据。

燃料电池电堆阻抗监测有多种方式,最简单的方式是在电堆两极施加一个

第4章 燃料电池发动机的控制原理及智能管理

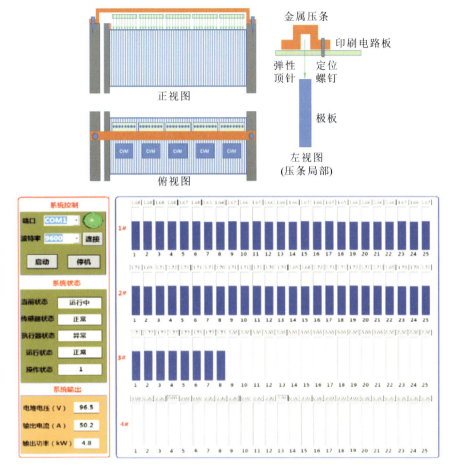

图 4-10 燃料电池巡检单元及巡检结果图示

交流电流激励,然后通过锁相的方式检测电堆两极上对应的电压响应,最后计算出阻抗值。这种检测方式对应的硬件电路较为简单,成本低,检测精度也较高,但要求检测时电堆必须与负载断开,否则测得的阻抗可能会有很大的偏差,因为所测得的阻抗实际上是电堆与负载并联后的内阻。为了解决这一问题,另外一种方式应运而生。由于燃料电池的电力输出后级一般都会接DC/DC转换器进行升降压,因此可以在DC/DC转换器内通过一定调制手段让电堆对外输出的电流中包含特定成分的正弦波或三角波,通过检测电压与电流特定的交流成分即可计算出电堆的内阻。通过这种方式可以在电堆正常运行过程中对电堆的阻抗甚至阻抗谱进行监测,并进一步识别膜电极的状态,从而进行相应的调控。这种方式的缺点是DC/DC转换器的复杂度会相应增加,进而增加成本。

4.4 燃料电池发动机氢气供给子系统的控制

由于涉及氢气使用的安全性,氢气供给子系统与空气供给子系统有较大差异,氢气供给子系统包括储氢罐、减压阀、止回阀、氢气循环泵、吹扫阀等大量部件。

4.4.1 氢气供给子系统的控制要求及控制实现方式

图4-11所示为标准的氢气供给子系统框架。在燃料电池发动机中,氢气供给子系统的控制需要达到如下要求。

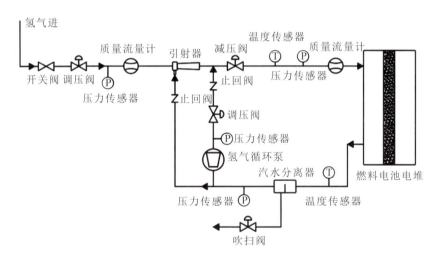

图4-11 标准的氢气供给子系统框架

1. 氢气供给量的控制

根据负载的变化,及时通过质量流量计控制流量,保证氢气的足量供给,维持燃料电池发动机输出和系统压力的稳定。

需要说明的是,许多公司实际使用的氢气供给子系统比图4-11所示的系统要简单得多,一种常见的做法是不使用质量流量计来给系统提供氢气,而是使用比例阀来给电堆提供稳定的氢气供应,同时,保持氢气压力的稳定,这种做法可以降低氢气供给子系统的成本。

2. 氢气循环量的控制

氢气分子在阳极氧化生成质子，需要与水分子结合形成水合离子才能实现从阳极到阴极的迁移，因此，使阳极保持一定的湿度非常必要。同时，随着阳极氧化的进行，燃料电池质子交换膜的厚度不断减薄，从阴极扩散到阳极的水越来越多，而过多的水会导致阳极水淹，因此，实现阳极的水管理也非常重要。目前的水管理措施主要是在阳极加上氢气循环泵（或者氢气引流喷射泵），借助氢气的循环，实现氢气的加湿和带出多余的水分，从而实现阳极的水平衡。

3. 氢气压力及阳极与阴极压差的控制

氢气压力的控制对保证燃料电池发动机系统的稳定输出具有重要意义。在目前的氢气供给子系统中，压力的控制和稳定主要是通过调整氢气供给的比例阀或者喷射泵来实现的。

出于成本方面的考量，一些燃料电池发动机的氢气供给子系统中并未设置质量流量计，而是在前端设置了截止阀和稳压阀，给系统提供压力稳定的氢气，并未计量氢气的流量。其合理性在于，对氢气供给子系统而言，除了极少量的排放外，其他的氢气均在阳极发生了反应，控制氢气的压力和排放的量，就可实现氢气的稳定供给。

随着燃料电池使用的质子交换膜的厚度不断变薄，氢气透过质子交换膜向阴极渗透也是需要关注的问题。氢气渗透会降低氢气的发电效率，甚至会引起安全问题。在实际工作中，一般通过控制阳极与阴极的压差来控制氢气渗透情况。

4. 氢气的排放控制

理论上，若供应给燃料电池电堆阳极一侧的氢气的纯度可达到100%，则在启动电堆以前完成阳极侧空气（或者氮气）的置换后，氢气是无须排放的。所有氢气都会参与阳极反应而被消耗掉。同时阳极侧多余的水分可以通过氢气循环路上的分水器分出。然而，在实际的燃料电池发动机系统中，氢气的利用率都达不到100%，目前追求的利用率一般为95%~96%，也就是说，有4%~5%的氢气被排放掉了。如何提升氢气的利用率是未来燃料电池领域一个十分重要的研究课题。

排放少量氢气是基于如下考虑：目前使用的氢气的纯度大多为99.5%~

99.9%,随着氢气的消耗,其他非氢成分(主要成分为氮)的浓度会越来越高,累积在阳极侧。同时,对于使用空气的燃料电池系统,阴极侧的氧气和氮气也会透过质子交换膜渗透到阳极一侧,通常氧气会与氢气反应生成水,而氮气则会累积在阳极一侧,两种累积的结果是降低阳极侧的氢气浓度,影响燃料电池的输出。在选择性地移除氢气中的非氢气体成分尚未实现之前,只能通过排放少量氢气的方法来使阳极侧非氢气体成分的浓度维持在一个较低的水平。

目前采用的排氢的方法主要是脉冲排放方法,通过控制排放脉冲的间隔和排放时间来保持阳极氢气的浓度和控制杂质气体的浓度,这些参数均需要通过理论计算、仿真或者实际运行测试的方法确定。一般来说,排放脉冲的间隔时间和排放的时间需要针对具体发动机来确定。例如,目前许多发动机系统采用每隔一段时间打开阀门 $0.1\sim0.3\ s$ 的短脉冲排放方式,同时排出分水器中的水和少量氢气。

控制氢气的排放非常重要,目前一般是通过电磁阀来实现氢气的排放,为了有效控制氢气的排放量,常常在排放口加上一个毛细管。

5. 氢气侧的水管理控制

燃料电池膜电极所使用的质子交换膜的厚度越来越薄,阴极生成的水会大量渗透到阳极一侧,因此,阳极的水管理已提上日程,目前多采用氢气循环泵加上汽水分离器来实现阳极侧的水管理。从控制的角度来讲,主要通过控制氢气循环泵的转速来实现对阳极侧的水管理,以保证阴极渗透过来的水能够被及时排除。

6. 氢气的安全控制

氢气是易燃易爆气体,因此,安全是非常重要的事项。氢气供给子系统中氢气的安全主要通过如下几个控制点来实现。

(1) 氢气供给子系统的前端(储氢罐出口部位)设置自动截止阀,燃料电池发动机(或者氢气供给子系统)出现任何问题,自动截止阀都会立即关闭,以避免大量氢气逸出引起问题。这个阀门由控制系统控制和智能管理。

(2) 止回/阻火阀。此阀门可防止氢气倒流,防止外部氢气着火爆炸引起储氢罐的爆炸和着火。此阀门独立运行,无须控制系统管理。

(3) 泄压/安全阀。此阀门的设置是为了保障氢气供给子系统以及燃料电池发动机系统的安全,当氢气供给子系统压力超过设定压力时,此阀门自动打开泄压。一般此阀门也无须控制,安全压力一旦设定,也不可轻易更改。

4.4.2 氢气供给子系统控制的研究进展

对于氢气供给子系统的控制,国内外研究者开展了很多研究工作,研究工作主要集中在如何通过先进的控制技术提升氢气的利用率及如何实现阳极侧的高效水管理方面。研究的手段主要是建模和仿真,以及对实际燃料电池系统进行验证性研究。

Kocha[28]、Baik[29]、Bandodkar[30]、Karimaki[31]等人研究了 PEMFC 中气体(包括氢气、氧气及氮气)的跨膜渗透现象,以及这些气体的渗透对燃料电池性能的影响。Kocha 等人在建立 PEMFC 的气体跨膜渗透模型的基础上,采用原位电化学实验方法分别研究了氢气、氧气和氮气的跨膜渗透速率。Baik、Bandodkar 等人进一步发现压力及压差、相对湿度、电流密度对气体的跨膜渗透速率具有明显的影响。

在此基础上,一些研究者研究了氢气中的氮气含量对电堆输出性能的影响,以及氮气浓度对电堆输出电压及氢气利用率的影响[32]。

此外,氢气供给子系统控制研究的重要研究方向还有阳极的净化吹扫策略及水管理控制。实际上,净化吹扫策略与氢气利用率具有直接的联系。这些研究结果证明:带有氢气循环功能的阳极脉冲排放净化模式是最佳的同时实现阳极水管理和阳极净化的模式。但是,如何优化控制,实现最佳的水管理和最高的氢气利用率一直是本领域的重要研究课题,有研究者[33]采用电压衰减阈值控制的方式,可实现在稳定输出状态下氢气利用率大于 99% 的结果。

浙江大学刘志洋博士、陈剑教授等人[34,35]在燃料电池系统的氢气供给子系统控制方面取得了较好的研究成果,为了进一步提高系统的氢气利用率,同时保证电堆的耐久性,提出了一种适用于动态工况的基于阳极气体中氮气浓度的阳极净化吹扫策略,根据氮气浓度的实时数据确定阳极吹扫(脉冲排放)的间隔时间,在此基础上,建立了吹扫过程中阳极氢浓度的动态模型,并通过仿真分析,确定了合理的吹扫持续时间。在动态电流负载条件下,按照他们提出的净化吹扫策略,氢气利用率可高达 99.2%。同时,通过控制阳极气体中氮含量的方法,可以大大延长排放的间隔时间,减少净化吹扫的次数,电流密度为 0.4 A/cm² 时的两次净化吹扫间隔时间可延长至 520 s,即使在电流密度为 0.84 A/cm² 的高负载条件下,两次净化吹扫的间隔时间也可延长至 350 s。由于使用了氢气循环泵和合理的转速控制策略,净化排放间隔期间电堆的平均单片电压表现平稳,没有发生水淹现象。

4.5 燃料电池发动机热管理子系统的控制

图 4-12 为燃料电池热管理(冷却)子系统的框架,燃料电池热管理在燃料电池发动机管理中具有重要地位,热管理的好坏直接影响燃料电池发动机的性能及其安全,因此,热管理子系统的控制是燃料电池发动机控制中非常重要的一个环节。

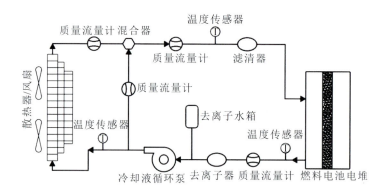

图 4-12 燃料电池热管理子系统框架

值得指出的是:目前大多数公司使用的热管理子系统普遍采用节温器来代替图 4-12 中的两个质量流量计,这可以有效降低系统的成本。另外,图中的去离子水箱也叫膨胀水箱,除了可以给热管理系统补充冷却液外,还可在冷却液受热膨胀时,移除多余的冷却液。

4.5.1 热管理子系统的控制要求及控制实现方式

燃料电池发动机中,需要进行热管理的部件包括电堆和空气压缩机,具体包括电堆温度的控制、空气压缩机温度的控制、冷却液导电率的控制、冷却液流量的控制。

1. 电堆温度的控制

(1) 热量的移除。燃料电池运行时会产生一定量的热量,这些热量的及时、有效移除对于保持燃料电池电堆的恒温和稳定运行具有十分重要的意义,电堆温度的控制对于提高膜电极的活性,维持膜电极的水平衡都至关重要。通常电堆进口和出口的温度可通过调节散热风扇的转速来实现;电堆进口与出口的温差可通过调节冷却液循环泵的转速来实现。

(2) 热量的补充及保持。燃料电池发动机低温启动时,常常需要补充热量及保持热量,以达到使燃料电池发动机快速启动的目的。补充热量的方法有很多种,本节仅介绍通过冷却液补充热量的方法,通常是在冷却液回路上安装一个加热支路,如图 4-13 所示。需要给燃料电池系统补充热量时,使冷却液通过加热支路,且不通过散热支路,这主要是通过控制支路阀门的开关来实现的。

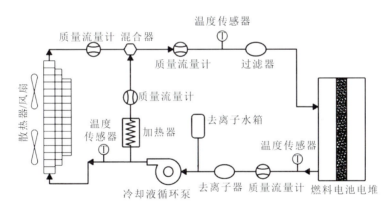

图 4-13 带有冷却液加热支路的燃料电池热管理子系统

2. 空气压缩机温度的控制

空气压缩机工作时,会产生大量的热量,通常需要设置一个独立的冷却回路为空气压缩机进行冷却,燃料电池系统的散热器可以共用。

在温度控制方面,主要是对温度进行检测,通过温度来调节冷却液流量和散热量。

3. 冷却液电导率的控制

燃料电池系统要求极板之间高度绝缘,于是对冷却液电导率的要求很高。因此,冷却液回路上通常设置电导率计,对冷却液的电导率进行监测,一旦超过设定值,将引发报警及自动停机。

4. 冷却液流量的控制

为了达到燃料电池系统的精准热管理,热管理子系统中设置了多个质量流量计,通过这些质量流量计对冷却液的流量进行精准控制,可以达到对系统温度的精准控制。

然而,大量设置质量流量计会增加系统的成本,同时,会增加控制的难度。因此,一些公司的产品上设置的质量流量计较少,只需开环调节循环泵的转速即可。但对冷却液的实际流动状态进行实时监测至关重要,因为电堆温度的实时获得以及与温度相关的保护措施和调控策略都依赖于冷却液的正常流动,所以一般燃料电池系统必定会有对冷却液流动状态进行监测的传感器。常用的方式是用液体流量传感器直接监测,或者通过压力传感器间接监测。

4.5.2 热管理子系统控制的研究进展

国内外研究者在燃料电池系统热管理方面开展了大量的研究工作[10,36-52],这些工作的总体目标是保持电堆温度的稳定,减少电堆温度的波动,以维持电堆的良好和稳定的输出性能。在车用燃料电池系统中,冷却压缩空气的中冷器也会排放一定的热量,因此,也有研究涉及这一部分的热管理问题。主要的研究方法为建模仿真,通过对冷却水泵和散热风扇的协调控制来实现对燃料电池电堆温度的精准控制。

燃料电池在工作时会产生大量的热量,这些热量需要通过冷却液带出,为了维持电堆的输出稳定,通常燃料电池电堆的进出口温差不超过 10 ℃,常常用电堆出口的冷却液温度代表电堆的温度。电堆内部的温度分布以及均匀性问题其实是更为重要的问题,但是目前的热管理研究基本不涉及这个领域,相关研究工作主要由极板设计的工作人员来完成。

4.6 燃料电池发动机控制器硬件

4.6.1 控制器整体系统

正如前文所述,一辆车中的整车控制器(VCU)一般是将燃料电池发动机作为一个独立整体来进行控制的,因此燃料电池发动机的控制器也是一个独立单元。燃料电池发动机系统除了电堆系统、氢气供给子系统、空气供给子系统、热管理子系统外,还包括车载氢气瓶、低压DC/DC转换器、高压DC/DC转换器、启动电池等,燃料电池发动机控制器(FCU)必须对上述各组件进行协同才能发挥发动机的功能。典型的燃料电池发动机控制系统如图4-14所示。

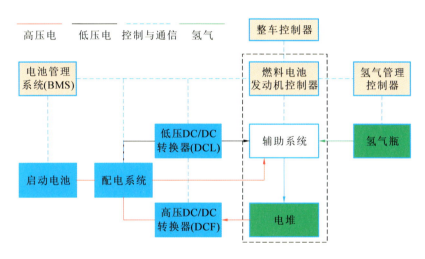

图4-14 典型燃料电池发动机控制系统框图

图4-14中黑色虚线框内为一个典型的燃料电池系统,其一般作为一个独立的整体存在。其中,燃料电池主控制器既是燃料电池系统的控制核心,又是燃料电池发动机的控制核心。在燃料电池系统内,FCU负责整个系统内各辅助子系统的控制以及独立传感器与执行器的控制。辅助系统包括氢气控制子系统(包括压力控制系统、循环泵、喷射泵等)、空气控制子系统(包括空气压缩机、背压阀、调节阀等)、冷却子系统(包括循环泵、散热风扇、加热器等)。上述各子系统内部一般有独立的控制器,通过FCU与各控制单元的通信即可实现对各

子系统的控制。

氢气供给子系统一般也是作为一个独立的单元存在的,其有独立的氢气管理控制器(HMS),FCU通过与HMS的通信实现氢气供应相关操作。DC/DC转换器有多种形式,可以是由两个或多个独立的DC/DC转换器组成,也可以是单个DC/DC转换器集成多路升压/降压输出,甚至还可以将辅助系统中的空气压缩机控制器等结合在一起。分立的模块一般可以自由安装在车身上各种位置,高度集成的模块可直接安装在燃料电池系统上,这样可较大幅度提升系统的紧凑度。图4-15所示为国内某公司研制的集成式电力控制单元(PCU),其内部集成低压DC/DC转换器、高压DC/DC转换器、空气压缩机驱动控制单元、高压配电单元(PDU)、内阻监测模块(EIS)。

图4-15 国内某公司研制的PCU

4.6.2 控制器硬件设计

燃料电池发动机控制器与传统汽车控制器没有本质的区别,所以在整体架构、关键芯片与器件、外壳与接线形式、开发方式、遵循的标准等多方面与传统汽车的控制器有极高的共性。图4-16为一个典型的FCU硬件系统功能模块框图,其主要由如下部分组成:电源管理(PM)、微处理器(MCU)、通信接口(COM)、数据存储单元(DS)、数字信号采集(DI)、模拟信号采集(AI)、数字信号输出(DO)、模拟信号输出(AO)、驱动控制输出(DRV)等。

1. 电源管理

传统汽车控制器的额定工作电压有12 V和24 V两种版本,分别针对汽油机和柴油机,主要是为了与车上所配备的电池输出电压范围相匹配。实际的控制器一般都有较宽的可工作电压范围,如12 V版本可正常工作的电压范围为6.5～16 V,24 V版本可正常工作的电压范围甚至为9～32 V,这主要得益于内部的电源管理模块。

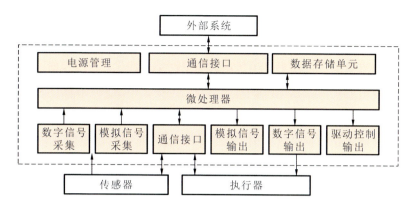

图 4-16　燃料电池发动机控制器硬件系统功能模块框图

电源管理模块的第一个作用是对输入供电进行各种处理,具体包括防反接保护、过压保护、过流保护、瞬时脉冲的过滤与吸收等,确保 FCU 内部电路不会因供电质量差性能受到影响或因错误接线而导致损坏。电源管理模块的第二个作用是将输入电压转换成内部电路所需要的各种电压,如 MCU 运行所需的 3.3 V 电压、数字器件所需要的 5 V 电压、模拟器件所需要的 12 V 电压、外部系统所需的 24 V 电压等。电源管理模块的设计对整个控制器的稳定可靠有着极为重要的影响,实际的控制器出现的许多异常最终都与电源管理模块有关。

2. 微处理器

微处理器是 FCU 的核心,稳定可靠且功能强大的车规级微处理器一直是汽车电子领域各厂商角逐的焦点。在这一领域,恩智浦(NXP)、飞思卡尔(Freescale)、英飞凌(Infineon)、瑞萨(Renesas)、意法半导体(ST)等国外厂商占有绝对主导地位。如飞思卡尔的基于 PowerPC 架构的处理器,无论是早期的 MC 系列还是后来的 MPC 系列,在国内外都有非常广泛的应用。

近年来,越来越多国内芯片厂商开始进军汽车电子领域,如合肥杰发科技有限公司推出国内首颗 32 位车规级 MCU——AC781x 芯片。该芯片符合 AEC-Q100 标准,功能与性能虽然与国际一流水平尚有差距,但作为 FCU 的控制器芯片已经足够。

3. 通信接口

一个燃料电池发动机系统中必然存在多个独立的传感器、执行器或子系统部件,通过通信网络总线将各个部件与FCU互连是提高系统自由度和灵敏性、降低连线复杂性的有效方法。CAN(controller area network,控制器局域网络)总线是当今汽车电子中使用最为普遍的通信网络总线。1986年,德国电气商博世公司开发出面向汽车的CAN通信协议,此后CAN通过ISO 11898及ISO 11519进行了标准化,是汽车电子行业标准化的串行通信协议。对于汽车相关领域的传感器或执行器,CAN是其首选通信网络总线。燃料电池辅助系统中的空气压缩机、氢气循环泵、循环水泵、部分传感器以及外围的DC/DC转换器、HMS等普遍采用CAN总线。

CAN总线由CAN-H和CAN-L两根线组成,各节点直接挂在总线上并确保波特率与总线一致即可通信,如图4-17(a)所示。CAN总线理论上可以挂一百多个节点,但由于数据量和总线负载率的限制,实际上没有这么多节点。CAN总线是差分串行总线,用两根线的电平差值来表示显性和隐性特性,其逻辑电平如图4-17(b)所示。图4-17(c)是用示波器捕捉到的CAN总线波形,上面一行中的单个尖峰为一帧数据,下面一行左侧为单帧数据局部波形。CAN总线有非常严密的总线仲裁校验等机制,可以确保多个节点间的双向通信,并且具有非常高的可靠性和实时性。

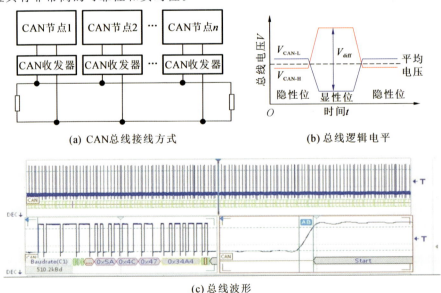

图4-17 CAN总线接线方式、总线逻辑电平、总线波形示意图

考虑到系统中各个节点通信波特率、数据量、通信实时性、数据属性等的差异以及线束制作方便性，一个 FCU 一般至少有两路 CAN 总线，部分 FCU 有三路、四路甚至更多路 CAN 总线。图 4-18 所示为燃料电池发动机控制器典型 CAN 通信网络。本系统中 FCU 一共有四路 CAN，其中：CAN1 用于燃料电池系统内相关传感器与执行器的连接；CAN2 用于 FCU 与各个 CVM 的通信，因为 CVM 数据量相对较大，所以采用一个独立的网络；CAN3 用于与外围的子系统通信；CAN4 专门用于调试、标定、程序更新等。

CAN 总线在从诞生起至今的几十年时间内是在不断发展的，如早期的 CAN2.0A 只支持 11 位标识符，后来的 CAN2.0B 可支持 29 位标识符，两者只要波特率相同，便可共存于同一网络。又如，当高优先级的数据帧持续占用总线时，低优先级的数据帧可能长时间难以得到响应，所以时间触发 CAN 总线（TT-CAN）得以发展。再如，总线的理论通信速度上限为 1 Mbps，且都是最多 8 B 的短数据帧，所以可变数据长度和波特率的 CAN-FD 总线得以发展，不过 CAN-FD 总线无法与传统 CAN 总线共存于同一网络。

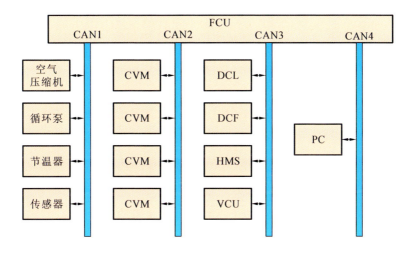

图 4-18　燃料电池发动机控制器典型 CAN 通信网络

4．数据存储单元

燃料电池运行过程中会产生大量数据，如运行过程中出现的故障与异常相关信息、运行过程的历史状态参数等。这些信息一般会被保存在 FCU 内，以便于后续查询与诊断。保存在 FCU 中的数据一般分为两类，一类是掉电会丢失的数据,一般存储在控制器的 RAM(随机存取存储器)内;另外一类是掉电不会丢失的数据,一般存储于 EEPROM(带电可擦可编程只读存储器)中或其他专用非易失性存储芯片内。

5. 数字/模拟信号采集

FCU 一般有多路数字输入(DI)信号通道用来对外部输入的开关类或脉冲类信号进行采集,DI 通道的优势是抗干扰性能比模拟输入(AI)通道好。如主流的空气质量流量传感器输出为脉冲,有些散热风扇实际转速反馈信号为脉冲或脉宽调制(PWM)信号,FCU 的 DI 通道对输入的脉冲或 PWM 信号进行采集可获取相应流量或转速信息[图 4-19(d)]。再如,部分泵阀的工作状态的反馈信号为高低电压,FCU 的 DI 通道采集该电压时可对相关的泵阀状态进行判断。

FCU 一般也有多路 AI 通道用于采集传感器输出的模拟信号,常规传感器采用模拟信号输出更为直接和简单。AI 通道通常可配置为电压信号[图 4-19(a)]采集、电流信号[图 4-19(b)]采集或电阻信号[图 4-19(c)]采集,其中传感器输出的电压信号包括 0~5 V、0.5~4.5 V 等形式,这一类包括空气压力传感器等;输出电流信号的主要是 4~20 mA 变送器,这一类包括氢气压力传感器等;输出电阻信号的主要是基于热敏电阻的温度传感器,这种温度传感器可靠性高,广泛应用于汽车。

6. 数字/模拟信号输出

FCU 的数字输出(DO)信号通道主要输出 PWM 信号和一些开关信号,其中 PWM 信号主要用于散热风扇、水泵等的调速,DO 信号也可以用于控制开启或使用外围模块和部件的某些功能。开关/脉冲信号见图 4-19(d)。另外,FCU 内主控制器输出的 DO 信号可通过高边驱动(HSD)或低边驱动(LSD)来提高驱动能力,可以简单开关信号或以 PWM 信号直接驱动各种阀门(如比例阀/调节阀)、输出接触器等,如图 4-19(e)、(f)所示。FCU 直接输出模拟电压信号的相对比较少,一般可输出 0~5 V 或 0~10 V 的电压用于速度调节等。

7. 驱动控制输出

FCU 有时需要对一些转动部件进行双向转动控制,此时 H 桥[图 4-19(g)]是比较好的驱动方式,如空气背压阀、管路中的电动球阀等。前文提到的 HSD/LSD 与 PWM 的结合也是驱动控制输出的一种形式。在驱动控制中需要考虑

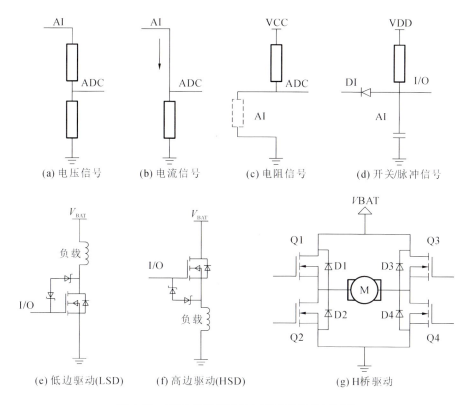

图 4-19　FCU 的数据采集与驱动输出接口图示

负载的电流范围,同时要考虑 FCU 因驱动大电流而导致的散热问题。在实际的 FCU 中,HSD/LSD 以及 H 桥电路一般都用高度集成的专用芯片实现。

8. 线束与接线

FCU 与分布在燃料电池发动机系统各个部位的传感器和执行器一般通过线束相连,线束也是控制器重要的一部分。线束一般固定在燃料电池发动机本体上,在各个待接入线束的部件附近预留抽头,并通过专用端子与各部件相连。因此,线束的设计要综合考虑各部件的安装位置、走线的合理性、接插的便利性等因素。图 4-20 是通过线束将 FCU 与各部件相连接的示意图,本图基本涵盖了燃料电池系统中所涉及的大部分传感器和执行器。

9. 硬件可靠性

实际的 FCU 还有很多基于环境耐受性和可靠性等考虑的各种保护电路与措施,如针对 EMC 的滤波电路、吸收电路、隔离电路,以及保护电路等。燃料电

图 4-20 通过线束连接的 FCU 与各部件示意图

池发动机控制器也属于汽车电子设备的范畴,出于安全性和可靠性方面的考虑,其也应该遵循汽车电子设备相关的规范,如果要符合功能安全规范 ISO 26262,所用元器件也应采用车规级的,最终性能要符合 ISO 16750 标准等。图 4-21 所示为华南理工大学开发的控制器实物、主要参数及各种测试情况,图

项目	参数	项目	
模拟输入 (0~5 V/ 4~20 mA)	10路,传感器	环境性能 实验#	高温存储 低温存储 高温工作 盐雾实验
模拟输入(电阻)	8路,温度测量	力学性能 实验#	机械振动实验 机械冲击实验
堆电压(隔离)	1路(500 V)		
数字输入	4路(5~24 V)		
模拟输出	4路(0~5 V/ 0~10 V/PWM)	电气性能 实验*	直流供电电压 实验 过压实验 电压缓升/降实验 电压瞬态变化 实验
低边驱动	8LSD(3.0 A), 4路可配PWM		
高边驱动	4路HSD(3.0 A), 4路可配PWM		
CAN通信	2路CAN	电磁 兼容性 实验#	传导骚扰(电压法) 辐射骚扰 (ALSE法) 辐射抗干扰 (大电流法) 传导抗干扰
RS-485通信	2路RS-485, Modbus		
电压输出	5 V(在500mA时); 12 V(在500mA时)		
供电	18~32 V		

#第三方测试,*自测

图 4-21 华南理工大学开发的控制器实物(左)、主要参数(中)及各种测试情况(右)

4-22所示为华南理工大学对所开发的控制器进行机械与环境(高低温、盐雾、振动与冲击)可靠性、EMC等测试的现场照片。

图 4-22　机械与环境可靠性测试(左)及 EMC(右)相关测试现场照片

4.7　燃料电池发动机控制器软件

4.7.1　控制器软件总体框架

FCU 的软件与硬件系统是密切相关的,其主要执行三个任务,分别是燃料电池系统状态信息的采集、基于所采集信息进行控制逻辑的判断、控制信号的输出。控制器内软件框架有很多种形式,可以非常简单,也可以非常复杂,但软件框架的规范化和标准化是一种趋势。控制器内软件一般是模块化的且采用分层结构,各层之间的各模块彼此独立也相互关联,方便程序的维护与管理。

图 4-23 所示是笔者设计的控制器内部软件结构框图,本程序一共分为五层。本程序框架中最底层为驱动层,该层与硬件驱动直接相关,负责处理控制器内部的 GPIO(通用输入输出)、PWM(脉冲宽度调制)、ADC(模数转换器)、CAN、FLASH 等。驱动层纯粹为芯片层,与燃料电池系统无关。第二层为协议层,负责 Modbus 总线协议的解析、CAN 总线协议的解析,该层纯粹为协议解析层,与燃料电池系统无关。第三层为服务层,其中 IO 服务模块主要负责按照设定节拍采集输入、输出信号,Modbus 服务模块和 CAN 服务模块主要负责数据通信的映射与处理,PID 服务模块负责与 PID 相关模块的处理工作,Cfg 服务模块负责设置与配置参数的保存及其他相关处理工作。第四层为管理层,本

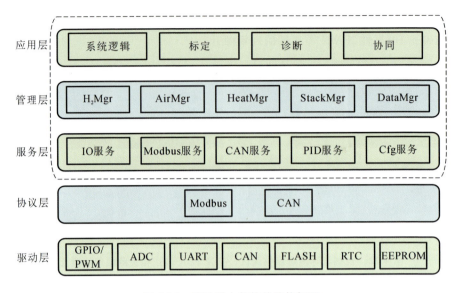

图 4-23 控制器内部软件结构框图

注：UART（通用异步收发器）、RTC（实时实钟）。

层将燃料电池各个子系统分别抽象成一个独立模块予以管理，各子模块负责本模块的完全管理，比如氢气管理模块（H_2Mgr）会根据系统当前的状态（涉及氢气/空气压力、负载电流、输出电压等），按照设定的逻辑和参数调节比例阀或喷射阀等。第五层为应用层，本层主要从系统层面进行相关的管理和处理，如综合分析各个子模块的状态并对第四层进行动态调整。此外，应用层还会处理系统诊断与标定相关工作，以及与外部系统的协同。

虽然 FCU 所采用的微处理器不同，其对应的嵌入式程序开发工具也会有不同，但总体上程序的开发有两种模式，即手写代码模式和基于模型的自动生成代码（MBD）模式。手写代码模式较为传统，其也经历了从汇编语言到 C 语言的演变，当前在较多嵌入式系统中仍然是主流的开发模式。手写代码有一些弊端，第一个弊端是：当程序变大后，维护与修改变得较为困难，比如若因系统变动或需求变动而需要修改原本为他人所写的代码，需要一行一行地查看代码并进行改动，修改起来非常困难。手写代码的第二个弊端是使开发者将过多的精力投入到代码上，不利于其专注解决系统本身的问题，尤其是会将没有基本的编写代码能力的人挡在门外。为克服这些弊端，MBD 模式应运而生，并且在汽车电子与机电等领域蓬勃发展，之后逐渐成为主流的程序开发方式。

第4章 燃料电池发动机的控制原理及智能管理

图 4-24 是两种开发方式对应的开发工程界面对比,图 4-24(a)中所有程序都是基于 C/C++的代码,代码编写完成后通过编译器生成固件程序下载到控制器,整个过程需要电子工程师来进行。采用 MBD 模式[图 4-24(b)]时,只需要在 Simulink/StateFlow 中以图形化的方式进行编辑即可完成编程,此后,Simulink/StateFlow 自动生成代码,然后与手写代码时一样通过编译器生成固件程序下载到控制器。在此种模式下,控制器硬件以及底层驱动往往已由电子工程师搭建好,开发人员可以专注于顶层的算法与逻辑部分的编程,因此该模式比较适用于快速原型验证。自动代码生成只是 MBD 模式中很小的一部分,MBD 模式还包括模型在环测试(MIL)、软件在环测试(SIL)和硬件在环测试(HIL),通常有一系列的工具链。

(a) 手写代码模式

(b) MBD 模式

图 4-24 手写代码模式与 MBD 模式对比

4.7.2 系统控制方式

1. 系统状态采集

控制器获取系统状态信息的物理通道包括 AI 信号通道、DI 信号通道和 CAN 总线,所获取的信息可以是系统中的传感器的输出或执行器的反馈,也可以是来自外部子系统的信息。一般 AI 信号通道是定时读取的,读取的频率取决于所对应物理量的实际变化速度。比如,氢气压力等物理量有可能会在数毫秒内有较大幅度的变化,对应的采样间隔必须足够短(一般为毫秒级或十毫秒级);又如,电堆进出口冷却液的温度等物理量的变化速度要慢得多,对应的采样间隔可以更长(一般为百毫秒级甚至秒级)。实际上,在控制器内部,多个 ADC 通道一般是同步或顺序扫描的,上述采样频率仅仅是指在后端处理器获取信息时的频率。对于 DI 信号通道,如果其传递的信号只是单纯的开关量(如冷却液液位开关信号),则可以与 AI 信号通道一样定时进行查询;如果所传递的信号带有时间信息(如质量流量传感器输出的频率脉冲或 PWM 脉冲),则需要配合微处理器内的定时器或专用模块对信号进行采集。通过 CAN 总线传递的系统状态信息的具体内容完全取决于总线上的报文内容,大部分基于 CAN 总线的传感器或执行器都是主动发送相关信息的,只有少数非核心信息需要被动查询才会对外发送。

2. PID 与闭环控制

燃料电池系统中有较多需要控制的物理量,如氢气进出口的压力、空气进出口的压力、空气质量流量、冷却液的温度,甚至进出口的温差等。在控制领域,虽然有各种算法被提出来,且在特定条件下表现出很好的性能,但 PID 算法依然是成熟度最高、通用性最强、应用面最广的闭环控制算法。PID 控制算法的模型如图 4-25(a)所示,PID 模块按照一定的周期获取待控制量的当前值,并与目标值进行比较得出其差值,然后该差值分别乘比例系数(比例环)、进行积分(积分环)、进行微分(微分环)得到三个值,最后将这三个值相加,将所得结果作为控制输出,对系统进行调节,其数学模型如图 4-25(b)所示。PID 算法按照实现方式分为绝对值式和增量式,前者输出绝对的控制信号(如阀门的绝对开度),后者对当前输出的控制信号进行微调(如阀门开度在当前的基础上增大或

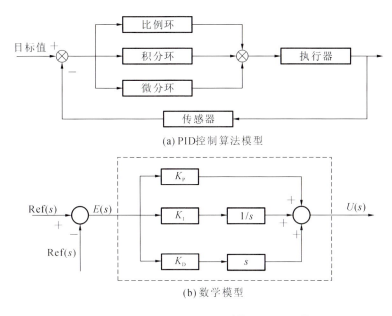

图 4-25　PID 控制算法模型、数学模型和增量式算法表达式

减小)。增量式 PID 算法在工程上的应用更为普遍,图 4-25(c)为其表达式。

图 4-26 为一个典型的 PID 工作过程中相关量的关系,当目标值(SV)发生变化后,系统快速对输出(Out)进行调整,当前值(PV)会发生过冲而超出目标值,此后系统会对输出进行回调,也会对当前值进行回调,如此反复振荡几次,最终当前值和输出值都会趋于稳定,且当前值与目标值基本一致,完成调整过程。PID 数学模型中的 K_P、K_I、K_D 三个参数对上述过程会有很大的影响,如:比例系数过高响应速度会更快,同时也会导致更高的过冲,甚至会导致系统振荡;积分时间越长,系统的稳定性越高,但响应速度会变慢。实际中可根据系统的特征等设置合理的参数。关于 PID 参数的选取既有工程学的方法,也有经验性的技巧,下面的顺口溜可为 PID 参数的调整提供比较有效的参考:参数整定找最佳,从小到大顺序查;先是比例后积分,最后再把微分加;曲线振荡很频繁,比例度盘要放大;曲线漂浮绕大弯,比例度盘往小扳;曲线偏离回复慢,积分时间往下降;曲线波动周期长,积分时间再加长;曲线振荡频率快,先把微分降下

来;动差大来波动慢,微分时间应加长;理想曲线两个波,前高后低四比一;一看二调多分析,调节质量不会低;若要反应增快,可增大 P 值减小 I 值;若要反应减慢,可减小 P 值增大 I 值;如果比例太大,系统会振荡;如果积分太大,系统会迟钝。

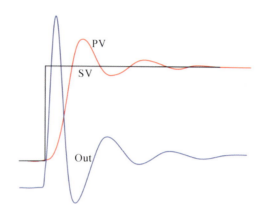

图 4-26　PID 工作过程中目标值、实际值与调整输出关系

具体到一个燃料电池系统,比较适合使用 PID 算法进行控制的量包括氢气的压力、空气的压力、冷却液的温度等。对氢气背压而言,可以选择氢气进堆的入口处的压力,也可以选择出堆的出口处的压力作为控制目标,压力的调节主要靠动态调节比例阀或喷射阀的开度进行,采用脉冲宽度调制方式的高边驱动或低边驱动进行驱动是比较常用的方法。实际的燃料电池系统还需要考虑比例阀前后端的高压差、间歇式脉冲尾排、局部水淹的吹扫、大幅度变载时燃料的及时供应等一系列因素,通过简单的增量式 PID 算法以及一组恒定不变的参数较难获得好的效果,根据实际情况对 PID 模型和参数进行调整是有必要的。图 4-27 所示为笔者采集的一个正常工作的燃料电池系统中氢气的出入口压力、目标压力、比例阀开度、循环泵相对转速随时间变化的曲线(仅使用 PI 控制)。图 4-27 中向下的尖峰为脉冲尾排导致的压力骤降,这一波动对阳极流道内水分的排出是有利的,除尾排阶段外,其余时间压力的波动基本可控制在 2 kPa 以内。

对于空气侧,同样可以选择进堆的入口处的压力,也可以选择出堆的出口处的压力作为控制目标,压力的调节主要靠动态调节背压阀的开度进行,采用脉冲宽度调制方式的高边驱动或低边驱动进行驱动是比较常用的方法。空气

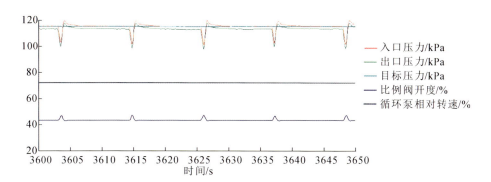

图 4-27　氢气的出入口压力、目标压力、比例阀开度、循环泵相对转速随时间变化的曲线

侧与氢气侧最大的不同在于，空气侧并非像氢气侧一样有稳定的气瓶，而是布置了输出压力、流量相互关联的空气压缩机，且空气压缩机输出的调整速度也会更慢。此外，空气节气门开度调节的分辨率并没有同氢气比例阀的一样高，且节气门可能存在机械迟滞等问题。因此，实际的燃料电池系统还需要考虑与空气压缩机的协同、与阳极情况的匹配等问题。图 4-28 为实际运行的燃料电池系统中 PID 调整背压阀实现空气压力控制过程中的压力、温度等随时间变化的曲线，其压力波动范围基本可控制在 5 kPa 范围内。

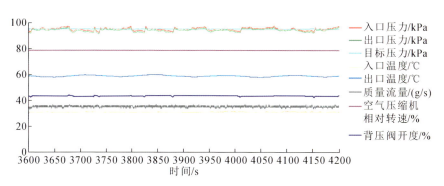

图 4-28　PID 调整背压阀实现空气压力控制过程中的压力、温度等随时间变化的曲线

对于水热系统，除可以通过闭环调节散热风扇转速控制冷却液进堆温度和出堆温度外，还可以进一步通过闭环调节循环水泵的转速实现进出口温差的控制。相对前面阴、阳极压力的控制而言，冷却液温度控制最大的不同在于，这是一个存在较大滞后的系统，即从电堆极板上产生热量到检测到冷却液温度的升高会有数秒甚至几十秒的时间延迟。对于一个稳定运行的系统，该延迟的影响

非常小,但当负载频繁变化时,依然控制稳定的温度就变得很有难度,通过获取电堆输出情况进行一定的正反馈是一种潜在有效的解决办法。另外,需考虑的因素包括散热风扇的非线性,许多散热风扇通过 PWM 进行驱动,但 PWM 占空比低于某一阈值(如 15%)时风扇是不转的。大功率系统中往往配有多个散热风扇,可能各个散热风扇并不以同一转速运行,此时动态调整 PID 参数就变得很有必要。图 4-29 为 PID 调整背压阀实现空气压力控制过程中的温度、转速随时间变化的曲线,其温度波动范围基本可控制在目标值±1 ℃范围内,且出入口的温度差保持恒定。

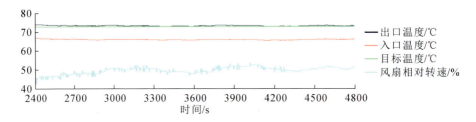

图 4-29　PID 调整背压阀实现空气压力控制过程中的温度、转速随时间变化的曲线

3. 查表与开环控制

前文介绍了温度、压力等的闭环控制方式,但在燃料电池系统中可以采用这种方式进行控制的量很有限,很多时候难以找到相互关联的控制目标值、传感器测得值和可调节执行器,存在目标不明确,或者有多个相互关联的传感器和执行器等问题。此时,闭环控制方式无法实现,取而代之的是通过查表的方式进行开环控制,最典型的例子是随着负载电流的变化,对阴、阳极背压、空气质量流量等进行调节。对于一个燃料电池系统,我们可以根据经验或者实验得到如图 4-30 所示的最佳工作曲线,依据此曲线即可知道在特定负载条件下系统最佳的质量流量、背压以及空气压缩机相对转速。如果将这几条曲线以表格的形式内置到 FCU 中,在系统运行过程中 FCU 可以根据检测到的负载电流动态地调节空气压缩机的转速、目标背压等,并进一步结合上述 PID 调整背压阀实现空气系统背压、流量的控制。一般一个 FCU 的内部会存储多个类似的工作曲线。

上述工作曲线是针对特定条件的,如果考虑电堆当前的温度、当前的空气

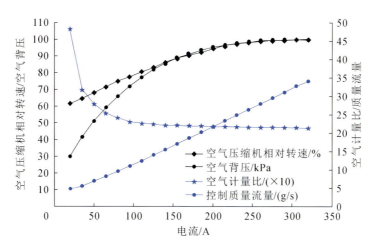

图 4-30 调整散热风扇实现冷却液出口温度控制过程中的转速、流量等随电流变化的曲线

温度、电堆输出的实际电压、各单电池的情况等因素,情况将变得更复杂,因此,该工作曲线并不能直接使用。此时,对相关量进行一定的补偿或修正变得有必要,甚至有时候需要增加因变量,使上述内置于 FCU 中的表格变成二维表格甚至三维表格。

4. 流程逻辑与条件触发逻辑控制

FCU 内一般会有非常多的控制逻辑,这些控制逻辑有些按照一定的流程顺序执行,比如开机流程、停机流程、冷启动流程、变载流程等,有些是在一定条件下被触发而执行,比如针对一些异常情况的管控与处理等。这些控制逻辑加上前文所提的内置表格构成了燃料电池控制系统的核心,也可以统称为燃料电池的控制策略。各相关研究单位和生产厂家都针对系统的特性,依靠运行经验的积累等建立起了各种各样的控制策略。这些控制策略有些用于解决某些单一方面的具体问题,比如防止水淹的策略、冷启动策略;有些用于提高系统整体的性能,比如延长系统寿命、提高系统功率密度等。目前并没有统一的控制逻辑和策略,有些控制逻辑和策略甚至被燃料电池厂家作为核心机密予以保护。

燃料电池控制系统一般会定义若干个系统状态,燃料电池系统的状态在这些预定的状态中迁移和跳转。图 4-31 是一个简易的燃料电池状态迁移图。对应系统中的燃料电池一共有 5 个状态,即待机状态、启动中状态、正常运行状态、断载运行状态、停机中状态。在任意时刻,燃料电池系统只能处于这5个状态中的某一个状态,状态的迁移一般是在一定的条件下,按一定的流程来完成的。

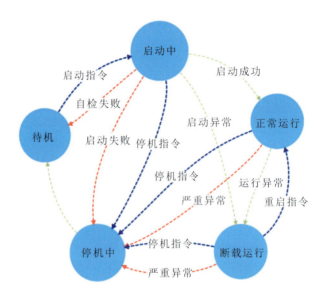

图 4-31 简易的燃料电池状态迁移图

启停流程是燃料电池中最重要的顺序流程,因为正常运行中的燃料电池是一个稳定的系统,各子系统只需要调节和维持相关参数即可,而在启动和停机阶段则分别要建立系统稳定状态和打破这个稳定状态。由于启动过程的起点就是停机状态的终点,停机的策略会直接影响开机的策略。一般停机时会涉及空气压缩机的停止、氢气供应的停止,还涉及停机吹扫、停机后阴阳极氛围的控制(有些系统会消耗阴极空气中所含的氧气)。一般启动过程首先要处理阴阳极的气体氛围,从停机的状态进入开机的状态,然后建立起阴阳极的压力、流量、堆系统的温度等。

4.7.3 系统诊断与智能管控

FCU 内嵌一套多级诊断有机融合的在线诊断系统,各级子系统从不同层面对燃料电池系统进行诊断。FCU 会根据燃料电池系统当前所处的状态,以及诊断系统输出信息采取不同的应对动作,如警告、主动断载、强制停机、调整控制参数等。燃料电池控制器在线诊断系统功能框图如图 4-32 所示。

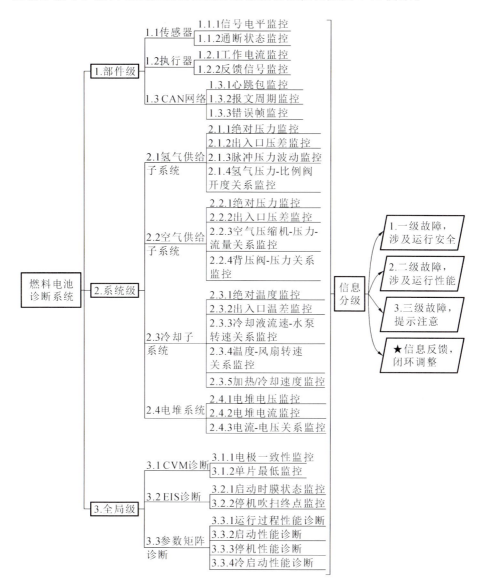

图 4-32　燃料电池控制器在线诊断系统功能框图

注：EIS 为电化学阻抗。

部件级诊断子系统处于最底层，其对接入燃料电池系统的各种传感器和执行器单体进行初级监控，根据传感器输出信号的范围、执行器工作电流的大小、执行器反馈信号的范围,以及CAN网络信号报文的周期、心跳包、标识符等来判断相关传感器和执行器是否处于正常工作状态。本级诊断的实现基于传感器/执行器标称的信号形式、参数指标等,相对较为简单。对于会影响系统安全的关键传感器(如电堆压力传感器、冷却液温度传感器、氢气浓度传感器),其出现异常会导致温度/压力失控,对电堆造成损害,当其出现异常时,系统会强制停机或拒绝启动。

系统级诊断处于中间层,其分别根据氢气供给子系统、空气供给子系统、冷却子系统、电堆系统四个子系统所涉及的多个传感器或执行器对应的参数进行诊断。比如正常工作情况下空气压缩机的转速、背压阀的开度、空气的压力、空气的流量四者之间有相对固定的关系,空气诊断系统会实时分析当前条件下的上述四个参数,并与预设的参数矩阵进行对比,以判断其值是否在正常范围。如果超出正常范围,则进一步判断可能的问题来源。本级诊断功能的实现主要是基于一系列预设的二维或三维数据表格,这些表格在标定过程中形成。

全局级诊断处于最顶层,在本级诊断中,FCU会跨越多个系统,考察多个传感器/执行器部件的当前参数,从全局层面对整个燃料电池系统进行诊断,因此复杂度最高。本级诊断的核心功能是通过当前堆电压、输出电流、空气背压、空气流量、氢气背压、氢气循环泵状态、电堆温度等参数来判断堆当前的工作状况,并根据判断结果做进一步调整。比如,独立电压巡检发现有几片电极输出电压过低,FCU会分析过去一段时间的运行参数(包括空气压缩机转速、背压、流量、电堆温度),判断是否可能存在水淹。如果是,则FCU会进一步尝试采用提高流速或故意制造压力波动的方式来排水。本级诊断难以与前两级诊断一样通过简单逻辑判断或查表来实现,其所采用的方法是在控制系统内建立一个等效模型并基于模型进行控制。模型功能的实现一方面是基于二维或三维数据表格,另一方面是通过理化数学关系实时计算。

4.8 燃料电池控制器辅助系统与工具

4.8.1 人机界面与数据管理

燃料电池发动机的电堆一般有几百片电极,如果系统含有CVM,则要对每一片或几片电极进行独立电压巡检，这样会产生数以百计的数值量。辅助系统一般包含几十个传感器和执行器，每个传感器或执行器往往涉及多个数字量。因此，一个燃料电池系统会涉及成百甚至上千个静态或动态变化的数值量，这些数值量有些是传感器的检测返回值，有些是执行器的控制量，有些是设置的系统参数，还有些是调试的中间变量。控制逻辑完全依靠这些数值量来描述燃料电池系统的运行状态和控制状态，FCU本身是有足够的能力来同步处理这些信息的，但在开发、调试、运行、维护等很多阶段无法避免人工的参与，此时必须有友好的人机界面（HMI）支持人和机器的信息交换。HMI要实现的功能主要包括以数字、表盘、曲线、动画等方式显示系统当前的状态，以输入框、选择框、滑动条等形式提供参数设置的入口，以按钮、命令行等形式提供控制某些执行器的动作的入口。此外，对运行数据的存储与查看也需要通过HMI来实现。

  HMI的实现方式有很多种，最常见的方式是利用运行在PC端的应用程序，通过CAN总线或RS-485总线与FCU进行通信来实现。PC端程序有足够的灵活性，可以实现上述所有功能。各燃料电池研究机构或生产厂家一般会开发自己专用的PC端程序。另外一个较快捷的实现方式是通过组态软件和标准化的通信协议来实现，组态软件本身在处理标准化的数据交换和人机界面方面非常有优势，且组态软件有支持PC端运行的，也有支持嵌入式端运行的。其中，后者可运行在触控屏上，触控屏甚至可以直接搭载到燃料电池系统中，方便现场操控。

  图4-33为笔者利用组态软件编写的PC端监控程序的部分界面，本程序基于RS-485总线与FCU进行通信。程序界面显示了图形化的系统模型和参数，整个燃料电池各系统部件和各传感器点位以及当前数值都非常直观地呈现出来。另外，为便于直观分析与观察，本程序还将某些参数用曲线显示出来。独立电压巡检的结果以多通道柱的形式显示。除显示功能外，本程序还可按照设定的间隔实时记录所有运行过程中的历史数据，一旦出现异常，可调出历史数据分析原因。

  图4-34为笔者利用组态软件编写的基于触控屏的监控与调试程序部分界面，本程序基于RS-485总线与FCU进行通信。触控屏相对PC而言，屏幕尺寸小、分辨率低，所以本组态程序被分成了很多页。本程序可直观显示系统的关键部件和管路连接关系、各传感器的当前值、异常与故障信息等；可提供输入

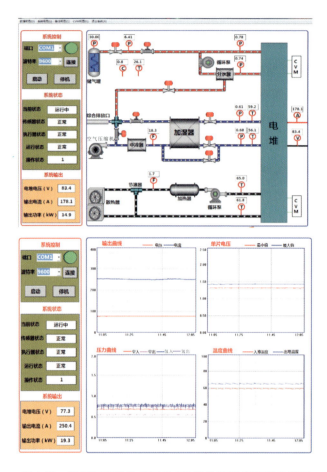

图 4-33 利用组态软件编写的 PC 端监控程序的部分界面

框、下拉选择框和滑条，方便人工进行参数设置和实时控制；可记录所有运行数据并存储到 SD 卡，可导出文档进行查看。

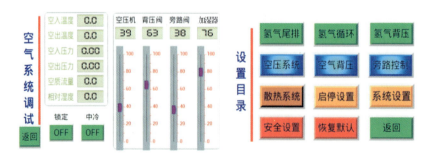

图 4-34 基于触控屏的监控与调试程序部分界面

4.8.2 系统调试与标定

一个燃料电池系统在硬件层面涉及由几百片电极组成的电堆和由几十个传感器/执行器组成的辅助系统,如果作为发动机用,还涉及 DC/DC 转换器和 HMS 等;在软件层面,涉及成百上千个数值量以及与之对应的控制逻辑、内嵌表格等。对如此复杂的一个系统,调试是必不可少的,调试包括针对单个传感器或执行器部件的、针对单个子系统的,也包括针对整个燃料电池系统的,还包括装车后针对整个发动机系统的。在调试的过程中要使用示波器、万用表等硬件工具,上述 HMI 也会在调试中起到重要的作用。图 4-35 为笔者开发的集燃料电池监控、调试与标定功能于一体的 PC 端软件界面。本程序通过 CAN 总线与 FCU 进行通信,可以更高的通信速率进行所有信息与参数的交换。

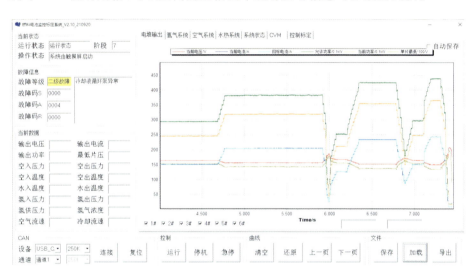

图 4-35 集燃料电池监控、调试与标定功能于一体的 PC 端软件界面

与调试关系密切的一个流程称为标定,标定就是在控制逻辑框架基本确定的条件下对相关参数进行筛选、测试和优化,使得系统局部或整体性能达到最佳或与某些具体应用需求相匹配的过程。比如图 4-35 中的各条曲线可能只是按预设的默认值形成的,这些默认值并非最优的,因此需要根据系统实际运行的情况对该曲线进行修改并存储到控制器内。标定在传统发动机与整车生产领域基本是必备的流程,且已经发展出非常成熟的工具、流程和标准。比如通

用的CCP协议就是基于CAN总线的标定协议,CCP协议可以在线随机读取控制器中的RAM和ROM(只读存储器)数据,测量和修改变量,也具备Flash编程技术;燃料电池发动机的标定与传统发动机的标定没有本质的区别,完全可借用传统发动机的相关工具、流程和标准执行。在FCU的调试与标定过程中,CAN总线的使用非常普遍,而关于CAN总线也有一系列的硬件和软件工具,比如CAN总线分析仪以及其自带的解析软件,可分别支持DBC(database CAN,通信数据库)的解析和基于DBC的图形化曲线显示灯。这些在传统汽车、电子工业领域中应用非常普遍和成熟的工具都可以在燃料电池系统中应用。

本章参考文献

[1] WU D, PENG C, YIN C, et al. Review of system integration and control of proton exchange membrane fuel cells[J]. Electrochemical Energy Reviews, 2020, 3(3): 466-505.

[2] 于江, 邱亮, 岳东东, 等. 燃料电池空气供应系统选型与仿真[J]. 时代汽车, 2021(18): 91-95.

[3] LI J, YU T, YANG B. Coordinated control of gas supply system in PEMFC based on multi-agent deep reinforcement learning[J]. International Journal of Hydrogen Energy, 2021, 46(68): 33899-33914.

[4] 汪依宁, 夏泽韬, 马龙华, 等. 质子交换膜燃料电池空气供应系统管理与控制研究综述[C]//中国自动化协会. 2021中国自动化大会论文集. [出版者不详], 2021.

[5] FONTALVO V M, NELSON G J, GOMEZ H A, et al. An enhanced fuel cell dynamic model with electrochemical phenomena parameterization as test bed for control system analysis[J]. Journal of Electrochemical Energy Conversion and Storage, 2019, 16(3): 031007.

[6] 张新义. 基于PID控制方法的燃料电池空气供应系统控制研究[J]. 汽车时代, 2020(6): 40-46.

[7] DENG Z H,CHEN Q H,ZHANG L Y,et al. Data driven NARMAX modeling for PEMFC air compressor[J]. International Journal of Hydrogen Energy,2020,45(39):20321-20328.

[8] ZHAO D D,XU L C,HUANGFU Y G,et al. Semi-physical modeling and control of a centrifugal compressor for the air feeding of a PEM fuel cell [J]. Energy Conversion and Management,2017,154:380-386.

[9] LIU H Z,FANG C,XU L F,et al. Decoupling control strategy for cathode system of proton exchange membrane fuel cell engine[C]∥IEEE. 2020 4th CAA International Conference on Vehicular Control and Intelligence(CVCI). New York:IEEE,2020.

[10] DAUD W R W,ROSLI R E,MAJLAN E H,et al. PEM fuel cell system control:a review[J]. Renewable Energy,2017,113:620-638.

[11] YANG B,LI J L,LI Y L,et al. A critical survey of proton exchange membrane fuel cell system control:summaries,advances,and perspectives[J]. International Journal of Hydrogen Energy,2022,47(17):9986-10020.

[12] WEI G A,QUAN S H,ZHU Z N,et al. Prediction and control of air supply flow in PEMFC[C]∥IEEE. 2010 International Conference on Measuring Technology and Mechatronics Automation. New York:IEEE,2010.

[13] WANG F C,KO C C. Multivariable robust PID control for a PEMFC system[J]. International Journal of Hydrogen Energy,2010,35(19):10437-10445.

[14] LIU Z X,LI L,DING Y,et al. Modeling and control of an air supply system for a heavy duty PEMFC engine[J]. International Journal of Hydrogen Energy,2016,41(36):16230-16239.

[15] FAN Z,YU X L,YAN M,et al. Oxygen excess ratio control of PEM fuel cell based on self-adaptive fuzzy PID[J]. IFAC-PapersOn-Line,2018,51(31):15-20.

[16] BAROUD Z,BENMILOUD M,BENALIA A,et al. Novel hybrid fuzzy-PID control scheme for air supply in PEM fuel-cell-based systems[J]. Iternational Journal of Hydrogen Energy,2017,42(15):10435-10447.

[17] ZHANG H K,WANG Y F,WANG D H,et al. Adaptive robust control of oxygen excess ratio for PEMFC system based on type-2 fuzzy logic system[J]. Information Sciences,2020,511:1-17.

[18] OU K,WANG Y X,LI Z Z,et al. Feedforward fuzzy-PID control for air flow regulation of PEM fuel cell system[J]. International Journal of Hydrogen Energy,2015,40(35):11686-11695.

[19] LIU Z,CHEN H C,PENG L,et al. Feedforward-decoupled closed-loop fuzzy proportion-integral-derivative control of air supply system of proton exchange membrane fuel cell[J]. Energy,2022,240:122490.

[20] WANG Y H,LI H T,FENG H M,et al. Simulation study on the PEMFC oxygen starvation based on the coupling algorithm of model predictive control and PID[J]. Energy Conversion and Management,2021,249:114851.

[21] YANG D,PAN R,WANG Y J,et al. Modeling and control of PEMFC air supply system based on T-S fuzzy theory and predictive control[J]. Energy,2019,188:116078.

[22] SANCHEZ V M,BARBOSA R,ARRIAGA L G,et al. Real time control of air feed system in a PEM fuel cell by means of an adaptive neural-network[J]. International Journal of Hydrogen Energy,2014,39(29):16750-16762.

[23] 战俊豪,戴海峰,袁浩,等. 基于PID神经网络的燃料电池过氧比控制[J]. 机电一体化,2020,26(3):3-10.

[24] ABOUOMAR M S,ZHANG H J,SU Y X. Fractional order fuzzy PID control of automotive PEM fuel cell air feed system using neural network optimization algorithm[J]. Energies,2019,12(8):1435.

[25] SANKAR K,JANA A K. Nonlinear control of a PEM fuel cell integrat-

ed system with water electrolyzer[J]. Chemical Engineering Research and Design,2021,171:150-167.

[26] XING Y S,NA J,CHEN M R,et al. Adaptive nonlinear parameter estimation for a proton exchange membrane fuel cell[J]. IEEE Transactions on Power Electronics,2022,37(8):9012-9023.

[27] ZHANG F,MA Y,ZHU T L,et al. Nonlinear control of air-feed system for proton exchange membrane fuel cell with auxiliary power battery[J]. Journal of Renewable and Sustainable Energy,2019,11(5):054302.

[28] KOCHA S S,YANG D L,YI J S. Characterization of gas crossover and its implications in PEM fuel cells[J]. AIChE Journal,2006,52(5):1916-1925.

[29] BAIK K D,KIM M S. Characterization of nitrogen gas crossover through the membrane in proton-exchange membrane fuel cells[J]. International Journal of Hydrogen Energy,2011,36(1):732-739.

[30] BANDODKAR A J,JEERAPAN I,YOU J M,et al. Highly stretchable fully-printed CNT-based electrochemical sensors and biofuel cells:combining intrinsic and design-induced stretchability[J]. Nano Letters,2016,16(1):721-727.

[31] KARIMAKI H,PEREZ L C,NIKIFOROW K,et al. The use of on-line hydrogen sensor for studying inert gas effects and nitrogen crossover in PEMFC system[J]. International Journal of Hydrogen Energy,2011,36(16):10179-10187.

[32] OKEDI T I,MEYER Q,HUNTER H M A,et al. Development of a polymer electrolyte fuel cell dead-ended anode purge strategy for use with a nitrogen-containing hydrogen gas supply[J]. International Journal of Hydrogen Energy,2017,42(19):13850-13859.

[33] NIKIFOROW K,KARIMAKI H,KERANEN T M,et al. Optimization study of purge cycle in proton exchange membrane fuel cell system[J].

Journal of Power Sources,2013,238:336-344.

[34] LIU Z Y,CHEN J,LIU H,et al. Anode purge management for hydrogen utilization and stack durability improvement of PEM fuel cell systems[J]. Applied Energy,2020,275:115110.

[35] 刘志洋.面向耐久性和经济性的燃料电池系统控制[D].杭州:浙江大学,2020.

[36] 张宝斌,刘佳鑫,李建功,等.燃料电池冷却方法及热管理控制策略进展[J].电池,2019,49(2):158-162.

[37] 李曦,曹广益,朱新坚,等.基于仿射热模型的质子交换膜燃料电池电堆的热管理控制[J].动力工程,2006(3):443-446.

[38] 王冠宇.空间燃料电池热管理控制系统研究[D].廊坊:北华航天工业学院,2019.

[39] 郭帅,赵航,张有文,等.燃料电池重卡热管理研究[J].汽车实用技术,2019(20):6-7,13.

[40] 孙铁生,陈山,孙红,等.质子交换膜燃料电池发动机热管理特性仿真分析[J].重庆大学学报,2023,46(4):27-36.

[41] 赵萌,刘世通,苏东超,等.燃料电池水热管理的技术研究[J].内燃机与配件,2021,(15):63-64.

[42] 林泽兆.质子交换膜燃料电池热管理系统研究[D].北京:北京交通大学,2021.

[43] 戴刘亮.燃料电池水热管理的三维仿真及优化[D].济南:山东大学,2021.

[44] 赵振瑞.车用质子交换膜燃料电池热管理系统控制方法研究[D].沈阳:沈阳工业大学,2021.

[45] 赵振瑞,欧阳惠颖,田国富,等.基于模糊逻辑与遗传算法的燃料电池热管理方法研究[J].集成技术.2021,10(3):35-46.

[46] 周荣良.质子交换膜燃料电池与热管理系统仿真研究[D].济南:山东大学,2021.

[47] CHENG S L,XU L F,LI J Q,et al. Development of a PEM fuel cell city

bus with a hierarchical control system[J]. Energies,2016,9(6):417.

[48] IZENSON M G,HILL R W. Water and thermal balance in PEM and direct methanol fuel cells[J]. Journal of Fuel Cell Science and Technology,2004,1(4):10-17.

[49] LISO V,NIELSEN M P,KæR S K,et al. Thermal modeling and temperature control of a PEM fuel cell system for forklift applications[J]. International Journal of Hydrogen Energy,2014,39(16):8410-8420.

[50] PANOS C,KOURAMAS K I,GEORGIADIS M C,et al. Modelling and explicit model predictive control for PEM fuel cell systems[J]. Chemical Engineering Science,2012,67(1):15-25.

[51] ZHOU F,ANDREASEN S J,KæR S K,et al. Analysis of accelerated degradation of a HT-PEM fuel cell caused by cell reversal in fuel starvation condition[J]. International Journal of Hydrogen Energy,2015,40(6):2833-2839.

[52] YUAN W W,OU K,KIM Y B. Thermal management for an air coolant system of a proton exchange membrane fuel cell using heat distribution optimization[J]. Applied Thermal Engineering,2020,167:114715.

第 5 章
车用燃料电池电堆及系统耐久性

虽然质子交换膜燃料电池汽车的开发已取得较大进展,但这类汽车大规模商业化应用仍然受到一些因素的影响,其中重要因素之一为燃料电池电堆和系统的耐久性[1]。燃料电池的使用寿命直接与其耐久性相关联,其寿命是指其额定功率下降超过 10% 所用的时间,而额定功率的降低可能是由电池性能的衰减或电堆组件突发故障造成的,排除突发故障的原因,通常所说的燃料电池寿命则是指系统正常衰减到一定程度的时间。美国能源部为不同类型车用燃料电池电堆及系统耐久性设定的 2020 年要达到的目标分别是:乘用车电堆寿命为 5000 h,公共汽车电堆寿命为 25000 h,固定电堆应用寿命为 40000 h;车用燃料电池系统寿命为初步实现 5000 h 的耐久性,最终达到 8000 h。我国国家市场监督管理总局和国家标准化管理委员会于 2020 年 6 月也发布了国家标准《车用质子交换膜燃料电池堆使用寿命测试评价方法》(GB/T 38914—2020),并于 2020 年 12 月 1 日起实施。

影响燃料电池电堆及系统耐久性的因素主要包括如下两个方面:第一个是电堆及系统本身的原因(主要由部件及材料的老化降解引起),其中电堆性能衰减是最主要的原因,而造成电堆性能衰减的最主要的原因是膜电极的衰减,造成膜电极衰减的最主要的原因是催化剂的衰减,造成催化剂衰减的最主要的原因是纳米颗粒的团聚、溶解、迁移、中毒以及碳载体的腐蚀;第二个原因是电堆及系统的不当使用,诸如频繁启停、反极、频繁变载、温度不当、湿度不当等。为了提高车用燃料电池电堆及系统的使用寿命,必须了解影响电堆及系统耐久性的因素并进行有针对性的改进。

车用燃料电池系统包括燃料(氢气)供给子系统、氧化剂(氧气或空气)供给子系统、水管理子系统、热管理子系统、电管理及控制子系统等,这些子系统涉及氢气循环泵、高压气瓶、空气压缩机、加湿器、监控部件和传感器等一系列设备,这些设备的耐久性也会对燃料电池系统的使用寿命产生影响,但是由于这些外部设备的维护更换较为简单,本章不做详细的讨论。

5.1 影响车用燃料电池系统耐久性的因素分析

车用燃料电池系统的耐久性通常远远低于电站等固定用途的燃料电池系统,因此提高车用燃料电池系统的耐久性,对燃料电池汽车的大规模商业化至关重要。一般认为:车辆频繁变工况运行是导致燃料电池寿命降低的最主要原因,本质原因则是燃料电池中关键部件及核心材料性能的衰减。因此,了解燃料电池系统的结构,明确影响车用燃料电池系统耐久性的因素,并在此基础上找到提升燃料电池系统耐久性的策略和方法,对于促进质子交换膜燃料电池技术的发展及燃料电池汽车的大规模商业化具有十分重要的意义。

5.1.1 电堆结构组成对燃料电池系统耐久性的影响

对车用燃料电池系统耐久性的研究非常重要,这主要是因为车用燃料电池组成的复杂性决定了其衰退机理的形式多样,而电堆中基本电池结构单元间的一致性、均匀性恶化会相互耦合,目前尚缺乏关于这种耦合的清晰的机理与模型。另外,电化学性能衰退的检测方法通常针对单片电极,很难应用于大面积电堆,这导致较难对车用燃料电池电堆电化学性能衰减进行检测。因此,燃料电池系统耐久性的研究有必要从解析电堆结构出发,有针对性地提出方案。燃料电池电堆是由多组相同的膜电极组件重复堆叠而成的,结构复杂。燃料电池电堆基本结构单元及电池反应机理如图 5-1 所示,其中膜电极组件是燃料电池电堆的核心部件,它的设计与制备对燃料电池性能起着决定性作用。膜电极组件主要由质子交换膜、催化剂层、气体扩散层等组成。在膜电极组件中,气体扩散层在流场和催化剂表面之间传输反应气体和产物水,同时进行电子转移。以碳载铂基催化剂为代表的催化剂层负载在质子交换膜上,阴极氧发生还原反应,阳极氢发生氧化反应,质子交换膜仅传导质子。由于组成燃料电池电堆的组件具有不同的物理化学性质,每个组件对电堆耐久性产生的影响可称为固有属性对耐久性的影响。本节主要从膜电极组件以及双极板等燃料电池电堆关键材料入手说明哪些因素对电堆耐久性有影响。

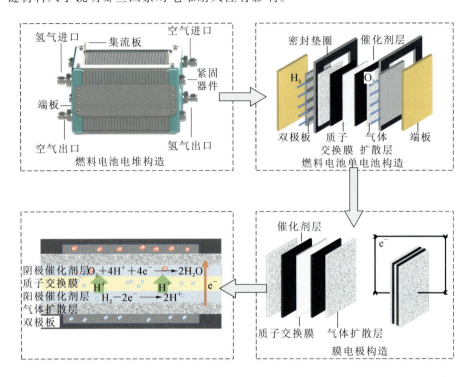

图 5-1　燃料电池电堆基本结构单元及电池反应机理

1. 膜电极组件对电堆耐久性的影响因素

膜电极组件是燃料电池的关键核心部件,通常膜电极组件与其两侧的双极板组成了燃料电池的基本单元——燃料电池单电池。车用燃料电池的衰减主要是电堆的衰减,而电堆的衰减则主要是膜电极的衰减,由此可见,膜电极的耐久性对车用燃料电池系统耐久性影响很大。膜电极主要由阴极和阳极催化剂层、质子交换膜、阴极和阳极气体扩散层组成。下面将从这些材料出发,介绍影响膜电极衰减的因素及相关规律。

1) 催化剂层耐久性的影响因素

目前的膜电极组件中,阴、阳极催化剂层是由涂覆在质子交换膜两侧的催化剂浆料干燥之后所形成的与质子交换膜紧密接触的薄层,厚度通常为 $10\sim50$ μm;干燥完成的催化剂层通常包括催化剂、全氟磺酸树脂聚合物和添加剂(如亲水性调节剂、自由基清除剂等)。目前,燃料电池的阴极催化剂主要有铂碳(Pt/C)催化剂、PtCo 合金催化剂等,而阳极催化剂主要是 Pt/C 和 PtRu/C 合金催化剂。全氟磺酸树脂聚合物由全氟磺酸树脂离聚物溶液干燥后形成。研究表明:催化剂的衰减是膜电极性能衰减的主要因素,以最常用的铂碳催化剂为例,其衰减原因包括铂纳米颗粒的溶解、迁移、团聚、分离,碳载体的腐蚀,铂中毒等。图 5-2 所示为各类催化剂层衰减示意图。

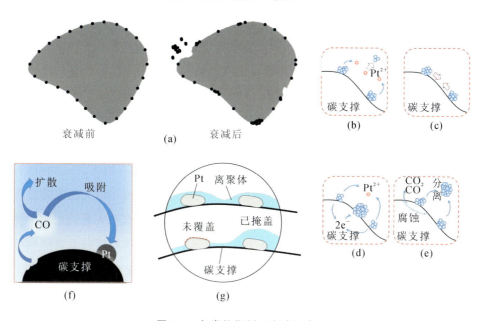

图 5-2 各类催化剂层衰减示意图

首先,Pt/C 催化剂性能衰减是因为碳载体表面铂纳米颗粒损失、结构和分布发生了变化,包括铂溶解、团聚和分离[2,3]。铂溶解是造成催化剂衰减的主要原因,铂被氧化并溶于水,铂的溶解会导致催化剂电化学面积减小,使催化剂性能下降。虽然有研究表明少量铂溶解有利于提高电池的耐久性、稳定性,但随着铂溶解量的增加,铂沉积到离聚物/质子交换膜之上,会导致其电导率、吸水率和透氧率降低。铂溶解速率取决于铂颗粒尺寸大小,一般随着铂颗粒尺寸的减小,颗粒变得更加亲氧,导致形成抑制溶解的 PtO_x 钝化层。而颗粒尺寸增大,电化学活性表面积降低,也会降低铂的溶解,因此贵金属催化剂尺寸需要精准控制。铂的团聚是催化剂发生衰减的另外一个重要原因,它与铂的溶解十分相关。研究发现,铂的溶解是铂团聚导致催化剂性能衰减的控制步骤,也是电化学奥斯特瓦尔德熟化现象和团聚现象出现的重要原因。催化剂使用过程中的奥斯特瓦尔德熟化现象[4],就是溶解的贵金属铂聚集到尺寸较大的铂纳米颗粒之上,导致铂纳米颗粒尺寸进一步增加,使其活性面积减小。因此,部分铂的溶解不但会促进其他铂纳米粒子的团聚,随着铂整体颗粒尺寸的减小,还会使团聚现象的发生概率增加。这是因为纳米粒子的尺寸越小,其比表面能就越高,其团聚倾向越大。另外,Pt/C催化剂边缘过大的铂颗粒容易脱落,这种现象称为铂分离。铂分离会使催化剂产生永久性铂损失,因为当铂颗粒与碳载体分离时没有电子的传递,这时用铂进行电催化是无效的。

其次,催化剂中毒也是引起催化剂层活性衰减的重要因素,燃料电池中最常见的铂中毒为CO中毒。研究发现,CO会优先吸附到铂表面并阻断活性位点,由于CO的氧化电位高于氢气,并且表面电位受氢气氧化反应控制,CO不易被氧化,从而使催化剂层的活性表面积减小,氢气氧化反应的进行受到阻碍。虽然燃料电池在运行过程中并没有CO参与,但如果在燃料电池系统中通过重整液态碳氢化合物或乙醇产氢,会产生1‰~2‰的CO,而且在碳腐蚀过程中也会产生CO。但即使在这个水平,CO中毒也会影响质子交换膜燃料电池的运行和性能,导致能量转换效率降低。不过铂中毒后可以缓慢恢复,属于可逆损失。

再次,碳载体的腐蚀也是导致催化剂性能发生衰减的另一个重要因素[5]。在进行电化学反应时,碳有发生氧化反应的理论可能。虽然碳氧化反应的动力学过程较为缓慢,反应通常会受到抑制,但是氧还原的产物水和铂纳米颗粒的催化作用会加速碳的腐蚀。特别是在铂纳米颗粒与碳载体接触的界面边缘(其是氧化反应的"反应区"),碳氧化的程度尤为剧烈。研究发现,燃料电池电堆在较高电流密度下,由碳腐蚀引起的CO_2析出比在较低电流密度下更显著,并且由于碳载体上的钝化氧化物不断形成,碳腐蚀速度会逐渐变慢。氧化过程会使载体表面生成导电性差的氧化物,从而使电阻增加。碳腐蚀的氧化产物还会使铂中毒,造成活性位点减少,从而使电化学比表面积降低。另外,氧化反应会导致碳的结构坍塌,碳载体的多孔结构和传质通道破坏,使催化剂的机械强度降低、传质效率下降。碳的腐蚀还会使催化剂层的亲水性提高,不仅导致气体渗透性降低,还可能引起水淹现象。

最后，值得注意的是，离聚物的降解、腐蚀也会导致催化剂层耐久性下降[6]。离聚物作为催化剂层的黏结剂和质子传输网络[7]，其分布及在催化剂层中的含量直接影响催化剂层的离子/电子电导率。由于 Pt、H_2O 和 O_2 可以结合并生成 PtOH、PtO、HO 和 HOO 自由基，这些自由基会攻击离聚物，导致离聚物降解。由于离聚物在催化剂层中起到黏合催化剂与载体的作用，对电极的离子、电子导电性有很大的影响。离聚物的降解会使催化剂活性降低，增加反应活性物质向铂表面扩散的难度，降低质子的电导率，导致催化剂活性表面积减小和整体性能变差。离聚物分解也会导致孔隙结构被破坏，机械强度下降和反应物、水传输通道堵塞。此外，由于离聚物的降解，催化剂-凝聚体-离聚物的界面也会分层，导致催化剂和离聚物之间的界面丢失，催化剂颗粒更容易发生碰撞，加速催化剂的烧结，从而形成更大的颗粒，导致电化学活性表面积的损失。催化剂层内部微观结构变化的积累会导致不同固相之间的连接性下降、阻力增加，易出现水淹现象和针孔结构等。需要注意的是，与含水率变化、催化剂CO中毒等临时性可恢复变化相比，离聚物的腐蚀是不可恢复的、永久的。

2）质子交换膜耐久性的影响因素

质子交换膜是一种离子选择性透过的分离功能薄膜，也叫质子膜或者离子交换膜。质子交换膜在燃料电池中的作用是在不移动电子的前提下，将质子从阳极传输到阴极，并且隔离反应物氢气和氧气。质子交换膜具有三个特征：第一，气体渗透率较低，能防止氢气和氧气在电极表面直接发生反应，造成无效反应，导致电极局部过热，从而保证燃料电池的电流效率；第二，质子传导性能较高，可以降低电池内阻，提高电流密度；第三，能阻隔电子，确保电子向外电路传输，达到输出电能的目的。因此，质子交换膜不仅需要具有良好的机械强度，而且也要有较高的质子传导率，良好的稳定性、透气性、吸水性以及水电渗透性。对于车用质子交换膜，还需满足膨胀系数小、可加工性好以及性价比高等要求。

从膜的结构来看，质子交换膜可分为三大类：磺化聚合物膜、复合膜、无机酸掺杂膜。目前，研究的质子交换膜材料主要是磺化聚合物电解质，按照含氟量分为全氟磺酸膜、部分氟化聚合物膜、新型非氟聚合物膜或复合膜等。全氟磺酸聚合物由于具有聚四氟乙烯结构，碳—氟键的键能高，力学性能、化学稳定性、热稳定性俱佳，使用寿命远长于其他膜材料，同时由于分子支链上存在亲水性磺酸基团，具有优良的离子传导特性，是当前燃料电池的主流应用材料。质子交换膜耐久性的影响因素可分为三类：机械降解、化学降解和热衰减。三者通常会相互作用并加速质子交换膜的降解过程，包括膜变薄、分层及表面产生裂纹、针孔等。

首先，机械降解是引起膜降解的重要原因。电堆的夹层结构对质子交换膜的机械强度有较高的要求，膜不仅要承受复杂的应力、压力，而且对湿度具有高敏感性，催化过程导致的湿度变化会使膜产生吸水膨胀或脱水收缩的现象。此外，温度过高或过低，质子交换膜都有可能脱水，从而使膜玻璃化。例如，冷启动过程中，一部分水并没有被输送出去，而是在膜上冻结，随着温度升高，冻结的水被解冻，导致质子交换膜降解。这些交变的压应力、拉应力会使膜表面机械应力分布不均匀，从而导致缺陷产生，甚至造成膜撕裂、分层。缺陷扩散最终会造成反应物交叉、物料传递和能量传递失衡，甚至导致氢与氧直接反应而促进化学降解，从而加速质子交换膜降解的进程。

其次，化学降解是引起质子交换膜降解的另一重要原因。氢气和氧气等反应气体在理论上不能透过质子交换膜，但是燃料电池在实际工作过程中都会发生气体渗透现象。气体渗透除了会使燃料电池性能下降外，还会生成过氧化氢等副产物，这些副产物进一步与金属离子反应生成自由基，而自由基对膜的化学攻击是膜化学降解的重要原因[8]，它不仅会使质子交换膜变薄，而且会使铂金属在膜上附着，导致催化剂层产生永久损失。例如，全氟磺酸膜由四个功能区组成：类似聚四氟乙烯的主链，连接分子的主链，第三区域的氟化碳侧链，以及由磺酸离子组成的第三区域的离子簇。电极在反应过程中会产生自由基，自由基会攻击主链的羧酸端基和侧链的磺酸基，从而破坏质子交换膜的骨架。另外，在质子交换膜夹层结构外，由金属腐蚀而产生的金属离子也会产生自由基。催化剂层中的一些铂颗粒降解时产生的 Pt^{2+} 通过膜离子通道传输，被还原为铂微晶。铂微晶会在这些通道中沉淀和生长，或直接沉积在质子交换膜表面产生铂带，从而阻碍质子的传输并降低膜的电导率，甚至导致膜的内部电子短路。同时，铂带可以作为膜中催化的活性位点进行催化反应，催化反应的产物会加速膜的化学降解。

最后需要说明的是，热衰减对质子交换膜稳定性的影响也不容忽视。热衰减出现的主要原因是质子交换膜燃料电池内出现渗透现象或燃料不足("饥饿")情况,导致其内部出现局部高温,远高于其工作温度而导致交换膜衰减。特别是全氟磺酸膜,当温度超过150 ℃时,全氟磺酸会分解释放出强腐蚀性、有毒的SO_2气体,且在使用过程中氟会缓慢释放。同时,升高温度还会使全氟磺酸膜脱水、水合能力降低、骨架软化,从而引起机械强度降低和燃料渗透率增大等一系列问题。

3) 气体扩散层耐久性的影响因素

气体扩散层的结构与组成如图5-3所示。燃料电池工作过程中,气体扩散层虽然不直接参与电化学反应,但是它对物料输送影响较大,会进一步影响燃料电池性能。在车用燃料电池电堆实际运行中,化学降解是影响气体扩散层寿命的一个重要因素。化学降解主要表现为碳腐蚀与疏水层的损失,实质上是通过化学过程改变扩散层结构和表面润湿性来影响物料传输过程[9]。在燃料电池汽车启动、关闭、燃料匮乏等条件下,由于局部高电位差,气体扩散层会出现因自由基攻击而产生的降解。碳腐蚀会造成碳损失并产生氧化物,前者使大孔数量增加、机械强度降低,后者使气体扩散层亲水性提升,传质阻力增加,阻碍气体的扩散。疏水性是气体扩散层的重要特性,同样,化学反应过程中产生的自由基会攻击作为疏水层的聚四氟乙烯,聚四氟乙烯的损失则直接使得气体扩散层的疏水性能降低,导致电池的耐久性降低。影响气体扩散层寿命的另外一个因素是机械衰减。为了防止气体泄漏,燃料电池通过高压压缩的方式将各个部件组装在一起。虽然高压保证了气体扩散层与各部件的充分接触,但是在燃料电池汽车运行过程中,气体扩散层在机械应力的作用下结构会发生变化,甚至永久性破坏,例如断裂、分层等。而在汽车运行过程中,外部的振动、冲击对气体扩散层施加的动态应力也会使气体扩散层的结构产生损伤,导致其机械强度大幅度下降,孔隙率、界面电导率降低,物料传递能力下降。另外,结构变化也会使气体扩散层的疏水性显著降低,不仅会导致水淹,还会在冷启动时产生更加严重的冻结、解冻现象,使得气体扩散层的机械结构遭到更严重的破坏。由于机械衰减也会使气体扩散层局部亲水,在经历冻结、解冻的多次循环后,气体扩散层的机械强度降低,多孔结构也会部分堵塞。虽然这种冻融产生的衰减是部分可恢复的,但会干扰燃料电池电堆的正常运行,造成其他部件损伤,严重的冻结甚至会使燃料电池启动失败。

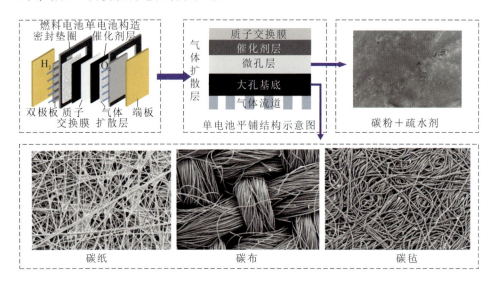

图 5-3 气体扩散层的结构与组成

2. 极板对电堆耐久性的影响因素

双极板的损伤会对燃料电池的性能和耐久性产生不利影响,其性能衰减机制主要有三种:双极板材料溶解导致膜中毒;形成电阻表层,产生大电阻;叠堆密封时,高压缩压力产生的机械应力导致双极板发生断裂或变形。双极板损伤会使电阻增加,从而导致氧还原过电位增加[10]。车用燃料电池电堆主要使用金属双极板,其稳定性取决于金属的性质、电位和相对湿度,当金属双极板在其工作电位下被氧化,并且表面氧化层可溶于反应介质时,会发生腐蚀现象。金属双极板的衰减会使质子交换膜燃料电池表面形成一层薄薄的氧化层,增加双极板和气体扩散层之间的接触电阻,导致燃料电池内部电阻增大、效率降低。此外,衰减产生的金属阳离子(Fe^{3+}、Cr^{3+}、Ni^{2+}等)污染现象会严重降低燃料电池的容量和耐久性。因此,必须使用额外的涂层技术在双极板的外表面形成一层薄薄的保护层,但是如果保护金属的氧化物层遭到破坏,阳极就会形成氢化物并出现金属的溶解。另外,水的存在会使金属双极板在阴极处的腐蚀速率显著增加。

3. 密封组件对电堆耐久性的影响因素

在车辆运行时,对电堆耐久性有重要影响的还有密封组件,通常为密封圈或垫片。密封圈或垫片的主要作用是保证电堆内部的气体和液体正常、安全地流动，对车用燃料电池的耐久性影响较大。通常燃料电池需要一种密封结构，保持反应物气体在各自的区域内输送或反应，以便长期运行。燃料电池的密封系统通常分为四类：①质子交换膜直接密封；②质子交换膜包裹框架密封；③膜电极包裹框架密封；④刚性保护框架密封。车用燃料电池密封圈或垫片性能要求更高，它需要满足以下要求：较高的气体阻隔性，以保证对氢气和氧气的密封；低透湿性和高耐湿性，以保证高分子薄膜在水蒸气饱和状态下工作；高耐热性，以适应高分子薄膜的工作环境；高环境绝缘性，以防止单电池间电气短路；具有橡胶弹性体，以减缓车运动时的振动和冲击；耐冷却液，以保证离子不易析出。

双极板和膜电极之间的密封垫片主要用于防止反应性气体和冷却剂泄漏，同时在部件之间起到绝缘作用。密封垫片能适当地堆叠，而且可以控制堆叠组件的压缩，防止气体扩散层被过度压缩[11]。因为垫片会暴露在高度腐蚀性的燃料电池环境中，所以其自身的化学稳定性和耐蚀性非常重要。通常，燃料电池组件被夹在一起，因此垫片应具有足够大的装配力，以防止反应物的泄漏，而且在长期使用过程中电池内部的压力相对较高，密封垫片必须具有良好的机械强度和压缩性。密封垫片材料通常是由碳、氧、硅组成的无定形聚合物，这些无定形聚合物具有优异的柔韧性、良好的化学稳定性和可塑性，此外，还具有特殊的物理性能，如透明性、渗透性、绝缘性和承受大应力的能力。氟橡胶（FKM）、三元乙丙橡胶（EPDM）和硅酮是燃料电池中最常用的商业垫片材料。密封组件的耐久性对燃料电池的整体效率、耐用性和安全性至关重要。任何一个密封圈或垫片的自然降解，都可能导致反应物在运行过程中泄漏或混合，影响燃料电池效率并产生安全隐患。此外，密封的失效可能导致燃料电池的压缩出现问题或短路，还可能导致膜电极被污染。丧失弹性和密封功能是密封垫片的典型退化现象。

研究表明，氢气和氧气反应产生反应热，泄漏的热量与催化剂层上的铂催化剂相遇时产生反应，从而导致垫片的性能衰减。而热循环则会导致电堆松动，使密封组件的降解变得更加剧烈。另外，化学降解会改变密封组件表面的化学成分，导致密封组件的骨架去交联化，甚至出现断链。密封组件中出现的应力也会加速硅橡胶的降解。随着温度的升高,橡胶的性能会日益恶化,这是因为高温下硅橡胶发生了分子降解。同时,水存在时,有机硅表面的氧含量增加,会导致侧链基团被氧化。此后,随着密封组件在燃料电池环境中停留时间的延长,橡胶大分子变得越来越短,机械强度随着时间的推移而下降,密封性能也随之恶化。

5.1.2 系统组件对车用燃料电池系统耐久性的影响

与传统燃油车上的发动机类似,燃料电池用作汽车动力源,也需要相应的辅助系统。如前文所述,燃料电池汽车系统组件还包括空气压缩机、氢气循环泵、加湿器、高压储氢罐等。其中,空气压缩机、氢气循环泵和加湿器等对燃料电池系统耐久性具有较大影响。

1. 空气压缩机

空气压缩机是燃料电池系统中的关键组件之一,其作用是将燃料电池电堆发电所需的空气压缩后输入电堆,在低流量时采用低压压缩,高流量时采用高压压缩,以提高效率。压缩机的性能和稳定性对整个燃料电池系统的耐久性有着重要影响。一方面,压缩机的效率和能耗直接影响燃料电池系统的能量利用效率和经济性。压缩机的效率低下或能耗过高,会导致系统整体效率下降、成本增加,同时也可能会引发其他问题,例如燃料气体的流量不足或压力不稳定等,进而影响整个燃料电池系统的运行。另一方面,压缩机产生的噪声、振动和温度升高等因素也可能会对燃料电池电堆的耐久性造成影响。例如,压缩机的振动会对燃料电池电堆的密封性和结构稳定性产生不利影响,可能导致氢气泄漏和电堆失效。同时,压缩机排放的高温气体可能会使周围的燃料电池组件和材料产生腐蚀或氧化等,从而降低整个燃料电池系统的寿命和耐久性。

2. 氢气循环泵

氢气循环泵是氢气供给子系统的核心组件,它将未反应的氢气循环使用,提高了氢气的利用率。同时,也将生成的水进行循环,实现燃料电池系统的自加湿功能。

氢气循环泵的主要作用是将氢气循环送回燃料电池电堆中,以确保氢气的充分利用和燃料电池系统的稳定运行。氢气循环泵需要处理的是高纯度的氢气,通常要求纯度高达 99.999％以上。如果氢气纯度不足,则可能会对氢气循环泵的运行产生不良影响,氢气中的杂质会在氢气循环泵内积聚,堵塞氢气通道,降低氢气的流量和压力,并会与泵体和轴承等金属部件发生化学反应,形成氢化物和金属腐蚀产物,损坏泵体和轴承,甚至可能导致氢泄漏等安全问题。

自加湿过程中水蒸气过多同样会对氢气循环泵的运行产生一定的影响。在燃料电池系统中,水蒸气是一种重要的介质,但如果水蒸气的含量过高,就会引起氢气循环泵的故障或运行不稳定。当水蒸气进入氢气循环泵时,会与氢气一起被吸入氢气循环泵内部。如果水蒸气的含量过高,就会导致氢气循环泵内部的电化学反应受到影响,从而降低泵的效率。此外,水蒸气还会在氢气循环泵内部凝结,并形成水滴。这些水滴会在氢气循环泵内部堆积并阻塞管道,影响氢气的流动,进一步降低氢气循环泵的效率。

在氢气循环泵正常运行过程中,氢气从储氢罐中被抽出,通过氢气循环泵加压后被送至燃料电池电堆进行反应。如果氢气压力不足,则氢气循环泵需要进行更多的工作才能将氢气加压至燃料电池电堆所需的压力,从而导致氢气循环泵的过度使用和加速磨损,降低其寿命。此外,氢气温度过高则可能导致氢气循环泵在运行中产生密封问题、润滑问题以及材料反应问题。密封问题是指氢气在氢气循环泵中的泵送密封处发生泄漏,从而影响氢气循环泵的正常运行。润滑问题是指氢气循环泵中的某些部件需要润滑来保持其正常运转,但是氢气温度过高会使润滑油变稀,从而影响润滑效果,可能导致部件磨损或故障。同样,氢气温度过高可能会使某些材料的性能发生变化,如强度降低、脆性增加等,从而导致氢气循环泵部件的损坏。

3. 加湿器

加湿器通过向进口氢气中加入适量的水分来保持膜电极的水合状态,从而维持电化学反应的正常进行。如果加湿器无法提供足够的水分,膜电极可能会失水,导致反应物的传输速率减缓,从而降低燃料电池的输出功率。同时,失水还可能引起膜电极的脱水损伤,导致其耐久性降低。而过多的水分可能在加湿器内部堆积形成液态水,阻塞氢气通道,从而影响氢气的传输,还可能造成电池系统内部压力的不平衡,引起安全问题。加湿器内部的水质问题可能导致电极表面催化剂的污染和衰减,降低电池的性能和寿命。

5.1.3 动态运行工况对车用燃料电池系统耐久性的影响

在车辆运行过程中,车用燃料电池电堆不可避免地会经历频繁启动、加速、减速、怠速运行、停车等工况,图5-4显示了不同工况导致的质子交换膜燃料电池性能衰减占比。首先,车辆在运行过程中,电流载荷的瞬态变化会引起反应气压力、温度、湿度等频繁波动,导致整个电堆或部件结构发生机械性损伤;其次,动态负载变化会引起电压波动,导致材料化学性能衰减,尤其在启动、停车、怠速运行及带有高电位的动态循环过程中材料性能会加速衰减,产生催化剂的溶解与聚集、聚合物膜降解等现象。研究结果表明:车用燃料电池在其动态运行时的衰减速度远远大于静态运行时的衰减速度,其原因就在于车辆的频繁变化。可见,了解车用燃料电池所面临的极端条件对其产生的影响和作用机理,对于研究和提升其耐久性具有重要的意义[12]。

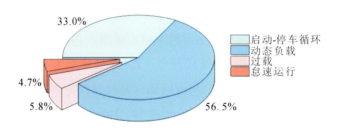

图5-4 不同工况导致的质子交换膜燃料电池性能衰减占比

1. 启动-停车循环

启动-停车循环作为汽车运行的必经过程,是对燃料电池电堆寿命产生负面影响的重要因素。燃料电池系统启动前,由于阳极气体通道与大气连通,空气进入阳极区滞留,并且阴极区的空气由于浓度梯度会经过膜电极扩散到阳极区,使得阳极流场中存在空气。当氢气进入阳极时,氢气与空气接触,形成氢气-空气界面。同样,当燃料电池系统停止运行时,空气会与阴极区残余的氢气形成氢气-空气界面。燃料电池在此状态下会出现异常,氢气-空气界面的存在导致阳极发生氧化反应,并使得阴极处形成高电位,导致催化剂层中碳骨架氧化,从而使得催化剂层降解,并且这种催化剂层降解是不均匀的。氢气-空气界面还可能会导致电池出现反向电流现象[13]。因此,启动-停车循环导致燃料电池性能衰减的本质还是催化剂性能的衰减。

1）反向电流

正常情况下，阳极和阴极分别发生氢氧化反应、氧还原反应。当燃料电池出现反向电流时，燃料电池在一定空间内被分割为两半——电解池侧与原电池侧，二者通过高导电性的气体扩散层、双极板传递电荷。原电池侧燃料电池正常工作，而电解池侧由于阳极侧的氢气-空气界面发生氧还原反应，离聚体的电位降低，因此阴极区的电位上升。阴极区形成足够高的电位，会导致碳腐蚀、析氧反应发生，其生成的质子从阴极反向传递至阳极，并导致碳腐蚀、催化剂衰减。

启动和停车对燃料电池的影响并不相同。例如，在启动状态下，阳极区氢气-空气界面处的PtOH自由基进行还原反应消耗质子和电子。质子和电子的减少会提高阴极区的反应速率，促进催化剂层衰减。相反，在停车状态下Pt-H_{ad}（H_{ad}表示吸附氢原子）氧化产生质子，抑制反向电流现象。而在阴极区，启动-停车的高电位引起的反应都为氧化反应，都能抑制反向电流现象。

2）非均匀碳腐蚀

碳腐蚀是燃料电池运行时常见的一种现象。碳载体暴露于氧化环境中，氧化后会生成CO_2和CO，同时它们的排放将改变催化剂层的形态和结构，加速催化剂的衰减。而车用燃料电池在启动-停车期间出现的局部反向电流会促进碳腐蚀。由于一定空间内气体成分不同，碳腐蚀的程度并不相同，因此碳腐蚀在空间上并不是均匀发生的。另外，双极板的气体流道与非气体流道区对应的碳腐蚀现象也有所不同。启动时，氢气进入双极板后，在阳极入口处与空气接触形成氢气-空气界面，氢气-空气界面随着氢气的扩散而移动，从阳极进气口移动到排气口[14]。然而，由于阳极出口暴露在空气中，相应位置处的碳腐蚀最为严重。停车时，如果阳极使用空气吹扫，会出现相同的情况。因此，不同位置处的碳腐蚀有明显差别。另外，阴极反应产物水也可能会参与碳腐蚀的反应，而这也同样使得气体流道与非气体流道碳腐蚀程度出现明显的差别。

在启动-停车工况下，碳腐蚀影响传质的主要因素有三个：第一，碳腐蚀造成的碳骨架结构变化导致离聚物在阴极催化剂层中重新分布，这种重新分布可能会使原本相对均匀的离聚物在碳骨架表面变得厚薄不一，导致铂颗粒暴露或被完全覆盖,使得催化剂层电化学表面积产生损失;第二,阴极催化剂层碳骨架的结构变得松垮易坍塌,降低了阴极的孔隙率,从而增加了传质阻力;第三,碳腐蚀会导致催化剂层中产生一定的含氧基团,经过氧化产生亲水基团,这些基团附着在碳载体表面,使得碳载体亲水性提高,水的传导受到阻碍。

2. 动态负载

动态负载是车用燃料电池电堆面临的最严酷的耐久性考验。燃料电池汽车在行驶过程中,路况多变,燃料电池电堆也必须通过输出功率的改变来提供相应的能量,从而满足车辆行驶与能量管理的需求。在负载产生变化时,电极电位、电堆内部温度、反应气化学计量比、内部压力和水状态都会快速发生改变,这些操作条件与运行工况的快速变化会加速材料性能的衰退,从而导致燃料电池系统的耐久性下降[15,16]。动态负载也会导致水淹和膜干的现象出现,电池性能快速降低,但是这种现象是可逆的。动态负载之所以会导致燃料电池系统耐久性下降,主要是因为机械衰减、反应气"饥饿"和催化剂衰减等(图5-5)。

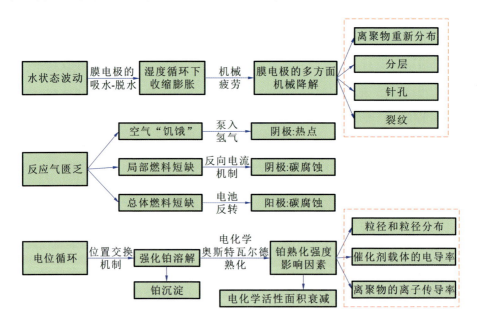

图 5-5　动态负载使燃料电池系统耐久性下降的主要因素

1) 机械衰减

产水量和产热量随负荷变化,从而产生热/湿循环,而部件的机械衰减则是由动态负载条件下的含水量波动引起的。在动态负载工况下，水状态的改变会使组件的力学性能退化，并且热量的输出也会随着负载的改变而改变，从而产生热/湿循环，造成组件的机械衰减。这些机械衰减主要表现为催化剂层破坏、质子交换膜形成裂纹和针孔、离聚物在催化剂层中聚集和重新分布，以及催化剂层和质子交换膜分层。

在动态负载工况下，在湿度不断改变的过程中组件会经历膨胀-收缩循环，产生的循环应力可能会导致机械疲劳。循环之后的残余应力和应变不仅会使质子交换膜、催化剂层变薄，并出现针孔和裂纹的现象，也会导致离聚物变形，离聚物的聚集和重新分布使铂颗粒被完全覆盖、暴露或直接从碳载体上分离，进而使催化剂的电化学活性急剧下降。质子交换膜、气体扩散层和催化剂层在膨胀-收缩循环过程中的应变和变形不同，残余应力和应变会导致组件之间的连接断开、组件分层，从而阻碍电子在催化剂层和气体扩散层之间的传导，以及质子在催化剂层和质子交换膜之间的传输，使得接触电阻提高和能量效率降低。同时，这部分区域的电流密度被迫增加，产生更多的水和热量，进一步破坏燃料电池的力学性能。由于局部电流密度和含水量不同，机械降解是不均匀的。

2）反应气"饥饿"

燃料和氧化剂的供应必须充足，以保证质子交换膜燃料电池的正常电化学运行，否则会发生异常反应，导致组分衰减。在燃料电池中，反应气的分布和供应本就是不均匀的，在燃料电池电堆的不同位置、不同组件之间，气体入口和出口之间，甚至在双极板的弯道区域与直道区域之间也存在差异。特别是活性面积越大的燃料电池，局部气体的分布就越不均匀。在动态负载工况下，这些差异被放大，并且由于气体的响应滞后于电流响应，燃料电池会出现反应气短缺的问题，导致反应气"饥饿"现象的发生。不同位置的反应气"饥饿"程度、"饥饿"气体类型不同。反应气"饥饿"分为空气"饥饿"与燃料/氢气"饥饿"。

首先是空气"饥饿"。氧转移的固有困难和氧分布的不均匀增加了燃料电池中空气"饥饿"的风险。当燃料电池产生强电流但空气供应不足时，就会出现氧气匮乏现象，发生空气"饥饿"。随着阴极的氧气耗尽，从阳极传输到阴极的质子无法发生氧还原反应，因此析氢反应代替氧还原反应发生。析氢反应产生的氢气会与补充的氧气发生反应或在氧气充足的区域与氧气进行反应,释放热量并导致能量失衡,加速质子交换膜的热降解和阴极中催化剂层的衰减。空气"饥饿"会导致阴极电位突然降低,使燃料电池的输出电压下降,整体空气不足就可能导致电池形成反极。

其次是燃料/氢气"饥饿"。燃料"饥饿"率高的主要原因是氢化学计量比低,尤其是在阳极死端模式(至少一个燃料电池系统的出口被封住)下。动态负载工况下氢气的短缺会放大氢气分布的不均匀性,导致局部燃料不足,发生电流反转。燃料"饥饿"区域的压力降低,导致质子交换膜对空气的渗透性增强,使得阳极上出现空气/氢气边界,加剧阴极的碳腐蚀[17]。如果有外部电源迫使异常电池维持电流,电池就会反转。外部电源可以是恒电位仪(恒电流运行模式)或同一电堆中正常运行的电池。实际上,不正常的燃料电池起到了电解池的作用。氢气严重不足时,会出现燃料电池整体的燃料"饥饿"现象,导致更为严重的电池反转,无法维持正常的运行。

3)催化剂衰减

动态负载除了会导致上述两个现象,还会使催化剂衰减。首先是电解质的重新分布可能导致催化剂活性下降。其次是催化剂层中会形成裂纹或裂缝,因为水往往会流过裂缝,裂缝中或裂缝周围的铂颗粒更有可能从碳载体上分离并被冲走。此外,饥饿过程中碳载体的腐蚀会导致铂颗粒被迫聚集或分离。值得注意的是,在电位循环/动态条件下,铂催化剂的溶解性大幅增强,同时铂的迁移和电化学奥斯特瓦尔德熟化加速。在负载循环或电位循环后,在膜和催化剂层的电解质中可以广泛观察到由铂迁移引起的铂沉积。铂催化剂的溶解性增强意味着更容易将铂离子,甚至铂原子从电解质中分离出来,从而促进电化学奥斯特瓦尔德熟化。

3. 低载或怠速运行

燃料电池系统在启动之后,如果车辆没有下达行驶指令,或者车辆因红灯以及交通拥堵等临时停车,燃料电池系统无须对车辆进行功率输出,会进入怠速运行工况。当低载或怠速运行时,燃料电池电压较高,阴极电位通常在 0.85~0.9 V 之间,这个电位下的碳载体腐蚀与铂氧化也会直接导致燃料电池性能衰减。低载或怠速运行工况在车用燃料电池系统中经常出现。燃料电池系统在空转时并不输出功率,为了维持正常运转,电堆必须以较小的电流密度运转。现有技术通常利用加热器的运行来消耗燃料电池系统在低载或怠速运行工况下电堆的输出功率。当燃料电池系统中没有设置加热器时,或者当燃料电池系统中加热器因故障不能够运行时,电堆的输出能量无法被消耗,将导致燃料电池系统对车辆的输出功率无法降低,这样将影响电堆的使用寿命和燃料电池系统运行的可靠性。此外,低载或怠速运行时电池产水量低,质子交换膜容易出现脱水状况[18]。因此,低载和怠速运行工况下影响车用燃料电池系统寿命的主要因素包括高阴极电位和气体渗透性的增强。

在低载和怠速运行工况下阴极的电位极高,铂浓度升高,导致电化学奥斯特瓦尔德熟化加速,使催化剂层出现永久的铂催化剂损失、电化学活性表面积永久降低。通常随着电压升高,附着在碳载体上的铂颗粒的溶解速度会加快。由于离聚物中的电位梯度可忽略不计,阴极中溶解得到的高浓度 Pt^{2+} 通过浓度梯度驱动质量传递,扩散至阳极中的低浓度区。在此期间,被还原为微晶的铂颗粒会沉积在质子交换膜表面或质子通道上形成铂带,从而加速膜的化学降解。另外,较高的阴极电位也被认为可能加速膜的化学降解。

气体渗透性主要对应于氧气的渗透。在低载和怠速运行工况下气体消耗极少或不消耗气体,所以电堆中反应物氧气的分压上升,并且氧气浓度随着负载电流的减小而增加,氧气渗透方式符合菲克定律,由高浓度区向低浓度区扩散。同时,由于产生的水少或没有产生水,质子交换膜的含水量降低,膜不充分膨胀,导致其孔隙率增加,阴极中水的分压降低,为导管中的氧气扩散创造了空间。这导致氧气通过质子交换膜扩散到阳极区,氢气与氧气交汇发生反应。燃料电池的阴极电位较高,在怠速工况下可达 0.9 V,在一定程度上抑制了氢氧自由基等的产生。但阳极电位较低,满足自由基生成条件,所以阳极中的氢和氧作为反应物在低负载电流的条件下生成了自由基,这些自由基会导致催化剂层、质子交换膜、气体扩散层等组件出现化学降解。另外,在低载或怠速运行工况下,氢气渗透率也会提高,氧与氢直接反应产生热量,热负荷会加速催化剂层中铂颗粒的团聚和烧结,导致催化剂层衰减。

4. 反极

启停、快速变载、操作失误、高功率运行、杂质堵塞气体传输通道、水淹等因素都会导致阳极局部或整体欠气,从而出现反极现象。需要说明的是,反极现象是不会发生在单片燃料电池上的,都是发生在电堆中。

在反极状态下,产生的化学产物主要是过氧化物和羟基自由基。过氧化物是一种氧化剂,具有高度的氧化能力,可以导致阴极催化剂的失活。羟基自由基是一种具有极强氧化能力的自由基,会对阴极催化剂和质子交换膜产生强烈的腐蚀作用,从而缩短电池的寿命。此外,燃料电池正负极结构不同,在反极运行模式下,氢气在正极反应中的利用率降低,而氧气在负极反应中的利用率增加,导致正负极反应不对称。这种不对称有利于质子交换膜的氧化还原反应,从而会导致膜损坏和电堆性能下降。

燃料电池在反极状态下,由于碳腐蚀反应的发生,附着于碳载体上的部分贵金属纳米颗粒会脱落下来,从而出现流失或团聚现象,这会使催化剂层的电化学性能下降,使电堆性能严重恶化,甚至停止工作。反极状态也会使阳极催化剂层结构坍塌,三相界面处的结构改变,催化剂层结构的亲、疏水性与孔隙率也相应改变,使阳极催化剂层与质子交换膜分离,电池电阻增加,电子传递和物料传递都出现问题。同时,在非常高的电位下发生的碳腐蚀反应会产生热量,局部的强放热可能会加剧 Nafion® 膜的降解,使膜上形成小孔,氢气与空气将穿过小孔直接接触反应,导致意外发生。

5. 水管理失衡

车用燃料电池中的水管理是实现电池高性能和耐久性的关键。在正常运行条件下,燃料电池电堆产生的水由膜中的氢离子和氧离子反应生成,其中部分水从氢气侧和氧气侧被释放,另一部分水被膜吸收和被传导至氧气侧,作为水循环的一部分回到氢气侧。当水的产生速率超过水的移除速率时,就会发生水管理失衡。

燃料电池电堆中的水管理失衡可以分为两种类型:水积聚和水干扰。水积聚是指过多的水在氧气侧积聚,形成水滴或水膜,阻塞氧气的传输,并可能导致膜的水滞留和电堆的性能下降。水干扰则是指水进入了氢气侧,干扰了氢气和氧气的反应,导致电堆的性能下降和膜的损坏。这两种情况都会导致燃料电池电堆的性能下降,从而影响其耐久性。

例如,在燃料电池的冷启动过程中,水管理失衡是一个常见的问题。在冷启动过程中，由于温度低于正常操作温度，水无法快速蒸发或被转移至氧气侧。因此，在氢气侧积聚的水可能会干扰氢气和氧气的反应，导致电堆性能下降和膜损坏。此外，在高压质子交换膜燃料电池中，水的压力较高，氧气侧的水移除会更加困难，因此容易导致水积聚。而在氢气侧，氢气的压力和流量会影响水的移除和转移速率，也容易导致水干扰。同时，燃料电池的水管理失衡还可能导致电堆中出现"水爆"现象，这是指燃料电池中水分在某些条件下突然形成水蒸气并造成爆炸。"水爆"不仅会损坏电堆和其他设备，还会对操作人员造成伤害。

除了上述因素外，冷启动也是研究工作者关注的对车用燃料电池耐久性有重要影响的一个重要内容。车辆运行在冬季会受到温度在 0 ℃ 以下的气候考验，由于燃料电池发电是水伴生的电化学反应，在 0 ℃ 以下，反复发生的水、冰相变引起的体积变化会对电池材料与结构产生影响。因此，要为燃料电池制定合理的 0 ℃ 以下启动策略，保证燃料电池在冬季使用的耐久性，相关内容将在第 6 章详细介绍。

5.2 提升车用燃料电池电堆及系统耐久性的策略及相关研究

高性能和耐久性是车用燃料电池实现商业化进程中的重要问题，车辆频繁变工况运行是燃料电池耐久性降低的主要原因。从物理角度看，车辆在动态运行过程中，电流载荷的瞬态变化会引起反应气压力、温度、湿度等频繁波动，导致材料本身或部件结构的机械性损伤。从化学角度看，动态过程中载荷的变化会引起电压波动，导致材料性能衰减，尤其在启动、停车、怠速运行以及高电位动态循环过程中材料性能会加速衰减。考察车用燃料电池电堆稳态、动态操作特性，分析引起电池性能及耐久性变化的原因，并研究相应的解决策略，对提高车用燃料电池电堆的性能和耐久性具有重要意义。

5.2.1 电堆耐久性的提升策略

1. 膜电极的改进策略

膜电极的结构设计、材料优选和制备工艺的开发一直是车用燃料电池耐久性研究的技术关键。膜电极制备方法的基本原理:使催化剂浆料附着到质子交换膜或气体扩散层表面,然后通过热压或粘接等手段将质子交换膜、催化剂层、边框和气体扩散层复合到一起,从而完成膜电极的制备。膜电极产业化几经技术革新,按照制备方法(图 5-6)当前主要有三种类型的膜电极:第一种膜电极称为气体扩散电极[图 5-6(a)];第二种膜电极是采用催化剂层覆膜技术制成的膜电极[图 5-6(b)];第三种膜电极为有序化膜电极[图 5-6(c)],这种膜电极引入了纳米线状高聚物材料,以促进催化剂层中质子的高效传输。相对而言,用催化剂层覆膜法制备出的膜电极催化剂利用率高,催化剂与质子交换的黏附力大,不易发生脱落,可大幅度降低膜与催化剂层之间的质子传递阻力,且膜电极寿命较长。因此,催化剂层覆膜法是当今主流的燃料电池膜电极商业制备方法。

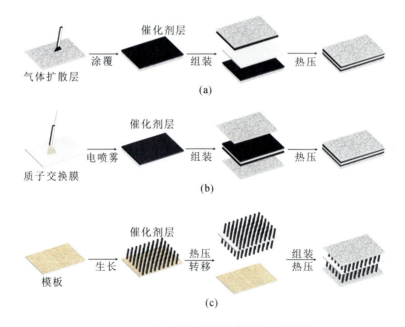

图 5-6 三种具有代表性的膜电极制备方法

提升膜电极的性能和耐久性,不能仅仅依靠膜电极改良制备方法,进行自身结构的改进,还必须结合组成膜电极的材料和双极板的流场结构、电堆组装、辅助关键零部件性能和控制策略进行综合考虑。

1) 催化剂层的改进策略

催化剂层的耐久性本质上取决于催化剂纳米颗粒和载体材料的性质以及

它们之间的特定相互作用[19]。催化剂纳米颗粒和载体材料之间的相互作用越强,催化剂层的耐久性就越好。因此,提高催化剂层耐久性的策略大致可以从以下两个方面入手:催化剂衰减的缓解和载体衰减的缓解。

(1)催化剂衰减的缓解。影响催化剂耐久性的因素有很多,如载体性能(比表面积、孔结构、表面化学性质等),催化剂中活性金属的结构、含量和颗粒大小,活性金属在载体上的宏观和微观分布等。提升催化剂的耐久性首先要明确催化剂耐久性的评判标准,美国能源部提出用方波电压循环加载的加速老化测试方法来测试阴极催化剂的耐久性。美国能源部提出催化剂经过 0.6 V(3 s)～0.95 V(3 s)方波电压循环加载 3 万次后,催化剂的质量活性及电化学活性表面积衰减均应小于 40%。提高铂基电催化剂的耐久性的方法非常多,可以从原材料、制备工艺及后处理等方面着手,既要强化和修饰载体材料,采用更有利于批量化生产的工艺技术,又要在铂碳初级产品的基础上进行必要的后处理或功能修饰。图 5-7 所示是催化剂耐久性的提升策略。常见的提升催化剂耐久性的策略包括形态控制、合金化和去合金化、结构控制(如核壳结构)等。

催化剂的形态控制,即把调整催化剂的形态或结构作为提高耐久性的手段。通过形态和结构调控可以调节催化剂金属纳米晶体表面的原子排列和配位。比如,通过方波电压对负载型铂纳米球进行电化学处理,可制备高晶面指数的铂纳米离子。单晶铂金属表面均为高指数晶面,例如(730)、(210)和(520)晶面,这些晶面具有大密度的原子台阶和悬空键,在热力学(800 ℃以下)上和动力学上都十分稳定。再如,通过形态控制得到的有序金属间化合物具有化学计量比确定、原子排列长程有序的特点,且热力学性质稳定,虽然粒径相对较大,减小了活性面积,但显示出更高的耐久性。此外,调整催化剂维度也是另一种有效提高催化剂耐久性的手段,一维、二维和三维形态的构建是一种提高催化剂稳定性的有效方法。因为零维结构的催化剂的稳定性通常不如具有精细的一维、二维和三维结构的催化剂。这是因为零维小颗粒在燃料电池运行环境下往往会聚结成更大的块并出现严重的奥斯特瓦尔德熟化现象,导致其耐久性相对较差。相比之下,一维、二维体系固有的各向异性赋予这些材料独特的表面配位状态、高纵横比、快速的质量和电子传输速率以及良好的化学稳定性,从而实现高催化活性和高稳定性。

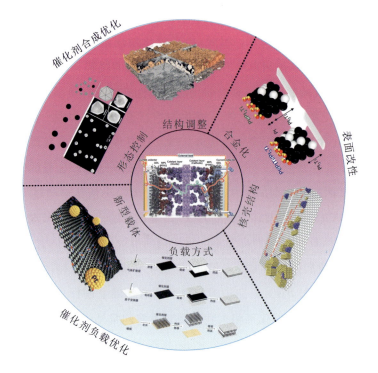

图 5-7 催化剂耐久性的提升策略

对催化剂进行合金化和去合金化,用以提升催化剂的稳定性。与单金属催化剂相比,将铂与其他金属合金化,通过缩短 Pt—Pt 键距、d 带中心下移等来优化铂合金的电子结构,从而提高氧还原反应电化学活性和稳定性。通过合理的设计,合金化还能通过抑制碳腐蚀来保护催化剂,从而提高催化剂的耐久性[20]。然而最常用的过渡金属(如 Co、Ni、Fe)并不稳定,在燃料电池电堆工作时会发生溶解,导致活性下降,并降低离聚物和电解液的质子导电性,并且会浸出,影响催化剂以及离聚物和电解质膜的性能。因此,催化剂合金化后还往往需要通过牺牲非贵金属原子,即去合金化提高铂催化剂的耐久性。

结构控制是指采用特殊结构或物理、化学限域作用来实现催化剂的高稳定性,从而增强其耐久性。特殊结构如核壳结构[21]。核壳结构是采用具有电化学稳定性的材料包覆铂颗粒,通过空间位阻或形成配位键来抑制铂的溶解、迁移,从而大大提高催化剂的稳定性。最常用的核壳结构为碳包覆铂,尽管碳壳可以使催化剂的耐久性提高,但太薄的碳涂层易于发生碳腐蚀现象而迅速失去保护作用,不能有效地保护铂纳米粒子。太厚的碳涂层则会将铂覆盖,使催化剂活性下降。无序石墨化层的厚度是控制电催化性能的关键,而通过对碳涂层厚度的精确调控可以使其厚度达到理想的状态。此外,还可以利用多孔的厚氮掺杂碳(N—C)层封装大尺寸 Pt 壳/Ni 核(PtNi)颗粒制备 N—C/PtNi 催化剂。利用空间位阻和化学键,即 N—C 层的包覆与 N、Pt 之间的相互作用,可有效阻碍催化剂颗粒迁移与溶解。同时,通过对各组分尺寸、结构的把控将各成分的优势组合,以抵消其尺寸、结构劣势。

此外,还可以利用无机氧化物(如氧化锆、二氧化硅、二氧化锡或氧化锡)来抑制催化剂颗粒的降解。例如,通过面积选择性原子层沉积氧化锆纳米笼包裹铂催化剂制备高稳定铂基催化剂。由于催化剂制备过程中添加了封闭剂,氧化锆仅在铂纳米粒子周围生长,并没有沉积在铂表面,避免了氧化锆堵塞催化剂的活性中心,通过精确控制金属氧化层可以形成纳米笼结构。

(2) 载体衰减的缓解。目前,广泛应用的商业催化剂载体是用于质子交换膜燃料电池的球形炭黑(即 Vulcan XC-72R、Ketjenblack EC-300J)。与铂纳米颗粒的稳定性相比,载体的稳定性对质子交换膜燃料电池系统的运行至关重要。对于催化剂载体的标准,美国能源部规定以 500 mV/s 的扫速,在 $1.5\ A/cm^2$ 的电流密度下,$1.0\sim1.5\ V$ 的电位内对载体以三角波循环加载 5000 次后,电位损失应小于 30 mV,并且催化剂的电化学活性表面积衰减不得超过 40%。载体材料常见的耐久性提升策略主要是开发新型催化剂载体或对碳载体表面进行改性。

为了减缓载体的腐蚀,催化剂载体材料不仅应具有化学和电化学稳定性,而且要与铂纳米颗粒具有较强的相互作用,还应该具有高导电性和多孔结构。具有封闭的结构和更高的石墨化程度的材料具有更强的抗氧化作用,可用于提高催化剂层的稳定性。比如,石墨烯具有独特的片状结构,对锚定铂和传导电子具有积极的影响[22]。研究人员将石墨烯用作碳载体,并引入氧官能团将催化剂均匀锚定在三维石墨烯蜂窝状内壁表面。三维石墨烯的片状结构减缓了快速流动的电解质对催化剂的冲刷,促进了催化剂在蜂窝状空腔中更稳定的反应,并减少了贵金属催化剂纳米粒子的脱落。此外,氧基团通过改变界面化学性质,增强了对催化剂纳米粒子的锚定,减少了长期工作期间的团聚。但石墨

烯的 π—π 键堆积和范德瓦耳斯相互作用使得催化剂难以均匀分散,因此人们又开发了耐蚀性较好的石墨化碳。但石墨化碳表面疏水性较强,铂颗粒会优先在石墨碳的裂隙和缺陷位置成核,而不在具有化学惰性的石墨化表面上成核,这使得在石墨化碳的连接处和边缘处极易发生铂颗粒的团聚。其他常见的提高催化剂催化活性和稳定性的方法还有很多:采用具有较大的比表面积和孔隙结构的多孔载体,可以增加催化剂的活性位点及催化剂与反应物的接触面积,从而提高催化剂的催化活性和稳定性;采用具有较小的粒径和高比表面积的纳米载体,可以提高催化剂的活性位点密度和催化剂与反应物的接触面积,从而提高催化剂的催化活性和稳定性;采用具有较高的抗氧化性和耐蚀性的氧化物载体,可以保护催化剂的活性位点,从而提高催化剂的催化活性和稳定性;采用具有较高的表面活性和化学稳定性的有机-无机复合材料,可以提高催化剂的催化活性和稳定性。总之,新型耐久性催化剂载体的开发需要综合考虑催化剂的活性、稳定性、耐蚀性等因素,并采用合适的制备方法和材料进行设计。

对碳载体表面进行改性的方法有很多[23-28],具体可分为氧化改性、氮化改性、接枝改性、氟化改性四种。氧化改性,就是利用氧化剂(如空气、氧气、过氧化氢等)处理碳载体,使其表面发生氧化反应,形成羧基、酮基、羟基等官能团,增加碳载体表面活性和亲水性,提高其与催化剂的结合力和稳定性。氮化改性是指将碳载体暴露在氨气、氮气中,使其表面发生氮化反应,形成氮化碳,增加碳载体表面的硬度和耐蚀性,提高其抗氧化性和稳定性。接枝改性就是在碳载体表面引入一些具有活性官能团的分子,如氨基、羟基、羰基等,通过化学键或物理吸附的方式将催化剂固定在碳载体表面,增加其催化活性和稳定性。氟化改性是指利用氢氟酸、氟化铵等处理碳载体,使其表面发生氟化反应,形成氟化碳,增加其表面亲水性和耐蚀性,提高其抗氧化性和稳定性。

2) 质子交换膜的改进策略

车用燃料电池的一般工作温度为 60～80 ℃,当出现气体渗透现象,或者出现燃料"饥饿"情况时,燃料电池内部会出现局部高温。温度过高会导致质子交换膜发生热衰减,热衰减通常伴随机械衰减和化学衰减,当质子交换膜出现局部薄弱点时,热衰减会使该处的膜减薄速度加快,最终引起质子交换膜失效。针对车用燃料电池使用的质子交换膜,研究工作者开发了多种方法,以提高其结构稳定性,这些方法包括:优化膜材料的化学结构和制备工艺,以提高膜的稳定性和耐久性;优化电堆的运行条件(如温度、湿度、压力等),以提高膜的传质性能;开发新型质子交换膜,如高温稳定的磺酸型聚合物膜、离子液体膜等;引入纳米材料,如纳米粒子、纳米管等,以增强膜的力学性能和传质性能;采用新的膜组装技术,如层叠式组装、多层膜组装等,以提高膜的稳定性和耐久性;加强膜的表面改性,如进行表面疏水化、表面修饰等处理,以提高膜的耐化学腐蚀性和抗污染性;优化电堆的设计和结构,以提高膜的使用寿命和稳定性。

(1) 从制备工艺角度来看,提高质子交换膜稳定性的方法一般包括物理强化和化学修饰两种(图 5-8)。物理强化包括膜退火、单轴拉伸和结构复合等。对聚合物进行膜退火处理可以提高聚合物的结晶度。通过单轴拉伸可以有效地提高膜的弹性模量,减少面积膨胀,并轻微提高质子电导率。结构复合增强是将机械稳定性高的有机或无机多孔材料作为支撑体、将含氟聚合物质子传导体制成复合体,分别起到增加强度和传导质子的作用。比如以聚四氟乙烯多孔膜作为支撑材料,可赋予复合膜良好的机械强度和尺寸稳定性,以避免质子交换膜材料吸水过度,发生溶胀而造成催化剂层与膜剥离。因此,通过结构复合增强不仅可提升膜的机械稳定性和耐久性,也能有效降低膜的厚度。化学修饰是通过改进膜材料的化学交联情况,使聚合物结构稳定,从而达到降低膜的尺寸膨胀率和提升其机械稳定性的目的。常用的化学修饰方法有制备增强复合膜、添加稳定聚合物基团、使用过氧化氢淬灭剂。比如,在质子交换膜中加入过氧化氢淬灭剂可以减轻或规避自由基攻击造成的化学降解[29]。掺杂过渡金属离子、有机抗氧化剂或杂多酸至质子交换膜中,可以减少羟基自由基,抑制膜的化学降解,提升质子交换膜的化学稳定性。

(2) 通过掺杂也可增强膜的机械强度及耐久性。加入无机填料,即将无机固体填料(最好是纳米级)掺入聚合物基体中,可以显著改善膜的力学性能。填料可以与疏水聚合物主链或磺酸官能团相互作用,填料与聚合物之间既有强化学(共价键、离子键)作用,又有弱物理相互作用。此类填料因具有优异的化学和物理稳定性且商业用途广泛而经常用于 Nafion® 膜。此外,由于无机填料具有亲水性,Nafion® 膜/无机填料复合膜更容易保持水分,因此掺杂了无机填料的质子交换膜在高温(>80 ℃)和低相对湿度(≤50%)下表现出更好的性能,

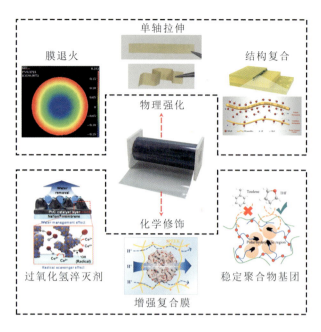

图 5-8 提高质子交换膜稳定性的方法

并且加入无机填料还可以降低反应气体的渗透性或氧化降解自由基。有许多种填料可用于强化质子交换膜的机械稳定性,这些填料包括碳纳米管、氧化物和层状材料。掺杂碳材料也可改进质子交换膜的性能,如用氧化后的多壁碳纳米管和改进的 NaOH 溶液浇铸法制备多壁碳纳米管(MWCNT)/Nafion® 增强膜。用这种方法制备得到的 MWCNT 均匀地分散在 Nafion® 膜中。结果表明,此类膜的质子电导率和电化学性能与 Nafion® 膜基本相当。NaOH 处理和 MWCNT 氧化,使得碳纳米管和 Nafion® 膜之间形成共价键或离子键,从而可改善 Nafion® 膜/DMAC 溶液的分散性,避免团聚现象出现。更重要的是,Nafion® 膜和处理后的 MWCNT 之间的界面可以有效传递 MWCNT 和 Nafion® 树脂之间的应力,从而提升了膜的机械强度。除此之外,将二元金属氧化物用作填料,得到的复合膜也拥有优秀的力学性能,并且这样还可以改善膜的水管理能力,从而使膜在较高温度(>80 ℃)或低相对湿度(如使用低露点原料气)情况下拥有更好的电化学性能。最成熟的用于增强质子交换膜机械强度的技术是添加机械稳定性良好的聚合物基体,例如聚四氟乙烯,因为它具有优异的稳定性和机械强度[30,31]。与无机填料相比,有机填料由于与质子交换膜具有相似的性质,具有更好的相容性。

（3）加入稳定聚合物基团来改进质子交换膜。通过侧链或端链交联改性聚合物结构来实现化学交联,从而有效提高质子交换膜的机械强度并减轻溶胀现象。例如,通过 Nafion 和聚乙烯醇(PVA)之间的氢键络合[32],用 4-羧基苯甲醛(4-CBA)分子进行改性,制备出具有高机械稳定性、强质子传导性的 4-CBA/Nafion-PVA4h 膜。4-CBA/Nafion-PVA4h 膜表现出较强的力学性能,极限抗拉强度约为 20.3 MPa,应变约为 380%。膜具有的愈合能力源于 Nafion 和 4-CBA 改性 PVA 之间氢键相互作用的可逆性,以及 Nafion 和 4-CBA 改性 PVA 的高链迁移率。该复合膜可以在工作状态下修复穿透整个膜的几十微米宽孔洞来恢复其原有的机械强度和电化学性能。

除了以上三种主流的质子交换膜改进策略,还有很多质子交换膜改进方案。比如,可以通过热处理增加聚合物的结晶度、降低聚合物链间的自由体积来提高质子交换膜的耐久性;利用高沸点溶剂对 Nafion 进行膜重构,使其溶解度降低,晶体的有序度增大,力学性能更好。

3）气体扩散层的改进策略

气体扩散层的生产技术相对较为成熟、工艺稳定。近些年,气体扩散层的生产工艺也没有发生太大的变化。为了改进气体扩散层的性能,采用的改进策略包含多个方面。通过选择材料、优化孔隙结构、增加表面涂层、改善润湿性和压力均衡等策略,可以改进车用燃料电池的气体扩散层,提高燃料电池的性能和稳定性。第一,材料选择,选取具有较高导电性和较低电阻的材料作为气体扩散层的基底材料,如碳纳米管、碳纤维等,这样可以减小气体扩散层的电阻,提高燃料和氧气的输送效率。第二,优化孔隙结构,通过调控气体扩散层的孔隙结构,使其具有适当的孔径和孔隙分布。第三,增加表面涂层,在气体扩散层的表面涂覆一层薄膜(包括聚合物、碳纳米管等),可以增大气体扩散层与催化剂层之间的界面接触面积,提高燃料和氧气的传递效率。第四,通过表面处理或添加润湿剂等方式来改善润湿性,使其能够更好地吸附和传递水分子,提高水的传递速率,减少水的滞留,防止水滴阻塞孔隙。第五,压力均衡,在气体扩散层中设置均衡孔或通道,使燃料和氧气在气体扩散层中均匀分布,减小压力差,提高气体的扩散速率。

技术的改进主要体现在薄型化,可以减小传导阻力,改善电堆极化,同时扩大生产规模,降低成本,提升在线控制和数字化管理水平。从生产工艺来看,制备气体扩散层时,树脂涂胶固化、高温石墨化热处理、疏水层涂布、微孔层涂布等工艺基本相同,在碳纤维制备原纸环节则有三种技术,即湿法(造纸法)工艺、干法无纺布生产工艺、碳纤维编织工艺。相较之下,湿法工艺采用水分散系统,成纸均匀度好,有利于提高孔隙率、孔径分布等指标,有利于生产薄型气体扩散层。而研制亲/疏水性合理、表面平整、孔隙率均匀且高强度的气体扩散层材料,是氢燃料电池的关键技术。具体耐久性改进策略,主要从改进支撑层和微孔层两方面进行[33]。

在改进支撑层性能方面,通过调整聚四氟乙烯的含量、选择不同疏水性材料等来使碳纸中的亲水孔和疏水孔的比例发生变化,从而提高碳纸的水管理能力。在降低碳纸的电阻方面,可通过对碳纸进行改性来增加碳纤维的导电性。在改善碳纸孔径方面,可通过采用不同长度的碳纤维来使纤维之间产生不同的孔径;将双层或多层结构的碳纸作为支撑层来改善气体扩散层中的孔径分布。在提高碳纸的机械强度方面,可选择强度比较高的碳纤维作为制备碳纸的原材料,或者选择具有较大黏合力的黏合剂来增加碳纸的机械强度。

微孔层研究的主要目标是提高电池的水管理能力以及气体扩散能力。比如,研究微孔层的亲/疏水性、导电性、孔径、孔隙率、双层或多层微孔层对电池性能的影响等。微孔层的耐久性提升方案有很多,例如:通过改进气体扩散层的制备方法来提高微孔层和基材的结合度,在基底层预处理时对基底层进行表面粗糙化处理,增加微孔层涂层和基底层的结合度;在微孔层浆料配制时向微孔层浆料中加入成膜剂,有效防止微孔层在干燥过程中开裂;制备气体扩散层时,对气体扩散层进行热压处理,增加微孔层和基材的结合度,提高气体扩散层的平整度,保证微孔层平整无裂纹,防止微孔层的脱落,从而延长燃料电池的寿命。具有梯度化孔隙率的气体扩散层更加有利于水和气体的传输。

2. 双极板的改进策略

双极板的性能也是影响燃料电池使用寿命的关键因素。美国能源部对双极板的要求如下:成本要小于3美元/kW,质量低于0.4 kg/kW,腐蚀电流小于$1～\mu A/cm^2$。所以,为了减小燃料电池组的总质量、降低制造成本、延长电池寿命,新型燃料电池双极板材料的开发显得尤为重要。理想的双极板具有耐蚀性优异、价格低廉、质量小以及导电导热性能好的特点。双极板的材料选择和流场板的流道设计对电池性能、运行效率和制造成本有很大影响。

双极板表面都有加工出的流道,起着反应气分布、电流收集、机械支撑、水热管理以及阴、阳两极反应气分隔的重要作用。实际上,燃料电池电堆的设计在很大程度上就是双极板的设计。适当的流道设计能使电池性能提高50%左右。双极板流道设计创新目前主要涉及流场结构[34,35]。双极板设计应该能调节同一流场内各个区域的温度,使之达到满意的水热管理水平。流场设计需要考虑车辆行驶惯性的影响,在加速、急停等工况下可能会造成反应生成水无法排出的现象。目前最常见的流场结构包括平行/变截面、蛇形等。直通道结构的流场,由于气体的传输主要依靠扩散作用,当气体做层流运动时,气体向膜电极的传递就相对比较弱,可以使流道内部形成粗糙表面从而产生湍流,来促进消耗层气体与富积层气体的混合,但是这种产生湍流的方法会增加流场进出口压差。鉴于二维平面流道的气体均匀流动被流道限制,研究人员开发了三维流道,主要原因如下:第一,三维流道为气体均匀分布提供了更大的可能性,各流道内的气体不会被限制在单一的流道内,相邻流道内气体的交互更加自由,且有更多的湍流;第二,在传统沟-脊式流道中,从流道/流场向膜电极输运反应气基本依靠浓差扩散作用,效率低下;第三,三维流道类似喷嘴,强制对流,通过节流加大流速,可以更好地促进气体进入扩散层。三维波浪形流场在垂直于流道平面方向上存在速度分量,使得氧气能够垂直于流道平面以对流形式进入催化剂层,随着电流密度逐渐增大,氧气传输能力增强,使得浓度损失变小。而蛇形流场的下游区由于流道过长,非常容易发生水淹现象。为克服这个问题,三维梯度深度波浪形流场的流道深度从上游区到下游区逐渐减小。该设计可使下游区流道平面方向和垂直于流道平面方向的气体速度更大,最终使电池的氧气传输和排水性能增强。

在材料选择上,石墨在燃料电池的环境中具有良好的化学稳定性,同时具有很高的电导率,是目前质子交换膜燃料电池中应用最为广泛的双极板材料。但是,石墨及其复合材料脆性大、渗气性高、成本较高,相比之下,金属双极板强度更高,具有更好的成形性、抗冲击性和较低的渗气性。

金属双极板具有电导率高、价格低、工艺制法多样、机械强度高等优点,但其易受腐蚀、密度大、质量大、表面易形成氧化物薄膜,且金属离子易污染。金属双极板的技术难点在于板的成形、金属双极板表面处理,其中以非贵金属(如不锈钢、铝合金、钛合金、泡沫金属等)为基材、辅以表面处理的双极板技术是研究的热点。受车辆空间限制(尤其是轿车),乘用车燃料电池具有高能量密度需求,金属双极板相较于石墨及复合双极板具有明显优势。金属双极板的导电性和耐久性受到表面形貌和结构的影响。在恶劣的工作环境中,金属双极板可能发生表面腐蚀和钝化。由于钝化膜能够保护膜下金属不受进一步的腐蚀,燃料电池可以直接使用不锈钢、Al、Ti等容易形成钝化膜的材料作为双极板。但是,钝化膜改变了双极板和扩散层的表面形貌,导致界面接触电阻增大,会降低输出功率。另外,与石墨和石墨复合双极板相比,金属双极板的耐蚀性相对较差,在燃料电池的强酸(pH 为 3～5)、高温(60～95 ℃)、高湿环境并有一定的极化电位下运行,金属双极板中溶出的金属离子可能会污染燃料电池的质子交换膜。因此,研究金属双极板表面涂层改性技术,提高金属双极板表面的导电性和耐蚀性,降低与气体扩散层界面的接触电阻,提高燃料电池输出寿命,对于推动燃料电池金属双极板的商业化使用具有重要的理论和实际应用价值。

复合双极板也是一种较为常用的双极板。复合双极板能较好地结合石墨双极板与金属双极板的优点,密度低、耐蚀、易成形,能使电堆装配后达到更好的效果。但是目前加工周期长、长期工作可靠性较差,因此没有得到大范围推广。复合双极板近年来也开始有应用,如石墨/树脂复合材料双极板、碳/碳复合材料双极板等。

3. 密封件的改进策略

燃料电池电堆由多个燃料电池单体以串联方式层叠组合构成,双极板与膜电极交替叠合,各单体之间嵌入密封件,经前、后端板压紧后用螺杆紧固,即构成燃料电池电堆。电堆工作时,氢气和氧气分别经电堆气体主通道分配至各单电池的双极板,经双极板导流均匀分配至电极,通过电极支撑体与催化剂接触进行电化学反应。通过密封圈、垫片等附件来实现的密封是电堆可靠运行的必要前提。

车用燃料电池与电堆运行温度普遍在 60～90 ℃,即燃料电池对耐热性的要求相对较低。对密封部件组合的整体要求主要包括：高气密性、低透湿性、高耐酸性、低离子溶出量、高绝缘性、良好的回弹性、良好的吸振和抗冲击性能。密封件的改进方法首先是材料优化，即选择具有较高耐热、耐压、耐腐蚀等特性的材料作为密封件的材料，比如氟橡胶、聚醚醚酮（PEEK）等。考虑密封圈和垫片等对材质弹性和表面粗糙度的要求，常用材料有硅橡胶和聚烯烃类橡胶。聚烯烃类橡胶的碳碳键主链比常规橡胶的硅氧键主链更短，因此具有更好的抗老化和抗疲劳特性。氟橡胶是在橡胶主链和侧链碳原子上含有氟原子的高分子聚合物，相较于硅橡胶具有耐高温、耐腐蚀、耐溶胀、耐老化和力学性能好等优势，虽然其生产工艺相对复杂、成本较高，但已经成为燃料电池常用的核心密封材料。

此外，还可以采取以下措施：通过优化密封件的结构，如增加密封件的接触面积和厚度等，来提高密封件的密封性能和耐久性；通过采用更加先进的制造工艺，如材料表面处理工艺，来提高材料的耐磨损和耐老化能力；通过精密注塑、激光切割等技术，提高密封件的精度和一致性，避免制造过程中的质量问题对密封件造成影响。在使用过程中，可以采取一些保护措施，如加装过滤器，避免杂质进入密封件中；采取适当的润滑和冷却措施，避免密封件在高温和高压下受损。最后需要说明的是，密封件的封接方式也非常重要，目前常见的封接方式有机械封、焊接封、压缩封等，需要根据具体情况选择合适的封接方式。

5.2.2 车用燃料电池电堆系统组件的改进策略

车用燃料电池电堆系统组件有很多，主要包括储氢罐、压缩机、电子控制器等，常从材料选择、优化控制系统、定期检查和维护等方面来保证其稳定性（图5-9），它们的性能提升方法也各具特点。比如，针对储氢罐，可采用高质量的材料，如碳纤维复合材料，能够提高储氢罐的耐久性和耐蚀性。针对电堆系统，则可优化燃料电池电堆的设计和制造工艺，采用高质量的材料和零部件，避免过度放电或过度充电，定期进行清洗和检查，及时更换失效的零部件，可以有效提高燃料电池电堆的耐久性。电堆外部组件的耐久性虽然也会对系统的使用寿命产生影响，但是由于外部设备的维护更换较为简单，我们只重点讨论对车用燃料电池电堆系统耐久性影响较大的压缩机、氢气循环泵和加湿器等的改进策略。

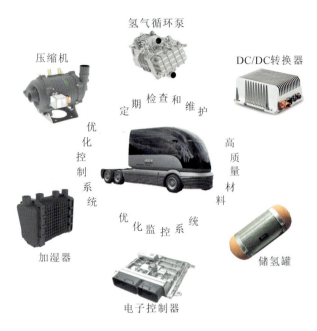

图 5-9　车用燃料电池电堆系统组件常见改进策略

1. 压缩机改进策略

车用燃料电池系统中的压缩机主要用于将氢气压缩到所需的压力，以供给燃料电池电堆。车用燃料电池压缩机的性能改进方式有多种，如可以：优化压缩机的设计和工作参数，改变叶片的形状、角度和数量，优化进出口口径和流道设计等以提高其压缩效率；采用轻量化材料、紧凑的设计和集成化的结构，减小压缩机的尺寸和质量，以提高车用燃料电池系统的整体性能；通过优化压缩机的工作参数、改进压缩机的控制策略和采用能量回收技术等方式来降低压缩机的能耗，以提高整个燃料电池系统的能源利用效率等。

压缩机本身耐久性的提升则可从以下几个方面入手。第一，选择高质量的材料和零部件，采用耐高温、耐腐蚀和耐磨损的材料可以降低压缩机发生故障和损坏的风险。第二，要采用先进的制造工艺和表面处理技术。第三，定期进行维护和保养，这是确保燃料电池压缩机可靠性和耐久性的关键，包括清洁、润滑和更换磨损的零部件。第四，燃料电池压缩机工作环境中的温度和湿度对其可靠性和耐久性有重要影响，要确保压缩机周围的温度和湿度处于适宜的范围内，以提高其可靠性和耐久性。第五，在车辆运行时进行适当的控制和监测，安装控制和监测系统可以帮助及时检测和纠正潜在问题。这些系统可以监测压缩机的运行状态、温度、压力和振动等参数,并在异常情况下发出警报。通过及时采取措施,可以避免故障的发生,并延长燃料电池压缩机的寿命。

除了上述改进措施,车用燃料电池在运行时的振动问题也不容忽视,它会对系统的使用寿命产生重要影响。优化压缩机的设计和制造过程,可以减少噪声和振动的产生。采用先进的工程技术和制造工艺,确保零部件的精确配合和平衡,可以降低噪声和振动。使用高质量的润滑剂和润滑系统,可以减少零部件之间的摩擦和磨损,从而降低噪声和振动。确保零部件的平衡和对称,可以减少不必要的振动。通过声学优化,可以改善燃料电池汽车压缩机的噪声特性。例如,通过调整进气口和排气口的位置和形状,可以减少气流噪声。优化压缩机的内部结构和布局,可以减少噪声的产生和传播。通过采用先进的控制算法和传感器,可以实时监测和调整压缩机的运行状态,以减少噪声和振动。此外,合理设计压缩机的启停策略,也可以降低噪声和振动的平均水平。

总之,通过提高压缩机的效率、减小噪声和振动、提高可靠性和耐久性、优化尺寸和质量以及降低能耗等策略可以提高燃料电池系统的整体性能和可靠性。

2. 氢气循环泵改进策略

车用燃料电池系统中,氢气循环泵是一个重要的组件,它起到将氢气从储氢罐中抽出,并通过氢气循环管路输送到燃料电池电堆中的作用。氢气循环泵的性能和可靠性会直接影响燃料电池车辆的运行效率和安全性。

氢气循环泵的改进需要满足高效、稳定、可靠和安全的特点。第一,可以通过优化泵的设计和工艺,提高氢气循环泵的效率。例如,采用先进的涡轮设计、减少内部摩擦和泄漏、提高叶轮的流体动力学性能等,可以减少能量损失并提高泵的效率。第二,使用隔声材料和减振装置来隔离泵的噪声和振动,同时优化泵的结构和平衡,可以减小噪声和振动。第三,使用高质量的材料和零部件,确保泵的结构强度和耐腐蚀性能,可以提升泵的耐久性。定期维护和保养也是确保泵长期可靠运行的关键。第四,通过优化氢气循环泵的控制系统,可以提高系统的稳定性和效率。采用先进的控制算法和传感器,实时监测和调整泵的运行状态,以满足系统需求并减少能量损失。合理设计泵的启停策略,可以降低能耗和磨损。第五，在设计和制造氢气循环泵时，应考虑安全性因素。采用可靠的泄漏检测和防护装置，确保泵在异常情况下能够及时停止运行并采取适当的安全措施。

3. 加湿器改进策略

加湿器是燃料电池的重要组成部分，其性能直接影响燃料电池电堆的电化学反应效率。当燃料电池汽车运行时，质子交换膜含水量过高，被水覆盖会导致其无法正常工作；质子交换膜含水量过低，无法有效传导质子，使电堆工作效率下降，且质子交换膜易损坏。由此可以看出，燃料电池加湿器非常重要，其能够控制合理的工作环境湿度，对提高燃料电池工作效率、保证燃料电池稳定运行具有重要意义。

加湿器改进策略主要包含以下几方面。第一，减少加湿器的能耗。减少加湿器能耗可以提高燃料电池汽车的整体能效。采用低功耗的加湿器，如低功率电加热器或膜加湿器，或者根据实际需求调整湿化水的供应量，都可以降低能耗。第二，使用耐腐蚀和耐高温材料，确保加湿器的结构强度和耐久性。定期维护和保养，如清洁和更换湿化膜，也是确保加湿器长期可靠运行的关键。第三，通过优化加湿器的控制系统，可以提高系统的稳定性和效率。采用先进的湿化控制算法和传感器，实时监测和调整湿化水的供应量，以满足电堆的湿化需求并减少水分浪费。优化加湿器的温度和压力控制，以及气体流动的分布和均匀性，也可以提高湿化效率。第四，用先进的湿化膜材料和结构，增加湿化面积和接触时间，可以提高水分的传递效率。此外，合理制定加湿器的启停策略，可以降低能耗和磨损。

5.2.3 动态运行工况下的改进策略

动态循环工况是指车辆运行过程中由于路况不同，燃料电池输出功率随载荷的变化过程。仅仅提高固有属性的耐久性，并不能消除启动-停车循环、动态负载等正常工作状态变动造成的耐久性损失，仅能起到推迟组件报废的作用。相比较而言，优化系统控制能更好地消除状态改变造成的影响，同时，优化系统控制还有便捷、低成本的优势。

1. 启动-停车循环工况下的改进策略

对于启动-停车循环所造成的氢气-空气界面,吹扫和施加辅助负载以消耗阳极处的残余氢气和阴极处的氧气是两种最常用的手段。吹扫是通过预先通入气体来控制燃料电池电堆内部气氛,具有实施简单、不需要额外部件的优点。气体吹扫的形式多种多样,如阳极的氮气、空气吹扫,阴极排气循环和氢气吹扫。对于吹扫策略的优化也越来越细致,包括操作条件、燃料电池几何形状优化,调整循环持续时间、吹扫间隔和改变吹扫阀直径等。然而,气体吹扫虽然可以有效地减少阳极氢气界面的形成,但过量的反应物仍保留在流道中,甚至加速阳极的溶解。此时,若使用外接电路辅助负载来消耗反应气体,在启动操作期间消除残余氧气或在停机操作期间消除残余氢气,使得阴极中残留空气被消耗成为保护性气体(氮气),有助于释放电池内的残余气体。例如:联合技术公司在启动和关闭电池期间利用辅助负载的手段,可有效抑制高电势。还有人研究了电堆在有无辅助负载保护下的整个启停过程。结果表明,有辅助负载保护的启停过程与无保护的相比,燃料电池的关机时间从 60 s 缩短到了 10 s,说明利用辅助负载可以有效地降低启动-停车循环带来的影响。

除此之外,由于在启动和停车过程中阴极处容易出现高电势,降低阴极电势也能缓解启动-停车循环的负面影响,例如断开主负载与外部电路的连接,或在启动和停车过程中使电池"短路"以保护燃料电池电堆。总的来说,这些启动-停车循环的改进策略主要用于缩短阳极的氢气-空气界面存在时间,并避免阴极的电势大幅度提高[36]。

2. 动态负载工况下的改进策略

当燃料电池电堆负载快速变化时,容易发生反应气"饥饿",甚至导致电池反转。在动态负载期间,避免反应气"饥饿"的常用方法是加入前馈控制,在负载变化之前提供足够的反应气。此外,利用氢气回流实现一定的循环控制,也是避免反应气"饥饿"的有效途径。除了在调整供气方面进行的控制,在阳极出口加装储氢罐,以消除缺氢现象,可以有效避免电池反转[37]。类似地,在阳极中使用储氢材料,在瞬态负载或局部溢流引起气体匮乏期间供应氢质子也具有一定的可行性。例如,哈拉莱等人将 WO_3 储氢材料用在燃料电池阳极中,以解决阳极通道出现的所有氢气不足问题,研究证明,在氢气流动停止时,WO_3 可以显著减缓气体扩散电极进入析氧区域的电压偏移。另外,在最初的燃料电池电堆设计、加工和组装阶段,确保每个单体电池的电阻分布均匀,确保在动态负载下不会有单体电池出现反应气"饥饿",从而导致整个电堆失衡,也非常重要[38]。

在电堆设计方面,可以通过增加电堆的尺寸和数量,增加电堆的总输出功率,提高电堆的动态响应能力;在电控系统方面,可增加电池管理系统和智能控制系统,以实时监测电池的状态和负载变化,通过调整电堆输出功率来适应不同的负载需求;在物料输送方面,可通过提高氢气储存系统的储存容量和输送能力,以满足燃料电池汽车在不同负载情况下的需求;在输出动力方面,可通过优化动力总成的设计和控制系统,提高燃料电池汽车在不同负载情况下的动态性能和效率。

3. 怠速运行工况下的改进策略

当汽车低载或怠速运行时,燃料电池电压处于较高范围,阴极电位通常在 0.85~0.9 V 之间,这个电位下的碳载体腐蚀与铂氧化也会直接导致燃料电池性能衰减。在当前规定的燃料电池汽车使用寿命周期内,怠速运行时间可达 1000 h,因此怠速运行状态引起的材料衰减同样不可忽视[39]。在控制方面:首先,可以利用混合动力控制策略,在低载时通过给二次电池充电,提高电池的总输出功率,也可起到降低电位的目的;其次,可以设置低功率模式,在怠速运行时降低系统的负载,减少燃料消耗。另外,超级电容器具有高功率密度和快速充放电的特点,可以在怠速启动和瞬间加速时提供额外的能量支持,减小燃料电池系统的负荷,降低系统的能量消耗。此外,通过调小空气量,同时采用循环尾排空气、降低氧浓度的办法,可以达到在怠速运行时防止电位过高的目的。

4. 反极的改进策略

氢气不足是造成反极现象的本质原因,但在车用燃料电池运行中,采用过量氢气来抗反极的方法受到诸多限制。当前,为了应对反极现象,可采用以下两种主要策略:优化系统控制和改进电极材料,即缩短反极持续时间并减小反极结束电压,同时在膜电极催化剂中增加新材料。在系统控制方面,可以通过监测运行参数,调节气体流量、负载变化和气体湿度等来减缓膜电极的退化。

优化系统控制,主要是指利用专门的传感器和特定的软件来监控燃料电池系统的运行参数(系统压力、电池温度、湿度和电流密度等)的变化,并通过调节反应物流量和负载变化来控制系统湿度和温度，抑制或减缓催化剂降解，将燃料电池反极损伤最小化。该策略主要通过辅助设备监测燃料电池电堆中的单片电池或电池组的电压来检测反向电池电压，结合电极分割技术来检测电流密度分布和温度分布。通过对监测的电池电压变化范围设置报警值，系统可以调整操作参数，如气体流速、操作负载和水管理等，以避免电池反极现象的发生。虽然系统控制可以作为延长燃料电池寿命的有效方法，但是其需要外围传感器监控并反馈信息，甚至调节系统参数以保证燃料电池系统的稳定运行，所涉及的额外设备不仅增加了系统的复杂性，同时还提升了系统成本，并且无法解决单片电池反极问题。此外，电池逆转和阳极燃料短缺是暂态条件，连续监测各种参数的变化存在一定的弊端。

与优化系统控制策略相比，改进电极材料，从而完善燃料电池结构的设计和电极组成更为重要。因为所有形式的电池反极损伤最终都会导致系统材料性能的退化，所以材料优化策略能够最大限度地减少电池反极现象，提高燃料电池的耐久性与可靠性。材料优化策略主要体现在电极材料和催化剂层设计两方面。在电极选材方面，高性能催化剂、碳载体材料和促进水氧化反应成为重点考虑的方向。首先，在阳极中添加电解水析氧金属元素是最常用、最简单、最符合现实的抗反极方案。一方面，Ir、Ru及其氧化物电解水析氧反应（OER）催化剂能够显著降低析氧反应进行的电位，使水电解更加容易进行。当阳极缺乏氢燃料时，催化剂对析氧反应的催化作用使得析氧反应代替析氢反应（HER）提供了阴极需要的大部分的氢质子与电子，从而抑制了竞争反应碳腐蚀的发生。另一方面，水也是碳腐蚀反应的反应物之一，析氧反应的催化剂催化电解水析氧反应消耗了大量的水，也会使碳腐蚀反应得到抑制。其次，选用耐腐蚀支撑材料，如在阳极中使用石墨化和修饰的碳载体、金属氧化物和金属碳化物载体，能够提高改性碳载体耐久性，同时，在反极和碳表面的简单改性条件下，碳的氧化也不可避免。相比之下，金属氧化物和金属碳化物载体具有良好的耐蚀性，但是这些载体的导电性和比表面积较小，使其在燃料电池电堆中的应用受限。

5. 水管理失衡的应对措施

燃料电池汽车运行时水管理失衡可能会导致电池系统的效率下降、寿命缩短甚至系统故障等问题。为了避免水管理失衡对燃料电池的影响，需要采取一系列措施来优化燃料电池的水管理系统。例如,可以加强水循环管理,建立完善的水循环管理体系,对水的进出口的流量、水温等进行监测和调节,保证水的循环平衡和稳定,避免出现水管理失衡的情况;加强水分配平衡,对不同部位的水供应量进行调节,保证每个部位都可以得到相应的水供应,避免某一部位水供应过多或过少;优化电池系统的设计,采用更加高效、稳定的水循环系统,减少水管理失衡的发生;采用传感器和控制系统来监测和控制燃料电池内部的湿度和温度;采用水管理系统来调节燃料电池内部的水分和温度,以确保其稳定运行。同时,为了保证燃料电池系统的可靠性和安全性,还需要采用高质量的材料和设计方案,以降低水管理失衡的潜在风险。

在实际应用中,也有许多成功的例子可以借鉴。例如,日本的丰田汽车公司在其Mirai燃料电池汽车中采用了一种独特的水循环系统,该系统可精确地控制燃料电池的水分和温度,从而实现高效、稳定的运行。另外,美国的通用汽车公司也开发了一种名为Dry Low Temperature(DLT)的燃料电池技术,可以在燃料电池中实现极低的水分含量,并通过智能控制系统来维持水分平衡。

5.3 挑战与展望

随着燃料电池汽车技术的发展和产业化的推进,人们在车用燃料电池的耐久性研究方面已经开展了大量的研究工作,基本摸清了车用质子交换膜燃料电池衰减的原因、特征及其基本规律,在抑制衰减、提升车用燃料电池耐久性方面也开展了大量的卓有成效的研究工作,在研究人员的不懈努力下,车用燃料电池的耐久性已得到了有效的提升。同时,为了更好地解决电堆及系统的耐久性问题,人们也在不断地研究和探索新的材料和工艺,以满足实际应用的需求。

然而,快速发展的燃料电池汽车对车用燃料电池的耐久性不断提出新要求,如何进一步提升燃料电池耐久性仍然是燃料电池汽车发展所面临的重要难题。例如,长时间高功率运行下,电极和电解质膜的氧化还原反应不对称会导致膜损坏和电堆性能下降,反极运行时的化学反应产物可能会对电极和膜产生损害,同时氢气循环泵、加湿器等系统组件的故障也会对燃料电池电堆的耐久性产生不良影响。因此,在车用燃料电池电堆及系统的设计和制造过程中,需要考虑如何减轻这些因素对耐久性的影响。

首先,设计车用燃料电池电堆时,不仅需要考虑耐久性,而且还要兼顾多种因素。一方面,需要满足燃料电池的基本性能指标要求,如功率密度、能量密度、效率等要求。另一方面,还需要满足实际应用的要求,如小型化、轻量化、可靠性高等。而要在这两方面之间取得平衡,又需要考虑材料、结构、流体力学等多个方面的因素,使得设计过程非常复杂。其次,车用燃料电池电堆的制造需要高精度和满足高要求。燃料电池电堆中的各个组件都需要高精度的制造,以确保各组件在尺寸、形状等方面精准契合。特别是燃料电池膜电极组件,由于其涉及多层膜材料的复合,需要采用先进的生产工艺,如热压成形、真空吸附等,以确保其性能和稳定性。再次,对于车用燃料电池电堆及系统的设计和制造还需要考虑不同的应用场景和需求。不同的车型和使用环境都可能对燃料电池电堆及系统的性能、稳定性等提出不同的要求。

展望未来,基础理论研究仍是重中之重,继续开展燃料电池衰减机理、运行控制等基础性研究,对于提高车用燃料电池耐久性至关重要。除此之外,为了提升车用燃料电池耐久性,未来还可从以下几个方面开展工作。

第一,材料和工艺的不断改进。燃料电池电堆中使用的材料会随着时间的推移而老化,从而影响电堆的性能和寿命。因此,需要对电堆中使用的材料进行研究和分析,了解其老化机理和衰减规律,为提高电堆的耐久性提供支持。随着燃料电池电堆及系统的广泛应用,对其耐久性的要求也越来越高,而材料和工艺的改进是提高燃料电池电堆及系统耐久性的关键因素之一。

第二,系统的设计和优化。在整个燃料电池系统中,虽然电堆是核心,但其他组件如储氢罐、氧气通气系统、水管理系统等也会对系统的性能和寿命产生影响。因此,需要通过系统的设计和优化,使整个系统更加稳定、耐久性更好。

第三,可持续性发展。随着全球对环境保护和可持续发展的日益重视,车用燃料电池电堆及系统的耐久性与可持续性、环保的关系日趋密切。在车用燃料电池电堆及系统的设计和制造中,需要考虑如何降低对环境的影响,并在电堆及系统的运行中实现尽可能高的能源利用效率。

第四,标准化和认证。随着燃料电池技术的发展和应用推广,越来越多的车用燃料电池系统进入市场,燃料电池电堆及系统耐久性的标准化和认证变得至关重要。标准化和认证体系的建立可以促进技术的规范化和通用化,提高产品质量,推动市场化进程,为产业的可持续发展奠定基础。

总之,燃料电池电堆及系统的耐久性仍然存在一些挑战,但随着技术的不断发展和研究的不断深入,这些问题将逐渐得到解决。未来,燃料电池产业将会成为可持续能源和低碳交通产业的重要组成部分,为人类创造更加清洁和绿色的未来。

本章参考文献

[1] 赵学良. 美国氢能及燃料电池产业发展现状及启示[J]. 当代石油石化,2021,29(10):10-15.

[2] SHI F L,PENG J H,LI F,et al. Design of highly durable core-shell catalysts by controlling shell distribution guided by in-situ corrosion study [J]. Advanced Materials,2021,33(38):2101511.

[3] 罗璇,侯中军,明平文,等. 质子交换膜燃料电池催化剂的稳定性[J]. 电源技术,2008(6):413-416.

[4] YUAN X Z,LI H,ZHANG S S,et al. A review of polymer electrolyte membrane fuel cell durability test protocols [J]. Journal of Power Sources,2011,196(22):9107-9116.

[5] 申强,侯明,邵志刚,等. PEMFC 碳载体抗腐蚀能力研究[J]. 电源技术,2011,35(1):43-46.

[6] OKONKWO P C,BELGACEM I B,EMORI W,et al. Nafion degradation mechanisms in proton exchange membrane fuel cell(PEMFC)system:a review [J]. International Journal of Hydrogen Energy,2021,46(55):27956-27973.

[7] MODESTOV A D,KAPUSTIN A V,AVAKOV V B,et al. Cathode catalyst layers with ionomer to carbon mass ratios in the range 0-2 studied by electrochemical impedance spectroscopy,cyclic voltammetry,and performance measurements [J]. Journal of Power Sources,2014,272:

735-742.

[8] 陈颖,鲁伊恒,冯文权,等.锰离子及过氧化氢对质子交换膜稳定性的影响[J].电源技术,2017,41(2):223-226,233.

[9] 周江峰,蔡超,饶妍,等.燃料电池微孔层在反极高电势下的电化学腐蚀[J].电源技术,2020,44(8):1126-1128,1147.

[10] 舒清柱,李光伟,窦永香,等.一种质子交换膜燃料电池金属双极板耐久性加速测试方法:CN112798513A[P].2021-05-14.

[11] QIU D K,PENG L F,LAI X M,et al. Mechanical failure and mitigation strategies for the membrane in a proton exchange membrane fuel cell [J]. Renewable and Sustainable Energy Reviews,2019,113:109289.

[12] PAHON E,BOUQUAIN D,HISSEL D,et al. Performance analysis of proton exchange membrane fuel cell in automotive applications [J]. Journal of Power Sources,2021,510:230385.

[13] MENG K,CHEN B,ZHOU H R,et al. Investigation on degradation mechanism of hydrogen-oxygen proton exchange membrane fuel cell under current cyclic loading [J]. Energy,2022,242:123045.

[14] REISER C A,BREGOLI L,PATTERSON T W,et al. A reverse-current decay mechanism for fuel cells [J]. Electrochemical and Solid-State Letters,2005,8(6):A273-A276.

[15] 华周发,余意,潘牧.动态响应对质子交换膜燃料电池性能影响研究[J].电源技术,2011,35(11):1358-1360,1363.

[16] SHAN J,LIN R,XIA S X,et al. Local resolved investigation of PEMFC performance degradation mechanism during dynamic driving cycle [J]. International Journal of Hydrogen Energy,2016,41(7):4239-4250.

[17] 杨骏,张财志,李进,等.PEMFC碳腐蚀机制及缓解策略研究现状[J].电力电子技术,2020,54(12):56-59.

[18] WANG G J,HUANG F,YU Y,et al. Degradation behavior of a proton exchange membrane fuel cell stack under dynamic cycles between idling and rated condition [J]. International Journal of Hydrogen Energy,

2018,43(9):4471-4481.

[19] 李伟斌,郭文林,姚根有,等. 质子交换膜燃料电池阴极催化剂研究进展[J]. 化工新型材料,2021,49(S1):296-300.

[20] 张东方. 质子交换膜燃料电池用催化剂及其电极的研究进展[J]. 化学工业与工程技术,2003(6):33-35,8.

[21] 李治应,曾蓉,蒋利军. Pt 基核壳结构质子交换膜燃料电池氧还原催化剂研究进展[J]. 稀有金属,2017,41(8):925-935.

[22] 黄真,林瑞,唐文超,等. 二氧化钛载体在燃料电池上的研究进展[J]. 电源技术,2014,38(1):174-177.

[23] ISLAM J,KIM S K,KIM K H,et al. Enhanced durability of Pt/C catalyst by coating carbon black with silica for oxygen reduction reaction[J]. International Journal of Hydrogen Energy,2021,46(1):1133-1143.

[24] QIAO Z,WANG C Y,ZENG Y C,et al. Advanced nanocarbons for enhanced performance and durability of platinum catalysts in proton exchange membrane fuel cells[J]. Small,2021,17(48):2006805.

[25] SATO Y,YAMADA N,KITANO S,et al. High-corrosion-resistance mechanism of graphitized platelet-type carbon nanofibers in the OER in a concentrated alkaline electrolyte[J]. Journal of Materials Chemistry A,2022,10(15):8208-8217.

[26] QIAO Z,HWANG S,LI X,et al. 3D porous graphitic nanocarbon for enhancing the performance and durability of Pt catalysts:a balance between graphitization and hierarchical porosity[J]. Energy and Environmental Science,2019,12(9):2830-2841.

[27] JEON Y,JI Y,CHO Y I,et al. Oxide-carbon nanofibrous composite support for a highly active and stable polymer electrolyte membrane fuel-cell catalyst[J]. ACS Nano,2018,12(7):6819-6829.

[28] GATALO M,JOVANOVIČ P,POLYMEROS G,et al. Positive effect of surface doping with Au on the stability of Pt-based electrocatalysts[J]. ACS Catalysis,2016,6(3):1630-1634.

[29] 刘建国,芮志岩,李佳,等.一种高耐久性氢燃料电池质子交换膜及其制备方法和应用:CN112652796A[P].2021-04-13.

[30] 谢玉洁,张博鑫,徐迪,等.燃料电池用新型复合质子交换膜研究进展[J].膜科学与技术,2021,41(4):177-186.

[31] 木士春,徐峰,高莹,等.一维纳米碳增强的燃料电池质子交换膜及其制备方法:CN101071875A[P].2007-11-14.

[32] 孙俊奇,李懿轩,李洋.一种可修复的复合物质子交换膜及其制备方法:CN108199065A[P].2020-06-22.

[33] LAPICQUE F, BELHADJ M, BONNET C, et al. A critical review on gas diffusion micro and macroporous layers degradations for improved membrane fuel cell durability [J]. Journal of Power Sources, 2016, 336: 40-53.

[34] QIN Z G, HUO W M, BAO Z M, et al. Alternating flow field design improves the performance of proton exchange membrane fuel cells [J]. Advanced Science, 2023, 10: 2205305.

[35] QIU D K, PENG L F, YI P Y, et al. Flow channel design for metallic bipolar plates in proton exchange membrane fuel cells: experiments [J]. Energy Conversion and Management, 2018, 174: 814-823.

[36] LIU Z, CHEN H C, ZHANG T. Review on system mitigation strategies for start-stop degradation of automotive proton exchange membrane fuel cell [J]. Applied Energy, 2022, 327: 120058.

[37] JIA F, GUO L J, LIU H T. Mitigation strategies for hydrogen starvation under dynamic loading in proton exchange membrane fuel cells [J]. Energy Conversion and Management, 2017, 139: 175-181.

[38] CHEN H C, ZHAO X, ZHANG T, et al. The reactant starvation of the proton exchange membrane fuel cells for vehicular applications: a review [J]. Energy Conversion and Management, 2019, 182: 282-298.

[39] 吕沁阳,滕腾,张宝迪,等.增程式燃料电池车经济性与耐久性优化控制策略[J].哈尔滨工业大学学报,2021,53(7):126-133.

第6章
车用质子交换膜燃料电池的冷启动

相对以锂离子电池为代表的动力电池来说,质子交换膜燃料电池在低温环境下性能改变较小,在操作得当的情况下,即使在超低温的环境中,燃料电池汽车也可稳定运行[1]。在各种温度环境下正常工作的能力,特别是在极端条件下正常启动和工作的能力,是燃料电池汽车实现真正意义上的商业化必须具备的基本要求,也是燃料电池及燃料电池汽车的重要评价指标之一[2-4]。在北半球,一些国家和地区的平均温度常常低于0 ℃,部分地区的冬季平均温度甚至可以低至−40 ℃,在这些地区燃料电池汽车的应用受到极大挑战。因此,开发冷启动技术,保证质子交换膜燃料电池汽车在寒冷冬季的顺利启动和使用,对于燃料电池汽车的成功商业化有着十分重要的意义。

燃料电池汽车冷启动的问题,本质上是质子交换膜燃料电池的冷启动问题。燃料电池冷启动困难或启动失败有两个方面的原因:一是冷却液冻结导致冷却系统无法正常启动;二是燃料电池的运行特性引起的电池材料和组件的低温失效[5-7]。与传统内燃机不同的是,燃料电池运行时,需要依靠外界向膜电极供应氢气和氧(空)气,氢气和氧气会在电极上发生电化学反应并生成水,将水排出燃料电池系统。燃料电池汽车停车后,若电极表面的水不能完全移除,在低温环境下,残留的水会在流场的流道结冰,造成流道的堵塞,更为严重的是,残留的水会在催化剂层中结冰,覆盖催化剂的活性中心,导致膜电极结构的破坏并暂时失去活性[8-10]。实际上,质子交换膜燃料电池在低温下快速启动的问题一直是燃料电池领域的重要研究课题,为此,研究人员对低温下燃料电池启动困难的原因开展了大量的研究工作,并在此基础上提出了一系列的冷启动策略和技术,其中包括改进电池材料和设计、提高电堆水管理能力、优化电池的温控系统等。通过努力,电堆的冷启动性能得到了显著的改善,使得质子交换膜燃料电池在低温环境下能够快速启动并提供稳定的能量输出。此外,经过大量的研究,形成了一些行之有效的冷启动策略和技术,比如:停机吹扫排出催化剂层及流道中的水,外部及内部快速供热加速冷启动过程等。

本章将介绍车用质子交换膜燃料电池冷启动存在的问题、挑战及原理,冷启动的常见策略及技术等。

6.1 冷启动困难和失败的原因及冷启动的原理

通常我们希望汽车的启动过程能够在数秒甚至更短的时间内完成,车用燃料电池系统的冷启动通常是指在环境温度低于 0 ℃ 的情况下,燃料电池快速启动进入正常工作状态的过程。对于燃油系统,这种启动过程通常可以很快完成,因此,几乎不存在低温启动的问题;而对于燃料电池系统,低温条件下,启动过程常常需要耗费很长的时间,有时甚至无法完成启动过程。因此,我们非常有必要认识冷启动困难和失败的原因及冷启动的原理。

6.1.1 冷启动困难和失败原因分析

质子交换膜燃料电池对外输出电流时,氢气和氧(空)气在电极表面发生电化学反应,生成大量的水,燃料电池停机后,部分水会残留在燃料电池的气体扩散层、催化剂层及双极板的流道,这些残留水在低温下会结冰覆盖催化剂的活性中心,阻塞气体扩散层及双极板的气体扩散通道,使得燃料电池启动困难,甚至无法启动。因此,一般认为,车用燃料电池冷启动困难的最主要原因是冰的覆盖作用及其对气体传质过程的阻碍作用。这种作用体现在如下三个方面。

第一,阻碍气体扩散层中的流体传质。如图 6-1 所示,水进入气体扩散层的流动通道中,低温结冰后会堵塞电池内部空隙,阻碍反应气体的流入。同时,水作为生成物无法及时排出,造成电池内部洪涝现象。没有排出的水会因为低温而继续冻结,进而使越来越多的冰堆积在催化剂层部位,覆盖了活性位点。结果是电化学反应无法继续进行,输出电流逐渐降低,最终冷启动失败[11]。

第二,水冻结会使组件形貌改变或者发生化学变性,催化剂层的活性面积减小,这是燃料电池性能下降的另一个重要原因。与正常燃料电池工作过程不

图 6-1 冰阻塞现象

同,在冷启动过程中,催化剂层的电化学活性表面积减少的原因既包含活性位点被覆盖,又包含活性位点的流失。例如,在不断的相变过程中,催化剂层的裂纹形成量和裂纹密度随相变循环次数增加而增加,会导致大量的 Pt 颗粒损失[12]。在气体扩散层,冰的形成可能会引起空隙结构的改变,从而影响水和气体的运输。虽然多个冻/融循环后气体扩散层内部平面的电阻率、弯曲刚度、表面接触角、孔隙率和水蒸气扩散没有明显变化,但是空气渗透率会增加[13]。这是一个恶性循环过程,渗透率增加会加大对流气流量,而对流会导致材料损失,进一步增大渗透率。此外,低温下阴极侧气体扩散层和微孔层的疏水性也会发生变化[10]。

第三,质子交换膜燃料电池冷启动时质子交换膜会出现由膜冻结造成的异常现象。虽然膜表面的水主要与聚合物结合形成膜结合水,其凝固点有所降低,但是当这些水流出时,则有可能在膜表面冻结,并引发一系列问题。水冻结会引起膜降解,这种降解属于膜热降解,通常发生在膜与催化剂层的界面[14]。在冻/融循环后,电池内部可能出现裂纹,这是由膜中的水冻结而产生的不平衡应力造成的。水在膜中的冻结也可能影响质子传导和电子传导[15]。另外,膜暴露于低温下会变得相当粗糙,且在亚冰点温度下工作一定时长后,膜中会出现针孔状损坏的现象[16]。

除上述因素外,燃料电池冷却剂在极低温度下的冻结(虽然现在的冷却剂已可达到很低的凝固点)、部分关键阀门被冻死等也是冷启动困难和失败的重要原因。

6.1.2 冷启动机制

成功实现燃料电池冷启动必须明晰冷启动的机制。质子交换膜燃料电池的冷启动主要由三个联动过程组成:水质量平衡基础上的相变过程、热能量平衡基础上的温变过程、相变时伴随的电压改变过程[17,18]。如果将水的动态作为基准,质子交换膜燃料电池冷启动过程可分为四个阶段[19]。第一个阶段:电池启动时,阴极产生水,反应气体中水蒸气浓度升高,在达到相平衡之前,催化剂层不会结冰。第二个阶段:当阴极催化剂层区域的水蒸气达到饱和时,产出水开始逐渐冻结,如果催化剂层温度不能及时上升,最终会导致电池停机。如果催化剂层的温度因电池工作产热而继续上升,则催化剂层不会完全被冰覆盖且电池持续运行,但催化效率会急剧下降。第三个阶段:若电池能够持续工作且催化剂层能够保持不被冰完全覆盖的状态,则运行过程中持续产生的热量能够使冰融化,冰开始融化时催化剂层温度维持在冰点附近。第四个阶段:催化剂层区域的冰完全融化后,温度将达到正常工作温度,若温度继续上升,将需要采取冷却措施。

基于此,可以理解质子交换膜燃料电池冷启动的一般机制。由于质子交换膜燃料电池关机后要进行清扫处理,启动前电池内部残余水很少。可以认为在冷启动初始阶段膜是干燥的,且电池内部没有大量冰。启动后电池内部开始发生电化学反应,输出电流密度逐渐增大。电池阴极发生氧还原反应,水作为产物在阴极产生。另外,阳极侧也会有一定量的水产生,但是由于电渗阻力(electroosmotic drag,EOD)效应(在电化学系统中,电场作用下溶液中的离子或溶质随电场一同移动的现象,这种移动是由电场给溶液中的电荷带来的电动力和溶液流动的耦合效应造成的,如图6-2所示),水倾向于从阳极向阴极移动,致使阴极侧水的聚集量变得更大。催化剂层中水蒸气和离聚物中的水都达到饱和后,开始有冰形成[20]。冰会累积在阴极催化剂层中,而且由于质量传递,气体扩散层和流动通道中也都有冰存在。

由此可见,冷启动成功要依赖电池内部足够的升温速率。在电池运行的过程中,一部分化学能会转化为热能,进而提供热量。然而,由于外部环境温度较低,电池的升温速率是由产热和散热速率共同决定的。如果在冰完全堵塞气体流通路径和覆盖反应活性位点前,温度能够突破冰点,则冰就会融化,电池可继续工作,将成功实现冷启动[21]。因此,质子交换膜燃料电池成功实现冷启动必须保证在电池由于冰的作用完全停机之前,电池内部的产热量大于散失的热量并保持较快的升温速率,使温度能够达到冰点以上。通常可以通过降低电堆

图 6-2 电渗阻力效应示意图

(电化学反应)的输出电压来提升电化学反应的产热量,甚至通过外部快速供热的方式来实现燃料电池系统在低温条件下的快速启动。

6.1.3 冷启动过程中电池内部的传输过程

为了更深入地理解冷启动成功或者失败的原因,对电池内部各种传输过程的探索是必不可少的。与正常启动不同的是,冷启动过程中电池内部温度跨度较大且涉及水的相变,启动机制和传输过程更为复杂。其中,在冷启动的各个阶段,水的行为都是决定启动成功与否的关键因素。水的存在不仅可以直接影响电池输出性能,也会改变其他传质和传热过程[22]。冷启动失败是由电池内部出现严重结冰引起的。电池内部严重结冰将导致电池结构发生损坏,从而使电池性能发生不可逆的劣化和电压衰减。因此,研究冷启动的重点是考察水的传输,同时兼顾气体传输、热量传输和电荷传输等因素。

1. 水的传输

水在电池内部不同的部位对电池的影响不尽相同,水在不同部位结冰后,导致冷启动失败的原因也不相同[23]。因此,对水在电池内部的传输过程和行为,要以不同的电池组件为单位展开讨论。

1) 质子交换膜

当前,质子交换膜材料主要是基于四氟乙烯与全氟磺酸盐晶体的共聚物,因为磺酸基团具有高度的亲水性,这就决定了质子的移动需要水,所以质子交换膜只有在充分润湿的条件下才有传导质子的功能,但在低温环境下充分润湿的膜里面的水分会发生冻结,从而容易使质子交换膜发生鼓胀、穿孔,甚至开裂等现象。

在冷启动过程中,水在质子交换膜上主要以两种形式存在,即游离水(吸附水)和冻结水(硬化水)。常温时,自由态的水通过与磺酸根键结合从而在膜上扩散来传递氢离子,或以游离态的形式进行跨膜传输[12]。当温度降低到冰点以下时,膜水达到饱和状态,一部分膜水可以以自由状态扩散[24],另一部分发生相变,从游离态膜水变成冷冻态膜水。冷冻态膜水对冷启动过程是有害的,因为其会限制质子的传导。膜水的冻结过程与含水量以及水与$-SO_3H$基团的结合状态密切相关。当膜水发生相变时,没有冻结的膜水可以根据其与$-SO_3H$基团的结合强度分为三种类型[25-28]:①分散型膜水,它被认为是流动性最大的非冻结膜水,因为这种类型的膜水与$-SO_3H$基团的结合强度最低;②自由型膜水,这部分水主要存在于膜孔中,其与$-SO_3H$基团的结合能力强于分散型膜水,并且冰点也略低;③表层型膜水,这是与亲水基团结合更为紧密的水,这也使得其冰点显著降低,相较于前两种膜水更难冻结,有利于质子传输[29]。这些膜水称为不可冻膜水。

不可冻膜水的存在受到饱和极限的限制。当冷启动过程开始时,如果初始含水量非常低,由于EOD效应和水的生成,初始累积的水将变为不可冻膜水,直到达到饱和极限。一般情况下,不可冻膜水的饱和极限含水量为4.8。如果膜中的含水量不超过该极限数值,则不会发生冻结[27,30]。另外,饱和极限的数值受到温度的影响,当膜上水的积累量超过饱和极限后,水的形式由不可冻膜水变为非冻膜水。如果此时膜附近温度没有突破膜水的冰点,则非冻膜水将逐渐变为冷冻态膜水。

2)催化剂层

结冰过程会导致催化剂层和质子交换膜之间出现间隙,同时,结冰-融化循环会引起催化剂层微孔的崩塌和致密化以及催化剂层中铂颗粒的粗化。冷启动时,催化剂层中的水以多种状态存在,主要有离聚物水、蒸汽、冰、液态水和过冷水。实际上,催化剂层有离聚物和长碳链化合物共存,且充满空隙结构,使得水在催化剂层中的行为更为复杂[31,32]。质子交换膜燃料电池冷启动时催化剂层内部冰的形成路径有三种[1](图6-3)。第一种路径:膜水直接转化为蒸汽,在蒸汽过度饱和后,蒸汽凝结为冰,整个过程中催化剂层没有液态水存在。第二种路径:冷启动开始时,内部环境较为干燥,膜水会转化为蒸汽,这些蒸汽可能会转化为冰,这一过程与第一种路径非常相近。但当一定量的蒸汽生成后,内部湿度较大,此时膜水会直接转化为冰。在此过程中,蒸汽和冰都可变为液态水。第三种路径:膜水在冰点下变为过冷水,在达到临界条件后,过冷水凝结转变为冰。在冷启动过程中温度较低,低温环境下催化剂层难以长时间保持非常潮湿的状态,因此许多理论研究并不考虑第二种路径和第三种路径。

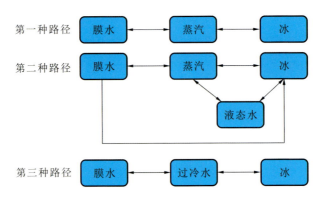

图 6-3 催化剂层内部冰的形成路径

过冷水的产生可以解释实际冷启动过程中存在的以下现象:冰在气体扩散层和膜电极界面处的形成[33],每次从电池冷启动开始到因为故障停机之间的运行时间各不相同[34]。冷启动过程中催化剂层过冷水的形成机制还有待深入探讨[33,35]。过冷水的存在取决于诸多因素,如基底表面疏水性、组件应力和环境条件[36]。虽然宏观条件(如初始温度、工作电流密度和元件特性)在不同的燃料电池冷启动实验中可能是相同的,但是保持微观条件相同的操作是难以实施的。诸如催化剂层中的碎片、多孔材料的尺寸分布,以及材料表面的疏水性等,这些都有可能影响过冷水的生成[37]。目前,人们仅能通过大量的实验来总结最易产生过冷水的几种情况[8,33,38-41]:①较高的初始温度更容易产生过冷水;②大电流密度下易产生过冷水;③启动前干燥的环境有利于过冷水的生成;④较小的孔径易产生过冷水。

对于过冷水的冻结机制,一般认为:在一定条件下,液态水可以保持过冷,并从催化剂层和气体扩散层中流出;当过冷液滴不断聚集,其体积超过临界值时,液滴会成核,并以核为基础突然冻结[41]。另外,如图 6-4 所示,过冷水的成核临界半径会随着过冷温度的升高而减小。这一结论对催化剂层的设计有着重要的意义,如果催化剂孔径小于该温度下的临界半径,那么将可以使液态水保持过冷状态。

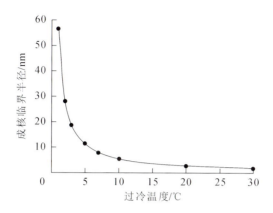

图 6-4　过冷温度与过冷水成核临界半径的关系[39]

从表面上看,过冷水冻结后限制气体的传输会限制高效冷启动,但从实用角度看,由于过冷水可以优化电荷传输过程,只要能够防止过冷水向冰转化,其存在反而能够促进冷启动进程[42]。因而,未来燃料电池的设计应当最大限度地发挥过冷水的优势,更精确地判断促使催化剂层中过冷水生成的因素以及触发过冷水成核结冰的条件。

3) 气体扩散层

气体扩散层主要承担着运输反应气体和排水的任务,主要由支撑层和微孔层组成。支撑层是由经过疏水材料处理的碳基(碳布或碳纸)材料组成的,常用的疏水材料是聚四氟乙烯或氟化乙烯丙烯共聚物。支撑层可防止水在气体扩散层中积聚,影响气体扩散。结冰会对气体扩散层的多孔结构造成破坏,使气体扩散层介质的疏水性减弱。

在气体扩散层中,孔隙内的水可能以蒸汽、液体和冰的状态存在。在低于冰点的温度下,液态水的存在可以忽略不计,因此可以认为气体扩散层孔隙中的水为蒸汽和冰。但是在气体扩散层的局部温度升高至冰点以上后,冰会开始融化,此时不能继续忽略孔隙内液态形式的水。而在孔隙外部,如图 6-5 所示,水的行为因受温度和蒸汽压力等因素的影响而变得较为复杂[24,43]。当温度高于冰点时,气体扩散层中的液态水和蒸汽会相互转化。如果蒸汽压力低于饱和蒸汽压力,液态水会向蒸汽状态转化;当蒸汽压力超过饱和蒸汽压力后,蒸汽则会冷凝变为液态水。在温度低于冰点的情况下,转化过程会发生在冰与蒸汽之间,当蒸汽压力高于饱和蒸汽压力时,蒸汽会凝结成冰。在质子交换膜燃料电池持续工作的过程中,冰并不会转化为蒸汽。

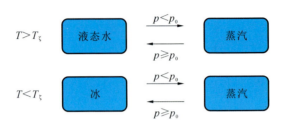

图 6-5 气体扩散层孔隙外部的水动态

4）微孔层

研究表明,微孔层的引入有利于提升质子交换膜燃料电池的输出性能[44,45]。冷启动过程中,亲水性的微孔层可以增大催化剂层的容量,能够有效改善质子交换膜燃料电池的冷启动性能,在冷启动失败前,催化剂层会生成更多的冰,从而达到提高冷启动性能的目的[46]。

对于疏水性的微孔层,其在冷启动中是否能发挥正面作用,目前有两种主要的观点。一种观点认为疏水性的微孔层可以改善电池的冷启动性能,这是因为其疏水性可以增加催化剂层外侧液态水的压力梯度,使更多的水向膜方向流动,因此膜的含水量增加且电阻降低,从而使微孔层输出性能提高[47]。而另一种观点则认为,使用疏水性的微孔层后,催化剂层/微孔层界面处会出现更多的冰,阻碍水在微孔层中的流动,这种现象不利于冷启动[48]。

人们之所以对在冷启动过程中疏水性的微孔层水的动态有不同的观点,是因为这一过程涉及过冷水的存在,而过冷水的行为又与环境温度密切相关。当初始温度较高时,过冷水能够长时间保持液态,此时疏水性的微孔层能够发挥对液态水的作用,使其向膜方向流动。膜的电阻降低后,电流密度增大,产生更多欧姆热和活化热,进而使电池内部升温速率加快,冷启动更易成功且电池性能得到提高[49]。而初始温度较低时,例如在 −20 ℃ 以下,过冷水极易在催化剂层区域触发成核机制并冻结,最终很难以液态形式到达微孔层。因此,在低温下,疏水性的微孔层在冷启动过程中几乎不发挥作用[8]。值得注意的是,虽然催化剂层/微孔层界面较为光滑,但也能够聚集更多的过冷水。即使低温下过冷水能以液态形式抵达微孔层,也会在界面处聚集并结冰,这也是一些实验在采用疏水性微孔层时,能够在催化剂层/微孔层界面观察到冰存在的原因。

此外,因为冷启动是一个升温过程,而微孔层在发挥作用时,对环境温度极其敏感,所以在不同升温阶段,微孔层对水的影响有所差异。在温度达到冰点之前,过冷水呈液态,并由催化剂层向外流动。过冷水团簇的半径如果达到或超过成核临界半径,则会成核结冰[39]。如图 6-6 所示,在催化剂层和气体扩散层之间加入微孔层,由于微孔层孔径较小,过冷水从催化剂层流入微孔层后,过冷水团簇半径难以达到成核临界半径,过冷液态水能够顺利流出催化剂层[50]。另外,由于催化剂层和微孔层界面相对光滑,空隙较小,界面处的成冰量极少。如果电池中没有微孔层,而是催化剂层与气体扩散层相邻,两者界面处比较粗糙,存在较大的空隙,给予了过冷水聚集的条件,界面处和催化剂层中的过冷水就会成核结冰。当温度达到熔点以上时,冰开始融化,但是受温度梯度影响,气体扩散层中的冰可能依旧没有融化。此时催化剂层中的水会流动到气体扩散层,之后再次结冰,冰阻碍催化剂层中水的后续排出,导致阴极处堆积大量水,进而使电池性能下降。设置微孔层后,在冷启动初始阶段便可减少催化剂层处及其界面冰的形成,在达到熔点后不会发生阴极处"泛洪"的情况[51-53]。所有的冰融化后,主要考虑的是排水性能。微孔层具有优异的水管理能力,会明显提高排水效率。因此,在质子交换膜燃料电池的发展过程中,引入微孔层是必然的趋势,其对水动态的调控能够显著提高冷启动效率。引入微孔层还能够减少电池组件界面处冰的形成,有助于延长燃料电池的使用寿命。

2. 气体的传输

除了水的输送之外,气体传输也对冷启动有一定的影响。如前文所述,催化剂层区的温度达到冰点以上后,气体扩散层和微孔层区域的温度可能处于冰点以下,这种情况同样可能存在于流动通道。在质子交换膜燃料电池中,流动通道作为提供反应气体以及排出液态水的路径,尺寸通常较大,且运输方式为对流。因此,即使微孔层和气体扩散层的温度都超过熔点,流动通道处可能依然处于低温状态[51,54]。这就意味着水在通过流动通道排出的过程中,极有可能

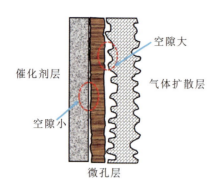

图 6-6 催化剂层/微孔层/气体扩散层的界面示意图

冻结并阻碍气体的进入,进而引起气流压降。当气流压降的情况产生时,电池内部的电流密度分布不均匀,最终导致冷启动失败。

同样,气体在多孔层中传输时也会发生异常现象。催化剂层和微孔层中的冰会迫使气体流量减小,甚至可能无法到达气体扩散层。催化剂层中冰的堆积也会覆盖催化活性位点,使反应气体无法与催化剂接触[55]。如果没有足够的反应物在膜附近发生电化学反应,则结果为电池的输出电压难以达到正常值。

3. 热量的传输

由于质子交换膜燃料电池冷启动的本质是升温过程与水冻结过程的竞争,产热的测定和热量传输路径的探究是一项关键的工作。膜的热导率会随着含水量和温度的变化而显著变化,因为水的导热性随温度升高而增加,而干膜的情况则相反。因此,加湿膜的热导率基本上由含水量和温度这两种因素决定。冷启动期间,催化剂层的升温速率直接决定了冷启动能否成功,整个电池的热源也主要来自催化剂层中进行的电化学过程,这个过程散发的热量主要以活化热和可逆热的形式存在。当离聚物的含水量较低而导致电阻升高时,或者当电池的输出电流密度较大时,欧姆热也可作为一个重要热源。即使电化学反应或者内部电阻能够提供一定的热量,如果催化剂层的热阻较大,则仍有可能难以达到预期的升温速率,温度梯度也可能变得较大,致使微孔层和气体扩散层的温度很低。催化剂层热阻取决于孔隙率、离聚物含量以及 Pt 的含量和负载方式[56]。

4. 电荷的传输

质子传输过程取决于膜的含水量和水状态,水状态则与温度相关。在膜水冻结后,质子的传输将受到严重影响,膜的电导率急剧下降[25,29]。电子的传输则主要发生在 Pt/C 中,这是因为催化剂层在发生氢氧反应的过程中会传递大量电子。通常,碳和离聚物共存,且具有多孔结构,电荷传输系数可以通过导电介质的体积计算。

6.2 车用燃料电池冷启动策略

人们通过大量的研究工作解开了质子交换膜燃料电池在低温下启动困难及启动失败的机理,揭示了冷启动过程中燃料电池内部发生的一系列变化。通过这些研究,人们认识到,质子交换膜燃料电池放电过程中生成水是燃料电池冷启动困难的本质原因。在此基础上,人们开展了大量的冷启动策略及技术方面的研究工作,提出了冷启动的基本策略。目前被认为最有效的冷启动策略为"停机吹扫、外部快速供热及内部快速生热",并且把最低启动温度、启动过程能耗和启动时间等作为衡量冷启动能力的指标。一般来说,提升车用燃料电池冷启动性能的方法主要包括三个方面:首先是要尽可能减少低温环境下关机后电池内部的残余水;其次是优化冷启动性能的开机策略,使用各种方法快速提升电池内部(膜电极)的传质速度;最后则是通过优化电池内部组件的组成材料,提升电池的冷启动性能。

6.2.1 适用于燃料电池冷启动的关机策略

如上所述,在低温环境下,当燃料电池停机或者电堆停止工作后,电池内部(特别是膜电极及流场中)残留的水常常会冻结,导致后续燃料电池启动困难,甚至启动失败。为缓解停机期间的水冻结问题并提升燃料电池暴露在冻结温度下的再次启动能力,研究人员提出了多种方法来减少或去除燃料电池膜电极及流场的残余水。目前,除水方法主要分为停机吹扫(平衡吹扫、快速吹扫)、真空干燥以及能量管控。其中,停机吹扫是目前车用燃料电池冷启动应用的主要方法。

1. 停机吹扫

人们在车用燃料电池的低温研究中发现:燃料电池停机后,如果电池内部存在的残余水低温结冰,启动时就会妨碍气液的正常流动,甚至可能导致整个电堆系统被破坏,这不仅会严重影响电池的下一次启动,而且会使电池使用寿命大大缩短[57]。因此,有必要在燃料电池系统关闭时尽可能清除电堆内部的残留水分。目前主流的去除电堆内部残留水分的方式就是吹扫。吹扫一般持续几分钟至几十分钟不等,常常通过检测湿度的方法确定吹扫的终点时间。在吹扫过程中,气体扩散层、催化剂层以及质子交换膜中的水会依次蒸发,并通过扩散气流被带离电堆。一般吹扫可以有效地清除大部分液体,将残余水的含量降至最低[58]。吹扫过程主要针对燃料电池系统四个不同的部分,即极板流道、气体扩散层、催化剂层和膜。吹扫气体首先经过极板流道,通过最直接的方式吹走流道内壁的水滴。而后气体扩散层和催化剂层孔隙结构中的液态水会以热蒸发的方式被去除,这一过程的驱动力主要是毛细压力。当催化剂层中的气体比例增加后,膜与气体的接触面积增大,膜水温上升,开始蒸发,并且随吹扫时间延长,水的蒸发速率逐渐加快[59-62]。

停机吹扫的方法有鼓风吹扫、介质吹扫和降(失)压吹扫三种。鼓风吹扫指的是在燃料电池停止放电后,通过空气压缩机向电堆内通入大量空气,利用空气气流带走电堆内部残留水分的方法。介质吹扫指的是在燃料电池停机后,往里面通入干燥的惰性气体或含有氢气的惰性气体,比如氦气、氮气或者含有氢气的氦气、氮气来排除电堆内部水分的方法,车载系统较少使用。降(失)压吹扫(有的也归类为真空干燥)是指使用真空装置,使得电堆内部形成一定程度的真空,使水分蒸发,从而快速清除电堆内部的水分的方法。该方法对电堆膜电极的机械强度要求较高。

过度的吹扫会造成膜电极和质子交换膜的过度干燥,影响燃料电池的下一次启动。因此,控制吹扫的终点十分重要。实验室研究中常常可以使用质量检测的方法来判断吹扫的终点,假定在吹扫过程中,理想的排出物只有水,可以认为减少的质量等于排出的水的质量。这种方法较为简便,然而这种方法的误差较大,结果不够精确。实际车载系统也完全无法采用这一方法,因此,该方法对车用燃料电池而言没有价值。由于质子交换膜和催化剂层的阻抗(电阻)与其含水量有关,通过测量电堆阻抗的变化来判断含水量的变化及吹扫终点是可行的,由这种方式得到的结果较为精确,且测试过程并不复杂[63]。因此,目前采用阻抗法控制燃料电池的停机吹扫终点的方法在车用燃料电池系统得到了广泛的应用。

采用阻抗法监测燃料电池停机吹扫效果及终点的过程中，随着吹扫的进行，系统阻抗变化会经历三个阶段(图6-7)：第一阶段，流道中的水滴、气体扩散层和催化剂层孔隙中的水分以及孔隙内的液态水被吹扫气体带走，不涉及质子交换膜及催化剂层离聚物中的水分，因此，这一阶段电堆的电阻(内阻)保持不变；第二阶段，气体扩散层和催化剂层中的液态水基本被吹扫干净后，质子交换膜及催化剂层离聚物中的水分开始释放，形成水蒸气并随着吹扫气流离开电池，随着膜及离聚物不断失去水分，电堆的电导率不断降低，电阻不断增大；第三阶段，质子交换膜及离聚物中大部分的自由水被吹走，还剩下与磺酸根结合的水不易被气流带走，所以这时的电阻不再减小，并且会有缓慢增大的迹象。一般来说，合理的吹扫终点就是使电堆的电阻停留在第二阶段末期或者第三阶段的初始阶段，这样既可以保证膜电极内部的水分被充分排出，同时还可以防止吹扫导致膜过于干燥。

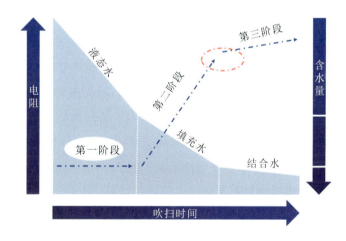

图6-7　质子交换膜燃料电池停机吹扫过程中系统阻抗变化经历的三个阶段

除了阻抗法之外，还可以通过计算吹扫出口处气体的露点温度或者湿度来评估吹扫效率及确定吹扫终点，即通过吹出气体中水的含量来推断排水程度。值得指出的是：也有一些研究者通过现代可视化技术直接观察催化剂层和气体扩散层中的水分布情况来评估吹扫效率和确定吹扫终点。

鼓风吹扫工艺是使用压缩机或者其他鼓风机器在阳极侧和阴极侧同时引入吹扫空气,这种方法可以直接利用车用燃料电池系统的供风设备,比较容易实现。但这种方法也有一定的弊端,因为空气本身就含有一定量的水,空气的含水量与电池在工作结束后催化剂层和流动通道的含水量之差通常较小,这种不利于水传质,导致需要长时间的吹扫才能将大部分水排出电池。通常采用二次吹扫(使催化剂层中的水分充分向流通通道扩散后再次吹扫)的方法可缩短吹扫时间,达到充分移除水分的效果。所以鼓风吹扫需要制定一套合理的吹扫策略,控制好吹扫时间和吹扫温度,既要能够充分排出电堆内的液态水,又要避免消耗过多的能量,避免损伤质子交换膜。

介质吹扫的优点是吹扫效果好,缺点是成本高,需要提供车载惰性气体。使用含有氢气的惰性气体吹扫时,还存在安全隐患。研究发现,使用氦气吹扫可以使电池具有更好的冷启动性能,除水效果优于氮气吹扫[64]。其原因是水蒸气在氦气中拥有更高的扩散率,这意味着使用氦气吹扫可以缩短吹扫时间,并且吹扫温度也可以适当降低。

使用电化学反应物作为吹扫气体的方法的优势在于该方法能够利用在吹扫过程中产生的热量,从而提高催化剂层和气体扩散层中水的蒸发量。例如,在用于吹扫阴极的空气流中加入少量氢气,利用氢气和氧气催化反应及反应产生的热量可以达到提升除水效率的目的[63]。此外,阻抗实验和露点温度测量实验的结果也可以进一步证实,在阴极的吹扫气体中加入少量氢气可以提高吹扫效率,尤其是在去除催化剂层附近的残余水方面,这一方法非常有效。然而,由于介质吹扫的成本高昂,车用燃料电池系统一般不采用该方法。

吹扫时间过长或过短都会影响汽车的启动效果。吹扫时间过短,电池内的残留水不能除尽;吹扫时间过长则会带来一系列不利影响。吹扫时间过长的不利影响是:首先,吹扫时间过长会使能耗加大,而且长时间吹扫有可能造成膜的完全脱水,从而影响电池性能;其次,吹扫时间过长会使电池阻抗急剧增加,会降低下一次启动期间的输出电流密度,限制热量的产生。相关研究表明,燃料电池停机后,理想的吹扫时间应为 $90\sim120$ s[35,65-67]。此外,吹扫操作开始的时间点对吹扫效果也有重要影响。这是因为燃料电池停机后,电池内部的温度会逐渐降低,在电池停机后立即使用干燥气体吹扫,启动时会出现电池性能在高电流密度下持续下降的现象;但是当电池完全冷却后再进行吹扫时,电池性能不会明显下降。在进行吹扫操作时,电堆内部温度应高于水的冻结温度,且要比电堆正常工作温度低约20 ℃,最适宜的温度范围是15~30 ℃[57]。研究表明,降低气体相对湿度、提高气体流速和升高电池温度更有利于高效吹扫除水[59]。

2. 真空干燥

采用真空干燥的方法去除燃料电池电堆的残留水也是一种行之有效的脱水方法。真空干燥是一种利用骤然降压的方式迫使电堆中的水蒸发从而排出电池组件的操作。真空干燥主要是利用水在真空下的蒸气压高于正常压力情况下的蒸气压,可以在更低的温度下蒸发的特点来实现水的脱除的。研究证实,如果不考虑操作时间,与常用的氮气吹扫相比,在相同温度下,真空辅助干燥脱除水分更加有效[68]。对比停机吹扫和真空干燥可以发现,吹扫后的电池内部的水会重新分布,而这一现象在真空干燥后不会出现。

可现实情况是,真空干燥方法在质子交换膜燃料电池除水中的应用有限。在电池内部,传质通道的孔径较小,而真空干燥没有外力推动,仅通过自发的蒸发扩散过程进行排水,电池中大量的水进入真空环境的过程将十分缓慢。此外,真空干燥法并没有完全脱离温度条件的限制。虽然已经证明真空蒸发操作确实可以在较低的温度下进行,但是真空度却要视燃料电池停机后温度的情况而定,即真空度随着温度的降低而升高[35]。此外,最佳真空度的选择还需要考虑一些额外的因素。在真空干燥过程中,多孔层会暴露在一定的机械应力下,该机械应力是由液态水快速蒸发过程中的压力梯度和气泡的形成引起的。如果这种应力过高,则可能造成膜性能下降和寿命变短。可能是出于以上原因,真空干燥法目前实际上并未能在车用燃料电池系统中得到应用。

3. 能量管控

能量管控是一种有效脱除电堆内部残余水的方法,它的优势在于可以在执行停机程序的过程中实现除水,而不需要额外的气体吹扫或真空干燥设备。具体是在执行停机程序的过程中,通过控制燃料电池系统的温度和湿度,实现对水分的排除,以保证燃料电池系统停机后的正常冷启动。在执行停机程序的过程中,可以通过降低系统温度来促使水分凝结和排出。通过控制冷却系统的运行,将系统温度逐渐降低到可使水分凝结的温度,使水分在燃料电池系统中凝结成液体,并通过排水口排出。同时,可以通过控制空气供风系统的运行,将系统中的湿空气排出,以防止水分再次析出,还可以通过调节系统的相对湿度来控制水分的生成和排除。通过控制湿度传感器和湿度控制系统,可以监测和调节燃料电池系统中的湿度水平。当湿度超过一定阈值时,系统可以启动除湿装置,将多余的水分排出去。

研究发现,调整电池冷却时的能量传输,可以通过改变温度来缓解停堆冻损问题。例如,研究人员通过建立燃料电池冷却系统,使用特定的冷却剂对电池降温,这种冷却剂应凝固点低、非导电且传热性质好。目前,常用的冷却剂是乙二醇和超纯水的混合物,大量研究已经证实其对电池有一定的防冻保护作用。其他冷却剂还有 1,3-丙二醇与烯二醇及其衍生物的混合物等。在此基础上,为了避免冷却剂与膜直接接触导致膜的改性或者失活,人们还开发了耐冻燃料电池系统。该系统在电极板之间插入一些类似于垫圈的特殊材料,这种操作可以使冷却剂回路与膜分离。另外,使用热交换器也可以在一定程度上避免电池冻结。热交换器一般布置在流体流动的器件中,在电池停机后,热交换器位置的冷却速率快于部件的冷却速率,水蒸气会优先在热交换器内冷凝和冻结,从而避免燃料电池组件在低温下冻损,进而发生故障。

6.2.2 启动加热策略

为了保证燃料电池能在低温下快速启动,除了停机时的吹扫外,启动过程中最重要的一个环节是对燃料电池(尤其是膜电极)进行快速加热。加热可以将电池内部的温度更快地提高至冰点以上,防止冰的生成和堵塞。

在加热开始之前,首先需要检测电堆的状态,查看是否出现了水冻结现象以及水冻结的程度,按照检测结果制订相应的冷启动方案。通常在燃料电池关键部件处放置传感器来获得关于电堆状态的信息,一些重要的检测参数变化(如压力升高)时,意味着有水冻结。如压力数值过高,则控制器会禁止燃料电池系统启动。还有一些检测方法倾向于预测水的行为随时间的变化来控制启动,但水的冻结条件对环境变化非常敏感,地理位置、湿度及天气都有可能成为影响因素。

在冷启动期间，为了防止加热使燃料电池温度上升至极限温度以上，对温度的实时监控也非常重要。通常会在燃料电池中一个或多个位置放置传感器，直接测量燃料电池内部的环境温度；或者对流体温度进行检测，通过流体温度间接判断电池温度。此外，还需设计和布置相应的控制系统，一旦检测的温度接近给定温度，控制器就开始工作并释放冷却液。通过加热提升冷启动的成功率需要额外消耗能量，如果能耗过高，则必然会增加成本，得不偿失[69]。冷启动时的加热方式主要有两种：一种是借助外部热源，通过传热介质将热量传递至电池内部，这种方法一般称为外部辅助加热；另一种是内部自主加热，一般是利用电池内部发生的化学反应或者物理过程产生的热量进行升温，从而实现电池的自启动。

1. 外部辅助加热

外部辅助加热的主要原理是利用各种外部能源提供额外的热量。在选择热源时，应对其有效性、可用性和能耗水平进行分析和比较，并且传热介质的效率也非常重要。外部辅助加热燃料电池冷启动有多种方法，比如早期气体加热法可作为一种外部加热的方式，即以气体为热量传递媒介，在通气的同时为电池提供热能。进气温度直接影响启动进程，在不影响系统的情况下，高的进气温度有利于燃料电池冷启动。研究表明，对于－10 ℃以上的冷启动，进气温度调高至 80 ℃后能够确保启动成功，而在 60 ℃以下的进气温度下，启动会受阻[21]。即使冷启动过程失败，随着进气温度的升高，电堆电流密度的下降速率也会变慢[70]。如果将进气温度保持在与环境温度或者电池温度近似的温度，则冷启动性能几乎得不到任何改进[25]。因此，如果要进一步改善冷启动性能，进气温度至少要高于环境温度和电池温度。这也是气体加热方法的弊端，虽然气体加热可以有效地提高电池温度，但必须将进气加热到非常高的温度才能使其携带足够的热量[71]。为了减少热能损失，气体流速必须增加，此操作将大大增加能耗。另外，通气位置也会影响冷启动过程，因为空气的传热系数低于氢气，这使得加热阴极侧的效率远低于加热阳极侧的效率。因此，使用相同的进气温度只加热阴极或者阳极得到的冷启动结果会有所不同。

用电加热器加热冷却液是目前比较常用的一种方式。通过电加热器加热冷却液，加热的冷却液流入电堆的冷却液散热流道，对电堆加热。电堆逆向加热即向电堆施加反向电压,使电堆进入电解水或濒临电解水反应的状态,此状态下整个电堆为电加热器,迅速升温。催化燃烧加热是使氢气与氧气在催化燃烧器中燃烧发热,利用燃烧后的高热气体加热电堆组件。

通常,加热方案的制定要考虑多个因素,不同的电池或者电堆的加热方案难以保持一致,并且在加热过程中需要根据电池表现的行为及时调整加热策略。与气体辅助加热法相比,电辅助加热法由于易控制、易操作,展现出了独特的优势。电辅助加热法一般利用电加热器作为热源,采用较为常见的可变加热和负载控制的双重启动模式[72]。负载只施加于相邻且处于激活状态下的电池,不向完全被冰堵塞覆盖的电池施加负载,同时通过电加热器对某些电池进行外部加热。在加热过程中,电堆电压会因为膜的水合作用而增加,由于一些电池内部被冰覆盖,电压会因此降低。这些无法被直接激活的电池依然可以从邻近的电池中获取热量,最终冰可以在电压归零前融化。

此外,气体辅助加热和电辅助加热都需要安装额外的设备,这将占用更大的空间,对于车载应用极为不便。在外部辅助加热中使用液体加热的方法能解决这一问题。液体在进入电池前可以通过多种方式加热,既可以使用车载电力进行加热,也可通过发动机的额外热量进行加热,这些加热方式不需要额外的设备。另外,加热液通道通常会分布在电池各个位置,以保证电池内部均匀升温[70,73,74]。然而,这种方法也存在一些问题,比如加热液的比热容通常较高,热容量较大,结果是需要的能耗更多、加热的时间更长。

2. 内部自主加热

针对外部辅助加热的缺点,人们开发了依赖于电池和电堆内部自身产生的热量对燃料电池进行加热的技术,使电池在低温环境下实现自启动,这种方法被称为内部自主加热法,是目前最主要的加热方式。

在冷启动期间,电极反应产生的水通过膜的作用和气相传输从阴极催化剂层中传递出来,流经微孔层、气体扩散层和流动通道最终排出电池。未被排出的水在电池内部冻结成冰。温度升高会加速催化剂层中冰的融化,使水从电池中流出。冷启动是否成功最终取决于在催化剂层完全被冰覆盖前温度能否突破冰点。如果没有外部热源的辅助,冷启动成功的关键是电池本身产生的热量能够使升温速率足够快。

燃料电池中发生电化学反应的同时会产生电能和热能,通过调整输出电流,可以使单电池的工作电位降低至很低的水平(如 0.2 V 或者 0.2 V 以下),在此情况下,单电池的电效率低于 20%,电池反应 80% 以上的能量以热能的形式释放,这些热能可使催化剂层乃至膜电极的温度迅速升高,从而实现燃料电池的冷启动。外部辅助加热条件下的自主加热目前已成为低温冷启动的主要技术路线,实践证明,即使在 −30 ℃ 的条件下,催化剂层也没有被冰完全覆盖,且具备反应活性,使用自主加热仍然可以实现低温快速启动。

最为直接的自主加热启动方法是调整电池输出电压和输出电流密度,利用欧姆热和活化热为电池升温。大量实验证明,在没有外部辅助措施的情况下,仅凭电能-热能转换实现冷启动是可行的。需要说明的是,对于电能-热能转换方法,一般仅能在 −10 ℃ 以上展现明显作用,难以突破更低的温度限制。通过恒电位启动方法可以达成冷启动目标,然而这种方法受启动环境温度限制(图 6-8):当电位恒定在 0.2 V 时,在 −5 ℃ 和 −10 ℃ 仅分别需要 10 s 和 55 s 即可快速冷启动;但初始温度低至 −15 ℃ 以下时冷启动失败[51,75,76]。同样,恒电流冷启动也有其温度极限:在 −5 ℃ 以上可以成功执行,然而在 −7 ℃ 和 −10 ℃ 以下,启动后电池的输出性能逐渐下降,最后停机[77]。

除了恒电流和恒电位方法,在可变电流密度状态下进行冷启动也得到了较多关注,但目前研究结果有一定的差异。比如,有研究人员在 −5 ℃ 的温度下使用 0~100 mA/cm² 的阶跃电流密度成功启动了电池,整个过程中电池没有损坏,然而在 0~220 mA/cm² 的阶跃电流密度范围内电池却无法完成启动,并普遍损坏[21,78]。对于阳极催化反应,启动电流密度必须适中,因为高电流密度会降低辅助加热效果,而低电流密度会减慢启动过程。

电能产生的热量主要以欧姆热的形式存在。基于此,可以降低对燃料电池施加的压力,使电堆主要部件之间的接触电阻增加,进而提高冷启动效率。还有一种被称为反应物饥饿法的加热方式,这种方式是在恒定电流密度下减少反应物用量,或者是使反应物用量保持不变而增大电流密度。电极上反应物不足会导致附近区域的过电压增加,产生额外的内部热量。采用这种加热方式不仅可以在冰点以下启动电池,而且在启动时电池还可以提供一些电力输出。另外,短路产热策略和向外供电策略等[76,79,80]电池预热策略也被提出。

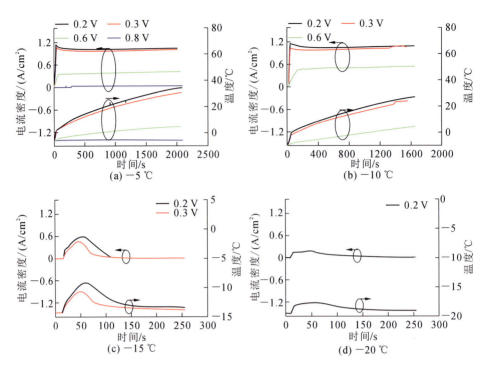

图 6-8 电池电位和启动环境温度对快速冷启动的影响[76]

还有一种可行的内部加热方法就是利用化学反应,使化学能转化为热能,即将氧气与少量燃料气混合并稀释,通过阴极侧流动通道进入电池,混合气体会在催化剂层发生反应产生热量,从而提高阳极和阴极局部多孔层的工作温度。在该研究方法中,燃料气一般使用氢气,氧化气体则会使用氧气与氮气的混合物,氧气和氮气的比例通常接近空气中氧气和氮气的比例[3,81]。为了更快、更多地释放热能,提高冷启动的成功率,有专家提出了针对催化反应放热的优化方式。这种优化方式应满足以下两点:第一,干燥的反应物在混合气体中的化学计量比应在 0.25 左右;第二,降低压力的同时增加通过电池的气体最大流速,从而提高水的去除率[57]。在特定的电池中,使用甲醇或者乙醇作为反应物也是备选方案。醇类一般处于液态,在电堆停止运行时需要被送入冷却液通道而不是流动通道。在冷启动时,空气通入电池内部之后,会与一些扩散到阴极的醇反应,醇类氧化放热,将温度提升至冰点以上。

6.2.3 组件改进

冷启动性能的改善方式不应局限于加快升温速率或者降低内部含水量,还要考虑稳定性、使用寿命、经济性以及操作和空间的简易化等。车用燃料电池实际应用中可能遇到各种问题,这些问题可以依靠对电池组件的改进来解决。

1. 质子交换膜的改进

水在质子交换膜上的行为很可能直接影响冷启动的成功率,因此管控膜上水的行为,尤其是对冰点附近温度下的吸水效率进行调控尤为必要。研究表明,如果更多的水存在于膜区域附近或者被膜吸收,那么流动到催化剂层等其他区域的水就会减少,发生冻结的概率就会降低。质子交换膜的厚度影响其储水量,膜越厚其储水能力越强,但阻抗会越高,水扩散也会越慢;反之,膜变薄,其储水能力就变弱,但阻抗会变低,水扩散也会变快。经过对不同厚度的膜进行详细分析后发现,较薄的膜因为拥有相对较大的水浓度梯度,所以具有更高的吸水率,从而会减缓冰的积累速度[71]。虽然较薄的膜可以抑制冰的形成,但是膜仍需要足够的厚度来储存生成的水,在初始含水量较低时,较厚的膜有利于电池的冷启动。

为了提升膜的吸水能力,一些旨在提高膜的水容量的新型材料被不断开发出来[82]。随着膜的类型不断增多,人们发现膜的化学成分与膜水的冻结有关。对于Nafion®膜和磺化聚酰亚胺这类新型膜,膜材料与水之间具有强烈的亲和力,水在低温下不会冻结,在退火时也不会解吸[83]。只有在出现强烈的水膨胀或者相对离子浓度非常低等极端情况下才能在膜上观察到冰。使用这些类型的膜可以有效减缓水向催化剂层扩散的速度,有利于冷启动。还有研究发现,当温度降低时,膜的离子电导率会突然发生变化,导电性受到影响,进而导致输出电压的下降,最终可能导致冷启动失败[84]。因此,可向质子交换膜中加入一些酸性氧化物纳米颗粒来改善膜的吸水能力和膜的纳米结构,从而使冷启动性能得到提升。

2. 催化剂层的改进

阴极催化剂层是冷启动过程中主要的结冰区域。离聚物的比例对催化剂层在冷启动中的作用影响很大。当催化剂层中离聚物的比例较高时,更多的水将依靠浓度差扩散到膜中,使冰的积累速率降低,从而有利于提高冷启动效率[71]。即使催化剂层中有冰形成,离聚物比例高,冰也会使催化剂层有较高的氧气渗透性,在这种情况下电池甚至可以在$-30\ ℃$时冷启动,并保持良好的耐久性[85]。另外,催化剂层本身的组分结构也可以影响电池的冷启动性能。例如,在催化剂层中添加亲水性的纳米氧化物(如SiO_2)可以提高储水能力,而电池的输出性能、电化学活性面积以及电荷转移电阻没有明显的退化[86]。贵金属和碳载体之间的负载比也是一个重要影响因素,不同Pt和C的比例可以改变阴极催化剂层的储冰和吸水能力[87]。特别是使用低载量Pt/C的催化剂,可以成功地减缓冰的生长速度和缩短电池的停机时间。催化剂层的厚度对冷启动过程也有着重要影响。采用较薄的催化剂层可以增大膜的最大含水量[88]。催化剂层厚度也应当具有合适的尺寸,超薄催化剂层在低温下易出现洪溢现象并造成性能损失,而催化剂层增厚则会增加贵金属用量,提升成本[89]。

3. 气体扩散层的改进

气体扩散层的热导率对燃料电池的冷启动影响很大,一旦气体扩散层结冰,原来紧密结合的气体扩散层会受到流场剪应力影响而遭到破坏。研究表明,气体扩散层热导率从$0.1\ W/(m·K)$提高到$2.0\ W/(m·K)$,电池冷启动时间可从$200\ s$缩短至$40\ s$,这是因为气体扩散层热导率增加,热量可以加速从催化剂层向双极板传导。因此,提高气体扩散层热导率并降低其热容量是加快燃料电池冷启动的一个重要方法。通过数学方法,可以确定气体扩散层厚度与热导率间的关系,并证明采用较薄的气体扩散层可加速冰融化,提高冷启动效率[90]。在气体扩散层内,冰的融化时间随着加热速率的增加而按非线性规律缩短,且冰的融化过程是基于热力学规律的,融化速率受热传递的限制。采用热阻低的气体扩散层更有利于冷启动。

气体扩散层的优化工作还要集中在厚度和孔径方面。研究发现,气体扩散层孔径较小的电池由于可以形成更小的液滴,使得空气能够平稳地从入口扩散到出口,从而更早地切换到高电流密度,使电池温度更快地达到$0\ ℃$。而大孔径气体扩散层不会对冷启动过程有促进作用,因为它对气体扩散层内冰的融化速率影响不大。有研究表明,大孔径气体扩散层唯一的优势在于高电流密度区有着较大的极限电流密度,这是因为大孔径气体扩散层拥有更开放的气体扩散网络[91]。当环境温度处于-10 ℃以下时,优化气体扩散层对冷启动过程意义就不大了,因为水在流入气体扩散层之前就会冻结。另外,在微孔层和支撑层之间添加亲水性材料层,可以使气体扩散层吸收更多的水,在低温下去除水分,抑制催化剂层中冷凝水或冷冻水对气体扩散的阻碍,从而提高燃料电池的冷启动性能。

4. 微孔层的改进

在前期的研究中,质子交换膜、催化剂层和气体扩散层被普遍认为是质子交换膜燃料电池最重要的组成部件,微孔层没有得到应有的重视。但是在现代燃料电池设计中,在催化剂层和气体扩散层之间添加微孔层已成为改善燃料电池性能的一个重要策略。冷启动过程中燃料电池电堆大大受益于微孔层优异的水管理能力。具有微孔层结构的燃料电池可以扩大催化剂层的冰容量,降低催化剂层被冰完全覆盖的风险,同时可以减少催化剂层表面存在的水,进而减少冰的积累[8,46,86]。气体扩散层在加入微孔层后,能够利用浓度梯度促进水的排出,防止结冰。然而,引入微孔层并不意味着冷启动性能一定会提升。微孔层最大的弊端在于催化剂层的界面处水浓度极高,如果低温下界面处结冰,将会产生极大的压力,使催化剂层出现严重的裂纹或者孔洞损坏,甚至出现催化剂层与气体扩散层之间的脱落[92,93]。因此,如何降低催化剂层和微孔层界面处对水的限制将是微孔层后续改进和发展的重要方向。

5. 双极板的改进

在车用燃料电池的实际应用中,人们会利用双极板将多个电池进行组装形成电堆,双极板也是影响电堆冷启动性能的重要因素。随着燃料电池技术的不断发展,流动通道的设计也变得多样化。许多电池倾向于使用平行流动通道和蛇形流动通道,可利用这些流动通道良好的传质特性维持电池的稳定工作。近期发现,交叉形流动通道更适用于冷启动过程,且其稳定性毫不逊色于其他类型的通道。相较于平行流道,交叉形流动通道甚至能够在更低的温度条件下成功冷启动[94]。另外,交叉形流动通道产生的废热较少,使其能源转换效率较高。需要指出的是,交叉形流动通道的传质方向为逆流,这与其他两类通道不同。

已有计算和模拟研究表明,与并流结构相比,逆流结构对电池运行期间冰的生长和积累的影响几乎可以忽略不计,不会显著改变冷启动结果[95]。

双极板对燃料电池的体积、重量和成本均有重要影响,乘用车的燃料电池要求体积小、功率密度高,同时能满足负载、温度和湿度频繁变化的严苛要求,因此一般采用厚度更薄、强度更高的金属双极板水冷电堆结构,这是因为金属材料热容量低、传热速率快,有助于实现冷启动的升温过程[70]。金属双极板的缺点在于易被腐蚀且在高应力下容易发生机械损坏,在一些工作中会通过沉积稳定的金属氧化物表面薄膜来解决这一问题[96,97]。对电池电堆而言,不同的个体具有特殊性,难以一概而论。双极板越薄,燃料电池形成的冰越少,冰融化所需要的热量越少、时间越短,启动时间就会越短。不同的电池串联个数、电池串联方式,以及端电池与中心电池的工作特性都会带来不同的冷启动表现。因此,要提高电堆的整体冷启动性能,应结合实际情况与理论研究制定特定的优化策略。

6.2.4 小结

目前的研究工作在一定程度上解决了燃料电池的冷启动问题,但是大多数方法会使系统复杂、成本增加,不利于车用燃料电池汽车的商业化。本章从电池停机后的操作、启动前的操作及组件改进三个角度讨论了质子交换膜燃料电池冷启动的优化策略。为了防止电池系统因为结冰而被破坏,目前的研究多集中在如何防止结冰,而不是如何快速融冰上,其中停机后的除水主要研究的是吹扫和真空干燥方式。停机后对能量进行调控可以改变停机状态下的水冻结过程。冷启动时外部辅助加热可以有效加快电池内部的升温速率,但是采用该方法时能耗较高、空间需求较大,因此,该方法还有很大的改进空间。内部自主加热可以解决部分问题,但是该方法的应用受到低温的限制,尤其是在北方等极端气候地区难以普遍适用。对于电池组件,维持膜的含水量和导电性对于成功地实现冷启动过程至关重要。减少催化剂层中贵金属的含量可以同时实现冷启动优化和经济优化,同时,离聚物在催化剂层中发挥着重要作用,单独设置微孔层有望成为未来电池的主流设计方式。

6.3 挑战与展望

随着对环境保护和可持续发展需求的不断增长,燃料电池汽车作为一种清洁能源交通工具受到广泛关注。然而,冷启动问题一直是质子交换膜燃料电池汽车面临的挑战之一。研究和发展适用的冷启动技术对推动燃料电池汽车的普及和应用至关重要。当前开发的系列创新的冷启动技术为未来的发展奠定了基础,但燃料电池汽车冷启动技术依然面临一些挑战和限制。

第一,催化剂层是燃料电池冷启动中的关键组件之一。对催化剂层进行更深入的研究和改进,仍然是未来冷启动技术的发展方向之一。通过提高催化剂层的活性和稳定性,可以提高燃料电池在低温环境下的冷启动性能。

第二,进一步优化燃料电池电堆设计。燃料电池电堆的优化设计也是冷启动技术发展的重要方向之一。优化电堆的结构和流道设计,可以提高燃料和氧气的输送效率,减少冷启动过程中的压力损失和质量传递阻力,从而提高冷启动性能。

第三,水/热管理系统的改进。水/热管理是燃料电池冷启动中的重要环节。未来的发展方向是对燃料电池系统的水/热管理系统进行更精细的控制和改进。通过优化水/热管理系统的结构和控制策略,可以更好地控制燃料电池系统的温度分布,减小冷启动过程中的温度梯度,提高燃料电池的冷启动性能。

第四,进一步开发先进的除水技术。除水是燃料电池冷启动过程中的重要环节。未来的发展方向是研究和开发更先进的除水技术,以更高效地排除电池中的水分。例如,通过改进气体吹扫和真空干燥等除水方法,提高排水效率和除水速度。

第五,对加热系统的创新研究。加热系统是燃料电池冷启动装置中的关键组件之一。未来的发展方向是研究和开发更先进的加热系统,以提高燃料电池在低温环境下的启动能力。例如,通过采用新型加热材料和加热方式,提高加热速度和效率,从而提高冷启动性能。

总的来说,燃料电池冷启动技术在未来具有很好的发展前景。随着对燃料电池汽车的需求不断增长,研究和发展更先进的冷启动技术将成为推动燃料电池汽车普及和应用的重要方向。通过不断的创新和改进,相信燃料电池冷启动技术将有大幅提升,能使燃料电池具备更高效、更稳定的冷启动性能,为燃料电池汽车的推广应用提供更好的支持。

本章参考文献

[1] LUO Y Q,JIAO K. Cold start of proton exchange membrane fuel cell[J]. Progress in Energy and Combustion Science,2018,64:29-61.

[2] 彭华. 中国新能源汽车产业发展及空间布局研究[D]. 长春:吉林大学,2019.

[3] HARDMAN S,TAL G. Who are the early adopters of fuel cell vehicles?[J]. International Journal of Hydrogen Energy,2018,43(37):17857-17866.

[4] GUO Q,LUO Y Q,JIAO K. Modeling of assisted cold start processes with anode catalytic hydrogen-oxygen reaction in proton exchange membrane fuel cell[J]. International Journal of Hydrogen Energy,2013,38(2):1004-1015.

[5] HE S H,MENCH M M. One-dimensional transient model for frost heave in polymer electrolyte fuel cells:Ⅰ. physical model[J]. Journal of The Electrochemical Society,2006,153(9):A1724-A1731.

[6] THOMPSON E L,JORNE J,GASTEIGER H A. Oxygen reduction reaction kinetics in subfreezing PEM fuel cells[J]. Journal of The Electrochemical Society,2007,154(8):B783-B792.

[7] HOU J B,YU H M,YANG M,et al. Reversible performance loss induced by sequential failed cold start of PEM fuel cells[J]. International Journal of Hydrogen Energy,2011,36(19):12444-12451.

[8] TABE Y,SAITO M,FUKUI K,et al. Cold start characteristics and freezing mechanism dependence on start-up temperature in a polymer electrolyte membrane fuel cell[J]. Journal of Power Sources,2012,208:

366-373.

[9] HOU J B,YI B L,YU H M,et al. Investigation of resided water effects on PEM fuel cell after cold start[J]. International Journal of Hydrogen Energy,2007,32(17):4503-4509.

[10] OSZCIPOK M,RIEMANN D,KRONENWETT U,et al. Statistic analysis of operational influences on the cold start behaviour of PEM fuel cells[J]. Journal of Power Sources,2005,145(2):407-415.

[11] 李林军. 质子交换膜燃料电池冷启动结冰特性和局部加热法的实验研究[D]. 天津:天津大学,2018.

[12] HWANG G S,KIM H,LUJAN R,et al. Phase-change-related degradation of catalyst layers in proton-exchange-membrane fuel cells[J]. Electrochimica Acta,2013,95:29-37.

[13] LEE C,MÉRIDA W. Gas diffusion layer durability under steady-state and freezing conditions[J]. Journal of Power Sources,2006,164(1):141-153.

[14] 侯俊波,俞红梅,张生生,等. 质子交换膜燃料电池0 ℃以下保存与启动研究进展[J]. 电源技术,2006(9):779-784.

[15] MCDONALD R C,MITTELSTEADT C K,THOMPSON E L. Effects of deep temperature cycling on Nafion® 112 membranes and membrane electrode assemblies[J]. Fuel Cells,2004,4(3):208-213.

[16] YAN Q G,TOGHIANI H,LEE Y W,et al. Effect of sub-freezing temperatures on a PEM fuel cell performance,startup and fuel cell components[J]. Journal of Power Sources,2006,160(2):1242-1250.

[17] WANG C Y. Fundamental models for fuel cell engineering[J]. Chemical Reviews,2004,104(10):4727-4766.

[18] WAN Z M,CHANG H W,SHU S M,et al. A review on cold start of proton exchange membrane fuel cells[J]. Energies,2014,7(5):3179-3203.

[19] MAO L,WANG C Y. Analysis of cold start in polymer electrolyte fuel

cells[J]. Journal of The Electrochemical Society, 2007, 154（2）: B139-B146.

[20] 李友才,许思传,杨志刚,等.质子交换膜燃料电池不同冷起动方法的仿真研究[J].电源技术,2009,33(6):479-481.

[21] 周苏,郑岚,陈凤祥,等.质子交换膜燃料电池电堆内部水结冰、融化及冷启动过程的研究[J].电源技术,2012,36(7):976-980.

[22] 李洁,孙铁生,张广孟,等.质子交换膜燃料电池发动机热管理与冷启动研究进展[J].电池,2020,50(4):383-387.

[23] 赵杰,李文浩,杜常清,等.不同操作和环境条件下的质子交换膜燃料电池低温冷启动数值模拟研究[J].太阳能学报,2022,43(6):460-466.

[24] JIAO K, LI X G. Water transport in polymer electrolyte membrane fuel cells[J]. Progress in Energy and Combustion Science, 2011, 37（3）: 221-291.

[25] JIAO K, LI X G. Three-dimensional multiphase modeling of cold start processes in polymer electrolyte membrane fuel cells[J]. Electrochimica Acta, 2009, 54(27): 6876-6891.

[26] ROUDGAR A, NARASIMACHARY S P, EIKERLING M. Hydrated arrays of acidic surface groups as model systems for interfacial structure and mechanisms in PEMs[J]. The Journal of Physical Chemistry B, 2006, 110(41): 20469-20477.

[27] YOSHIDA H, MIURA Y. Behavior of water in perfluorinated ionomer membranes containing various monovalent cations[J]. Journal of Membrane Science, 1992, 68(1-2): 1-10.

[28] EIKERLING M, KHARKATS Y I, KORNYSHEV A A, et al. Phenomenological theory of electro-osmotic effect and water management in polymer electrolyte proton-conducting membranes[J]. Journal of The Electrochemical Society, 1998, 145(8): 2684-2699.

[29] SIU A, SCHMEISSER J, HOLDCROFT S. Effect of water on the low temperature conductivity of polymer electrolytes[J]. The Journal of

Physical Chemistry B,2006,110(12):6072-6080.

[30] NAKAMURA K,HATAKEYAMA T,HATAKEYAMA H. Relationship between hydrogen bonding and bound water in polyhydroxystyrene derivatives[J]. Polymer,1983,24(7):871-876.

[31] 赵鑫,朱凯,郝冬,等.车用质子交换膜燃料电池冷起动过程的分析[J]. 汽车工程师,2019(12):26-30.

[32] 翁元明,林瑞,张路,等.质子交换膜燃料电池冷启动水热分布研究进展[J].化工进展,2013,32(S1):64-69.

[33] ISHIKAWA Y,HAMADA H,UEHARA M,et al. Super-cooled water behavior inside polymer electrolyte fuel cell cross-section below freezing temperature[J]. Journal of Power Sources,2008,179(2):547-552.

[34] BIESDORF J,FORNER-CUENCA A,SIEGWART M,et al. Statistical analysis of isothermal cold starts of PEFCs:impact of gas diffusion layer properties[J]. Journal of The Electrochemical Society,2016,163(10):F1258-F1266.

[35] GE S H,WANG C Y. Characteristics of subzero startup and water/ice formation on the catalyst layer in a polymer electrolyte fuel cell[J]. Electrochimica Acta,2007,52(14):4825-4835.

[36] JUNG S,TIWARI M K,DOAN N V,et al. Mechanism of supercooled droplet freezing on surfaces[J]. Nature Communications,2012,3(1):615.

[37] 顾天琪,孙宾宾.PEM燃料电池零下低温启动研究现状[J].电池工业,2021,25(5):266-270.

[38] MAYRHUBER I,MARONE F,STAMPANONI M,et al. Fast X-ray tomographic microscopy:investigating mechanisms of performance drop during freeze starts of polymer electrolyte fuel cells[J]. ChemElectroChem,2015,2(10):1551-1559.

[39] ISHIKAWA Y,SHIOZAWA M,KONDO M,et al. Theoretical analysis of supercooled states of water generated below the freezing point in a

PEFC[J]. International Journal of Heat and Mass Transfer,2014,74: 215-227.

[40] AOYAMA Y,SUZUKI K,TABE Y,et al. Water transport and PEFC performance with different interface structure between micro-porous layer and catalyst layer[J]. Journal of The Electrochemical Society, 2016,163(5):F359-F366.

[41] 张剑波,黄福森,黄俊,等. 质子交换膜燃料电池零下冷启动研究进展[J]. 化学通报,2017,80(6):507-516.

[42] 袁峰. 低温环境下质子交换膜燃料电池冷启动性能研究[D]. 杭州:浙江工业大学,2019.

[43] 张迪. 基于结晶动力学的 PEM 燃料电池冷启动模拟[D]. 武汉:武汉理工大学,2020.

[44] IKEZOE K,TABUCHI Y,KAGAMI F,et al. Development of an FCV with a new FC stack for improved cold start capability[C]//SAE 2010 World Congress and Exhibition. New York:SAE International,2010.

[45] CHIKAHISA T. Microscopic observations of freezing phenomena in PEM fuel cells at cold starts[J]. Heat Transfer Engineering,2013,34(2-3):258-265.

[46] KO J,KIM W G,LIM Y D,et al. Improving the cold-start capability of polymer electrolyte fuel cells(PEFCs) by using a dual-function micro-porous layer(MPL):numerical simulations[J]. International Journal of Hydrogen Energy,2013,38(1):652-659.

[47] ZHOU J X,XIE X,JIAO K. Investigation of MPL effect on PEFC cold start[J]. ECS Transactions,2016,75(14):77-87.

[48] WAKATAKE N,TABE Y,CHIKAHISA T. Water transport in ionomer and ice formation during cold startup with supercooled state in PEFC[J]. ECS Transactions,2016,75(14):623-630.

[49] 岳利可,王世学,李林军. 质子交换膜燃料电池冷启动研究进展[J]. 化工进展,2017,36(9):3257-3265.

[50] 季玮琛,林瑞.质子交换膜燃料电池冷启动研究及策略优化现状[J].科学通报,2022,67(19):2241-2257.

[51] JIAO K,ALAEFOUR I E,KARIMI G,et al. Cold start characteristics of proton exchange membrane fuel cells[J]. International Journal of Hydrogen Energy,2011,36(18):11832-11845.

[52] TABE Y,AOYAMA Y,KADOWAKI K,et al. Impact of micro-porous layer on liquid water distribution at the catalyst layer interface and cell performance in a polymer electrolyte membrane fuel cell[J]. Journal of Power Sources,2015,287:422-430.

[53] AOYAMA Y,SUZUKI K,TABE Y,et al. Observation of water transport in the micro-porous layer of a polymer electrolyte fuel cell with a freezing method and cryo-scanning electron microscope[J]. Electrochemistry Communications,2014,41:72-75.

[54] 崔垚鹏.质子交换膜燃料电池冷启动策略研究[D].重庆:重庆理工大学,2020.

[55] 刘罗祥,宋珂.质子交换膜燃料电池冷启动研究综述[J].佳木斯大学学报(自然科学版),2020,38(1):131-133.

[56] KHANDELWAL M,MENCH M M. Direct measurement of through-plane thermal conductivity and contact resistance in fuel cell materials[J]. Journal of Power Sources,2006,161(2):1106-1115.

[57] AMAMOU A A,KELOUWANI S,BOULON L,et al. A comprehensive review of solutions and strategies for cold start of automotive proton exchange membrane fuel cells[J]. IEEE Access,2016,4:4989-5002.

[58] WANG Y,MUKHERJEE P P,MISHLER J,et al. Cold start of polymer electrolyte fuel cells:three-stage startup characterization[J]. Electrochimica Acta,2010,55(8):2636-2644.

[59] SINHA P K,WANG C Y. Gas purge in a polymer electrolyte fuel cell[J]. Journal of The Electrochemical Society, 2007, 154(11):

B1158-B1166.

[60] CARTON J G, LAWLOR V, OLABI A G, et al. Water droplet accumulation and motion in PEM (proton exchange membrane) fuel cell minichannels[J]. Energy, 2012, 39(1): 63-73.

[61] JIAO K, PARK J, LI X G. Experimental investigations on liquid water removal from the gas diffusion layer by reactant flow in a PEM fuel cell[J]. Applied Energy, 2009, 87(9): 2770-2777.

[62] PARK J W, JIAO K, LI X G. Numerical investigations on liquid water removal from the porous gas diffusion layer by reactant flow[J]. Applied Energy, 2010, 87(7): 2180-2186.

[63] KIM S I, LEE N W, KIM Y S, et al. Effective purge method with addition of hydrogen on the cathode side for cold start in PEM fuel cell[J]. International Journal of Hydrogen Energy, 2013, 38(26): 11357-11369.

[64] TAJIRI K, WANG C Y, TABUCHI Y. Water removal from a PEFC during gas purge[J]. Electrochimica Acta, 2008, 53(22): 6337-6343.

[65] GE S H, WANG C Y. In situ imaging of liquid water and ice formation in an operating PEFC during cold start[J]. Electrochemical and Solid-State Letters, 2006, 9(11): A499-A503.

[66] GE S H, WANG C Y. Cyclic voltammetry study of ice formation in the PEFC catalyst layer during cold start[J]. Journal of The Electrochemical Society, 2007, 154: B1399-B1406.

[67] BORUP R, DAVEY J, GARZON F, et al. PEM fuel cell durability with transportation transient operation[J]. ECS Transactions, 2006, 3(1): 879-886.

[68] TANG H Y, SANTAMARIA A D, BACHMAN J, et al. Vacuum-assisted drying of polymer electrolyte membrane fuel cell[J]. Applied Energy, 2013, 107: 264-270.

[69] HENAO N, KELOUWANI S, AGBOSSOU K, et al. Proton exchange

membrane fuel cells cold startup global strategy for fuel cell plug-in hybrid electric vehicle[J]. Journal of Power Sources,2012,220:31-41.

[70] KHANDELWAL M,LEE S,MENCH M M. One-dimensional thermal model of cold-start in a polymer electrolyte fuel cell stack[J]. Journal of Power Sources,2007,172(2):816-830.

[71] JIAO K,LI X G. Cold start analysis of polymer electrolyte membrane fuel cells[J]. International Journal of Hydrogen Energy,2010,35(10):5077-5094.

[72] ZHOU Y B,LUO Y Q,YU S H,et al. Modeling of cold start processes and performance optimization for proton exchange membrane fuel cell stacks[J]. Journal of Power Sources,2014,247:738-748.

[73] AHLUWALIA R K,WANG X. Rapid self-start of polymer electrolyte fuel cell stacks from subfreezing temperatures[J]. Journal of Power Sources,2006,162(1):502-512.

[74] SUNDARESAN M,MOORE R M. Polymer electrolyte fuel cell stack thermal model to evaluate sub-freezing startup[J]. Journal of Power Sources,2005,145(2):534-545.

[75] JIAO K,ALAEFOUR I E,KARIMI G,et al. Simultaneous measurement of current and temperature distributions in a proton exchange membrane fuel cell during cold start processes[J]. Electrochimica Acta,2011,56(8):2967-2982.

[76] LIN R,WENG Y M,LIN X W,et al. Rapid cold start of proton exchange membrane fuel cells by the printed circuit board technology[J]. International Journal of Hydrogen Energy,2014,39(32):18369-18378.

[77] LIN R,WENG Y M,LI Y,et al. Internal behavior of segmented fuel cell during cold start[J]. International Journal of Hydrogen Energy,2014,39(28):16025-16035.

[78] KANDLIKAR S G,LU Z J. Fundamental research needs in combined

water and thermal management within a proton exchange membrane fuel cell stack under normal and cold-start conditions[J]. Journal of Fuel Cell Science and Technology,2009,6(4):044001.

[79] SILVA R E,HAREL F,JEMEÏ S,et al. Proton exchange membrane fuel cell operation and degradation in short-circuit[J]. Fuel Cells,2014,14(6):894-905.

[80] SUN S C,YU H M,HOU J B,et al. Catalytic hydrogen/oxygen reaction assisted the proton exchange membrane fuel cell(PEMFC)startup at subzero temperature[J]. Journal of Power Sources,2008,177(1):137-141.

[81] HISHINUMA Y,CHIKAHISA T,KAGAMI F,et al. The design and performance of a PEFC at a temperature below freezing[J]. JSME International Journal,2004,47(2):235-241.

[82] NICOTERA I,COPPOLA L,ROSSI C O,et al. NMR investigation of the dynamics of confined water in nafion-based electrolyte membranes at subfreezing temperatures[J]. The Journal of Physical Chemistry B,2009,113(43):13935-13941.

[83] MENDIL-JAKANI H,DAVIES R J,DUBARD E,et al. Water crystallization inside fuel cell membranes probed by X-ray scattering[J]. Journal of Membrane Science,2010,369(1):148-154.

[84] SCHMIDT-ROHR K,CHEN Q. Parallel cylindrical water nanochannels in Nafion fuel-cell membranes[J]. Nature Materials,2008,7(1):75-83.

[85] HIRAMITSU Y,MITSUZAWA N,OKADA K,et al. Effects of ionomer content and oxygen permeation of the catalyst layer on proton exchange membrane fuel cell cold start-up[J]. Journal of Power Sources,2010,195(4):1038-1045.

[86] MIAO Z L,YU H M,SONG W,et al. Characteristics of proton exchange membrane fuel cells cold start with silica in cathode catalyst lay-

ers[J]. International Journal of Hydrogen Energy,2010,35(11):5552-5557.

[87] KO J,JU H. Effects of cathode catalyst layer design parameters on cold start behavior of polymer electrolyte fuel cells(PEFCs)[J]. International Journal of Hydrogen Energy,2013,38(1):682-691.

[88] THOMPSON E L,JORNE J,GU W B,et al. PEM fuel cell operation at −20 ℃:I. electrode and membrane water(charge)storage[J]. Journal of The Electrochemical Society,2008,155(6):B625-B634.

[89] BALLIET R J,NEWMAN J. Cold-start modeling of a polymer-electrolyte fuel cell containing an ultrathin cathode[J]. Journal of The Electrochemical Society,2011,158(9):B1142-B1149.

[90] DURSCH T J,TRIGUB G J,LIU J F,et al. Non-isothermal melting of ice in the gas-diffusion layer of a proton-exchange-membrane fuel cell[J]. International Journal of Heat and Mass Transfer,2013,67:896-901.

[91] HIRAKATA S,MOCHIZUKI T,UCHIDA M,et al. Investigation of the effect of pore diameter of gas diffusion layers on cold start behavior and cell performance of polymer electrolyte membrane fuel cells[J]. Electrochimica Acta,2013,108:304-312.

[92] LEE Y,KIM B,KIM Y,et al. Effects of a microporous layer on the performance degradation of proton exchange membrane fuel cells through repetitive freezing [J]. Journal of Power Sources, 2011, 196(4):1940-1947.

[93] HE S H,LEE J H,MENCH M. 1D transient model for frost heave in PEFCs Ⅲ. Heat transfer, microporous layer, and cycling effects[J]. Journal of The Electrochemical Society,2007,154(12):B1227-B1236.

[94] SANTAMARIA A D,BACHMAN J,PARK J W. Cold-start of parallel and interdigitated flow-field polymer electrolyte membrane fuel cell[J].

Electrochimica Acta, 2013, 107: 327-338.

[95] GWAK G, KO J, JU H. Numerical investigation of cold-start behavior of polymer electrolyte fuel cells from subzero to normal operating temperatures-effects of cell boundary and operating conditions[J]. International Journal of Hydrogen Energy, 2014, 39(36): 21927-21937.

[96] KO J, KIM W, HONG T, et al. Impact of metallic bipolar plates on cold-start behaviors of polymer electrolyte fuel cells(PEFCs)[J]. Solid State Ionics, 2012, 225: 260-267.

[97] JUNG H M, UM S. An experimental feasibility study of vanadium oxide films on metallic bipolar plates for the cold start enhancement of fuel cell vehicles[J]. International Journal of Hydrogen Energy, 2011, 36(24): 15826-15837.

第 7 章
挑战及展望

近年来,随着能源和气候、环境问题的日益严峻,电气交通业的发展得到了世界各国的高度重视。基于锂离子电池的电动汽车已进入爆发阶段,2024 年全球/国内新能源汽车销量有望超过 1791.9 万辆/1160 万辆,同比增长 24.2%/24.7%,新能源汽车的发展呈现良好的势头。在此背景下,燃料电池汽车的开发及产业化受到世界各国的高度重视,主要原因在于:电池(包括锂离子电池)动力汽车(BEV)属于储存电能器件,需要高能量密度的电池提供动力;燃料电池汽车属于制造电能器件,只需储存大容量的氢气作为燃料。从长期发展的角度来说,燃料电池汽车具有更大的优势,特别是在长航程与重载的情况下(图 7-1)。首先,燃料电池汽车的续航里程一般都在 400 km 以上,且在同样的长程续航情况下,燃料电池汽车的成本将会低于电池动力汽车。其次,在能量补给方面,燃料电池汽车的加氢是物理过程,仅需几分钟即可完成燃料的补给。再次,在能量损耗方面,因为燃料电池汽车的反应场所与燃料相互隔离,所以燃料电池汽车在不工作的状况下基本不会影响续航里程。

在我国,燃料电池及燃料电池汽车的产业化得到了中央及各地方政府的高度重视和政策支持,随着示范城市群的推进及资本、人才的大量介入,燃料电池及燃料电池汽车的示范阶段可望很快完成,进入大规模商业化阶段。

然而,燃料电池及燃料电池汽车的大规模商业化目前仍然面临着一些问题和挑战,一些挑战来自基础设施层面,如低成本和环境友好的氢气的大量生产和供给、加氢站及加氢网络的建设等。另外一些主要的挑战则来自车用燃料电池技术本身,由于汽车具有运行工况不稳定(如频繁启停、频繁变载等)、使用环境变化大(如夏天和冬天温差大、不同地区的空气质量差别大)等特点,与具有固定电站用途的燃料电池相比,车用燃料电池系统面临更多的挑战。本章将对

图 7-1　电池动力汽车和燃料电池汽车技术适用车型的对比分析[1]

这些挑战进行简单介绍。

7.1　车用燃料电池系统的挑战

尽管燃料电池汽车已进入大规模示范运行的阶段,不久的将来将会实现大规模的商业化应用,但是车用燃料电池系统研究领域目前仍然存在许多的挑战,如提升燃料电池的耐久性、降低燃料电池系统的成本、降低贵金属的使用量等;随着锂离子电池汽车的快速发展,燃料电池系统研究领域也面临着来自锂离子电池的挑战,如提升效率等。与燃油车相比,燃料电池汽车在能量转换效率方面具有较大的优势,然而,与锂离子电池汽车相比,却存在较大的劣势,这也是车用燃料电池系统面临的新的重大挑战[2]。下面分别介绍主要的挑战。

7.1.1　车用燃料电池系统的耐久性

为了发掘燃料电池汽车代替传统燃油车的潜力,要求燃料电池系统具备的基本寿命达 5000 h。据报道:我国现阶段车用燃料电池系统的寿命已经达到了 3000~5000 h,但是这些基本都是预测的数据,并不是实际运行的数据,与燃料电池作为固定电力供应装置可运行 30000 h 相差甚远[3]。车用燃料电池耐久性不足主要有两个方面的原因:一是材料(特别是催化剂)本身不可克服的衰减,二是车辆复杂运行工况所导致的材料衰减。众所周知,车用燃料电池的运行工况复杂多变，且系统内部湿度、压力、温度等参数难以控制，若操作不当，则会很容易加剧燃料电池系统的寿命衰减，特别是在启动-停车循环工况和动态负载工况下[4]。

在启动-停车循环工况下，电池阳极会产生氢气-空气界面，此时燃料电池的阴极和阳极均会发生氧化反应，这会导致阴极催化剂层表面形成一个约 1.5 V 的高电位，加剧阴极中的碳氧化反应（COR）和析氧反应，从而造成碳材料的腐蚀；同时，阴极碳氧化反应和析氧反应产生的质子进入阳极，在内部存在空气的阳极区域则会出现反向电流，导致燃料电池中形成局部电解槽结构。启动-停车循环工况下反向电流的形成机制见图 7-2。

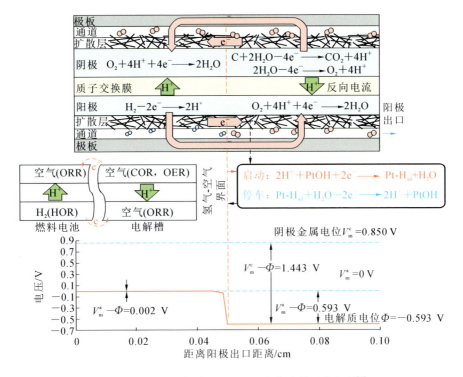

图 7-2　启动-停车循环工况下反向电流的形成机制[5]

另外一个值得指出的影响车用燃料电池系统耐久性的机械因素是车用燃料电池的空气压缩机。为了使燃料电池空气维持一定的压头，目前的车用燃料电池空气压缩机的转速高达 12×10^4 r/min 以上，因为空气压缩机的转子与轴承之间存在接触摩擦，转子在启/停时的磨损会对空气压缩机的耐久性产生重要影响,从而直接影响燃料电池系统的功率输出与耐久性。使用空气轴承可以有效降低摩擦,然而,目前的空气压缩机的寿命一般仅为数千小时,好在空气压缩机这样的外部设备容易更换和处理。

动态负载工况是影响车用燃料电池系统耐久性最为重要的工况因素。车辆处于运行中的上坡-下坡、加速-减速等工况时,燃料电池系统需要调整输出功率以满足车辆驾驶的需求,频繁的负载变动对其耐久性而言是一个严峻的挑战。首先,负载变化使得电池电位在 0.45~0.9 V 之间不断变化,在车辆运行 5500 h 的寿命内,电池电堆需要承受高达 30 万次的电位动态循环;其次,负载变化过程中,气体响应的速度要滞后于电流的响应速度,容易发生气体局部缺失的问题。当阴极气体供应不足时,氢质子在阴极直接发生氧化反应,引起阴极电势降低;阳极气体供应不足时,由阳极传递至阴极的质子和电子减少,从而造成阴极碳载体的腐蚀。

可以从以下两个方面着手进一步提高燃料电池系统的耐久性:一方面,提升材料(如催化剂、质子交换膜、双极板等)的固有稳定性及耐久性;另一方面,在系统控制及控制策略上下功夫,如通过辅助负载的方式平缓启停冲击,降低变载的影响,从而实现车用燃料电池系统的耐久性的提升。

7.1.2 车用燃料电池系统的成本

降低燃料电池成本是真正实现燃料电池及燃料电池汽车产业化的重要途径之一。按照相关资料,每辆燃料电池汽车(轿车)的成本约为 2.4 万美元,而内燃机汽车(轿车)的成本约为 1.5 万美元。2022 年,日本丰田汽车公司 Mirai 燃料电池乘用车的起步销售价格每辆在 30 万元以上,而纯电动汽车如特斯拉 Model 3、比亚迪汉 EV 等车型每辆仅为 20 余万元。从燃料电池汽车的成本分解可以看出,辅助系统部件和燃料电池电堆的成本占燃料电池汽车总成本的 50%,因而降低燃料电池汽车成本的关键是降低辅助系统关键部件和电堆的成本。在部件方面,进一步加强空气压缩机、氢气循环泵等关键部件的开发与优化,继续降低其成本;在电堆方面,主要途径则应该是降低关键材料的成本。近年来,随着燃料电池及燃料电池汽车商业化在国内的展开,燃料电池电堆及系统的成本已快速下降,电堆价格已从 2017 年的 2 万元/kW 降低到了目前的

2000元/kW左右；系统价格也已降低至3000元/kW的水平。与内燃机相比，燃料电池系统的成本仍然太高，还需要大幅度降低。随着关键部件和材料的国产化及生产规模的不断扩大，相信燃料电池电堆及系统的成本会很快降到一个很低的水平[6]。

燃料电池汽车的大规模推广使用面临的另外一个挑战是其使用成本的降低。由于目前制氢、加氢尚未有完整的产业链，制氢及运输成本高昂，同时，加氢站建设成本高达1000万元左右，这就使得目前的汽车加氢价格高昂，导致目前的燃料电池汽车的使用成本不仅远远高于基于锂离子电池的电动汽车，甚至远远高于燃油汽车。随着制氢、运氢、加氢产业生态链的不断完善以及技术的不断进步，这一问题可望得到解决，但是，如何使燃料电池汽车使用成本低于锂离子电池汽车的使用成本仍将是一个需要长期努力才能解决的问题。

7.1.3 铂使用量及铂资源挑战

车用燃料电池系统面临的一个困难是铂资源不足。到目前为止，燃料电池的最佳催化剂仍然是铂催化剂，尽管开展了大量的非贵金属催化剂的研究工作，但是，这些非贵金属催化剂离实际应用尚有较大的距离。美国能源部当初设定的目标为：到2020年，燃料电池的铂使用量降低至0.1 g/kW，但是目前的实际使用量远远高于这个指标，普遍的使用量为0.3～0.5 g/kW。一般车辆搭载的燃料电池的功率在100 kW左右，需要铂的量为30～50 g，而全球每年的铂产量仅为200 t左右，因此，降低燃料电池的铂载量是燃料电池汽车大规模商业化面临的另外一个重要挑战。解决的途径包括：提升铂催化剂的催化活性，发展低铂催化剂，开发不使用贵金属的非贵金属催化剂。

7.1.4 车用燃料电池系统的能量转换效率

由于热功转换的局限性，内燃机热效率仅为40%左右，而从燃料的化学能到机械功的转换效率常常低于30%。对于车用燃料电池系统，由于不需要热转换过程，燃料电池系统的氢气-电转换效率可以达到60%，扣除自身消耗，净输出效率常常也在45%～50%之间，比内燃机的燃料化学能的转换效率高出50%左右，也就是说，相对于内燃机，燃料电池在能量转换效率方面具有巨大的优势。

但是，近年来锂离子电池电动汽车迅速实现大规模商业化，是燃料电池汽车强劲的对手，锂离子电池电动汽车的电-电（从市电到车电）效率可以高达80%以上，充电、放电、电动机电能损耗分别约为5%、10%和5%，其总电能损耗约为20%；在车用燃料电池系统集成中，如果采用市电来电解水制氢，结合制氢、储存、运输、氢注入、氢能转化为电能、电机驱动以及热散失等过程，燃料电池系统的净输出电-电效率仅为38%左右，即使从氢燃料注入汽车时开始计算，氢-电效率也仅为57%左右，扣除自身消耗之后的净氢-电效率也仅为45%～50%，远低于电动汽车的效率。

显然，车用燃料电池系统的能量转换效率的提高是燃料电池汽车所面临的一个新的挑战。提升车用燃料电池系统能量转换效率的一个最为重要的途径是提高其单电池的工作电压，而提高单电池工作电压则需要有优异的高电压性能的催化剂以及耐高电位腐蚀的相关材料。

7.1.5　车用燃料电池系统的冷启动

与燃油内燃机不同的是，燃料电池工作时会产生大量的水，燃料电池气体加湿也会增加燃料电池中水的含量。北半球的大多数地区冬天的温度低至0 ℃以下，部分地区的最低温度可达-50～-40 ℃，这样会带来燃料电池中水的结冰问题。因此，燃料电池在冬天的快速启动问题也是车用燃料电池技术面临的重要挑战。

燃料电池低温下启动困难的原因在于水在0 ℃以下会结冰。对于冷却液，这一问题可以通过加入添加剂（如乙二醇等）来解决，而水在电极及微通道内的结冰则无法通过加添加剂的方式来解决。低温下燃料电池无法启动的原因主要包括：①电极催化剂层结冰覆盖了催化剂的活性中心，导致反应物在催化剂表面的反应无法进行；②残留在双极板通道中的水及气体扩散层中的水结冰，堵塞了反应物的传输通道；③关键阀门中残留的水结冰，导致阀门无法动作；④质子交换膜内或者催化剂层结冰，导致聚合物膜结构或者催化剂层结构破坏（膨胀、破裂、穿孔等），最终导致电堆结构的破坏和燃料电池系统无法启动。总而言之，冷启动是燃料电池汽车在冬季运行面临的最大挑战。按照美国能源部设定的标准，在-20 ℃环境中燃料电池需要在30 s内达到50%峰值输出功率，而且启动时的氢气消耗量不高于 5MJ(折合成能量);进一步,在-30 ℃环境中燃料电池应能够自启动,而在-40 ℃环境中应能借助辅助热源完成启动[7]。

现阶段多采用"停机吹扫、启动升温"方式来实现低温快速启动,即停车后通过空气对电堆进行吹扫带出电堆及电极表面的水分,使其残留量达到一个非常低的水平;而车用燃料电池系统冷启动时应适当补充能量,使电堆升温融冰的速度快于电堆结冰的速度,从而完成燃料电池汽车的冷启动。在全球范围内,日本丰田汽车公司早在 2014 年就已经研制出在-30 ℃环境中可快速启动的燃料电池,同时在 35 s 内达到 60% 额定功率,而在 70 s 内达到 100% 额定功率;我国燃料电池低温启动技术水平在 2020 年相对较低,其中冬季车辆停机吹扫需要 3~5 min,启动加热需要 10~15 min,导致冷启动耗时较长,能耗过大。目前我国进入燃料电池低温启动系统行业的企业数量不断增多,随着监控燃料电池内部湿度、精确调控催化剂层、电堆自生热保温等措施的采用,有关燃料电池低温启动技术瓶颈不断被突破,这将会为燃料电池汽车规模化应用奠定基础。

7.2 下一代车用燃料电池技术展望

针对现有车用燃料电池技术存在的不足,世界各主要发达国家一直在开展下一代车用燃料电池技术的研究及开发工作,同时,相关机构也制定了技术的发展计划及目标。如:NEDO 发布了日本的燃料电池发展远景规划,目标是在 2040 年要求单电池峰值功率工作电压从目前的 0.65 V 提高到 0.85 V,电堆功率密度从目前的 3 kW/L 提高到 9 kW/L,最高工作温度从目前的 70 ℃提升到 120 ℃,耐久性大于 15 年,续航里程达到 1000 km,燃料电池电堆的成本为 1000 日元/kW。燃料电池电堆性能路线明确指出,2030 年目标峰值功率工作电压为 0.66 V(在电流密度为 3.8 A/cm² 条件下工作时),催化剂担载量为 0.05~0.1 g/kW,0.2 A/cm² 电流密度对应电压为 0.84 V;2040 年目标峰值功率工作电压为 0.85 V(在电流密度为 4.4 A/cm² 条件下工作时),催化剂担载量为 0.03 g/kW,0.2 A/cm² 电流密度对应电压为1.1 V(图 7-3)。此前,业内专家推算日本丰田汽车公司第二代 Mirai 燃料电池的峰值功率工作电压已达到

0.65 V(在电流密度为 2.2 A/cm² 条件下工作时),电堆的体积功率密度达到 4.4 kW/L,车载续航里程可以达到 800 km。从日本丰田汽车公司的燃料电池技术发展来看,日本在 2040 年实现上述技术指标应该是可能的。

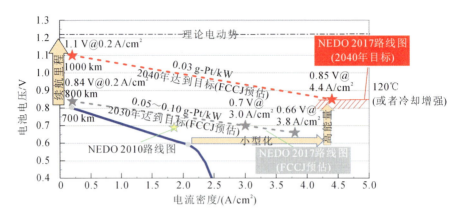

图 7-3 日本 NEDO 发布的燃料电池技术发展指标[8]

注:FCCJ 表示日本氢燃料电池工业协会。

同期,美国能源部也发布了 2030—2050 年燃料电池重卡技术发展路线,设定 2030 年最新目标,要求燃料电池系统的寿命、成本和峰值效率分别达到 25000 h、80 美元/kW 和 68%。

从日本 NEDO 和美国能源部的燃料电池发展目标来看,提升耐久性、提升功率密度、提高效率(单电池工作电压)、降低铂的使用量、降低成本将是未来车用质子交换膜燃料电池的发展方向和目标。围绕这些方向和目标,下一代燃料电池技术的研究应该包括以下几个方面的内容。

7.2.1　下一代燃料电池催化剂研究

催化剂是燃料电池中最为关键的材料之一,同样,也是达到下一代燃料电池关键技术指标最为关键的材料。要达到下一代燃料电池的耐久性、铂载量、单电池工作电压、功率密度及成本指标,离不开催化剂技术的进步。因此,下一代燃料电池催化剂的研究及开发结果将直接影响下一代燃料电池技术目标的实现。

为了获得更高的功率,提高燃料电池电堆单电池的运行电压是最基本的途径,然而,对于目前广泛使用的 Pt/C 催化剂,当阴极电位增加并形成高电位(>0.85 V)时,将出现如下问题:①催化活性中心的 Pt 金属纳米粒子将会产生氧化、脱落、迁移等现象;②碳载体发生电化学氧化腐蚀;③催化剂的电流密度迅速下降。以上这些问题会导致燃料电池系统性能的快速衰减和功率密度的大幅度降低。因此,下一代燃料电池催化剂必须具有如下特点:①在高电位时具有很高的电流密度,如 0.8 V 时的电流密度可到 0.5 A/cm² 以上;②活性组分纳米颗粒具有良好的抗高电位稳定性;③催化剂载体具有良好的耐高电位腐蚀性能。

开发价格低廉、高活性和高稳定性的低铂或超低铂催化剂仍是下一代车用燃料电池的目标,具有纳米球笼[9]、核壳[10]、纳米框架[11]、纳米线[12]、纳米晶体[13]等的新型低铂催化剂(图 7-4)均表现出良好的活性与稳定性,特别是高效的核壳结构支撑体合金催化剂,其质量活性是质量分数高于 47% 的商业 Pt/C 催化剂的 3 倍,耐久性是后者的 1.2 倍;对于超低铂催化剂而言,铂单原子催化剂也是电催化剂领域的一大热点,其主要通过提高贵金属活性位点的利用率来降低金属载量,且理论原子利用率达到 100%。

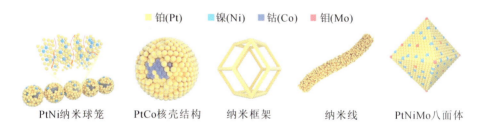

图 7-4 新型低铂催化剂[9-13]

在非铂催化剂发展中,M-N/C 催化剂(M 主要是 Fe、Co 等过渡金属)表现出较好的催化性能,成为最有可能替代铂催化剂的电堆催化剂。然而,燃料电池电堆的耐久性下降部分源于催化剂中碳载体在长期负载下发生的碳腐蚀,特别是在小电流(高槽电压)下,碳载体容易被氧化。因此,发展非碳或少碳支撑的合金催化剂也是提高燃料电池催化剂耐久性和降低电池成本的主要途径之一。

7.2.2　下一代气体扩散层

为了提高发动机的功率密度,除了考虑高活性催化剂外,还应从增强复合质子交换膜、高扰动流场及金属双极板等方面考虑。对于气体扩散层组件,碳纸的电导率、机械强度、耐久性及制备工艺具有绝对优势,仍将是气体扩散层的主流材料,但下一代气体扩散层的结构将会继续得到优化,如采用梯度孔隙设计、双极板-扩散层的集成设计,如图 7-5 所示,所使用的激光打孔技术还处于探索阶段。

(a) 梯度孔隙设计　　　　(b) 双极板-扩散层的集成设计

图 7-5　新型扩散层的两种设计[1]

7.2.3　下一代质子交换膜

全氟磺酸质子交换膜仍是当前的主流膜材料,而增强质子交换膜性能的方法是减小其厚度,但其机械强度和耐久性面临挑战,下一代质子交换膜将围绕双极板-气体扩散层协同设计构建支撑(提高机械强度)、添加铈盐(增强传质能力)、掺入自修复剂(提高耐久性)等方式进行增强,如图 7-6 所示。此外,质子交换膜因成本居高不下,迫使较便宜的非全氟化质子交换膜有望进一步发展并得到应用。

7.2.4　下一代双极板

自从燃料电池技术应用于汽车行业以来,双极板的创新与发展从未间断,尽管第二代 Mirai 的功率密度已经达到 4.4 kW/L,但这一功率密度与 9 kW/L 还相差甚远,仍需要更先进的双极板技术。当前的主流双极板材料是不锈钢与柔性石墨,但是随着续航里程的增加,这些材料逐渐出现局部厚度减小、敏感性

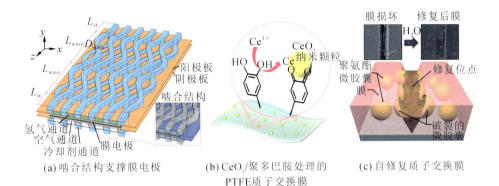

(a) 啮合结构支撑膜电极　　(b) CeO_2/聚多巴胺处理的　　(c) 自修复质子交换膜
　　　　　　　　　　　　　　　PTFE质子交换膜

图7-6　啮合结构支撑膜电极[14]、CeO_2/聚多巴胺处理的
PTFE质子交换膜[15]和自修复质子交换膜[16]

增加等不利现象或产生裂纹、塑性变形。据统计，双极板的成本约占电堆成本的30%，双极板的体积约占电堆体积的70%，下一代双极板不仅需要增强传质能力，还要考虑制造难度。除此之外，热传导和电子传导也是双极板设计的两个挑战，4 kW/L 的电堆中气体扩散层和双极板间的界面热阻是双极板自身热阻的10倍；而双极板和扩散层的界面电阻为$6\sim10$ Ω/m^2，比双极板自身电阻高了4个量级。下一代双极板-气体扩散层将围绕双极板和气体扩散层间的接触面积、双极板的表面粗糙度等因素减小双极板与膜电极间的接触阻抗。膜电极和双极板技术将会得到快速发展，当燃料电池电堆的目标功率密度达到9 kW/L时，燃料电池汽车动力系统的功率密度有望超过燃油发动机，真正实现与传统汽车相抗衡。

7.2.5　下一代空气压缩机及辅助件

电池电堆是燃料电池发动机的核心发电装置，氢气供给子系统、空气供给子系统与水/热管理子系统则是燃料电池发动机运行的基础，它们也是制造下一代燃料电池发动机时必须考虑的三大因素。

(1) 氢气供给子系统，与燃料电池系统的性能直接相关。在满足安全可靠这一要求的情况下，氢气供给子系统仍需满足高密封、高氢气利用率、气体调压稳压及管道清洁等几个方面的要求。隔膜阀和膜片阀均具有较好的密封性能，是目前的主流密封件。氢气的再循环可以提高氢气利用率，而将氢气循环泵和引射器并联的设计具有较大的应用潜力，如烟台东德实业有限公司开发的氢气循环泵-引射器集成装置具有输送距离短、管路损耗小及系统更紧凑等优势[图7-7(a)]。气体调压稳压可以优化气体在流道内的分布,选用优质高压减压阀进行氢气罐的调压出气,选用精度更高的低压减压阀进行电堆前的稳压进气。管道清洁能有效防止催化剂毒化和氢气稀释,其中选用与外界完全隔离的隔膜阀,对气体介质纯度影响最小。

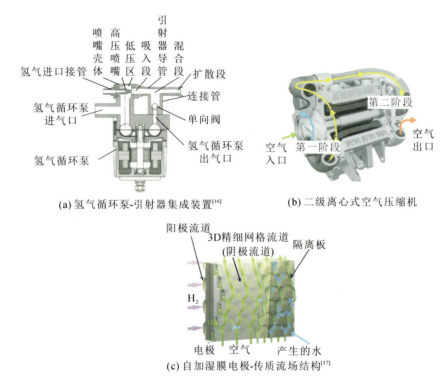

图 7-7　燃料电池系统集成中新型关键部件

（2）空气供给子系统,同样与燃料电池系统的性能直接相关。空气压缩机作为系统的核心部件,在保证高性能的情况下,需要减小尺寸和降低成本,而空气压比的提高能够降低燃料电池电堆中单电池的数量。有关数据显示,2021年中国企业燃料电池空气压缩机出货量超8000台,同比2020年增长146%。其中,离心式空气压缩机具有排气量大、结构紧凑、体积小、效率高、工作平稳和寿命长等特点,被认为是未来最有前途的空气压缩机之一,也是本田、通用汽车公司、现代以及上汽集团在燃料电池系统中使用的空气压缩机类型,但在低转速时要避免"喘振"现象的发生。为了实现空气的更大流量与更高的压比,目前燃料电池系统中主要采用特性介于离心式空气压缩机和轴流式空气压缩机之间的二级离心式空气压缩机,如图7-7(b)所示。

(3) 水/热管理子系统。在水管理子系统中,加湿系统主要有外部加湿和自加湿两种方案。目前主流的燃料电池汽车仍然广泛采用外部加湿的方法,但外部加湿策略会增加空气系统的压力损失,为了弥补这部分系统负载又需要额外增加零件,从而增加了系统的复杂性,不利于系统集成化、小型化。相对外部加湿而言,自加湿技术优势明显,可以简化系统结构,减小系统体积,同时降低制造成本,被认为是未来的主流技术,如丰田Mirai自加湿膜电极与二代窄通道流场结构[图7-7(c)]。在热管理子系统中,燃料电池发动机与传统发动机类似,因其电效率为40%~60%,燃料电池电堆内部发生电化学反应时会释放大量的热量,需要通过燃料电池系统中的水/热管理子系统向外界散热,保证燃料电池电堆在合理的温度区间内工作。目前,日本丰田汽车公司车用燃料电池电堆的工作温度区间为75~80 ℃,电堆冷却液进出口的温差为7~15 ℃。通过将单电池电压提高至0.85 V以上,在热量的源头上大幅度地减少电化学反应过程中产生的热量,可实现电效率与热效率的可控可调。当热管理应用于集成系统时,电池的大部分废热通过冷却液循环排出,将电堆热管理系统与暖风系统集成设计,可提高能量的利用效率,同时还能节省空间和降低成本。

本章参考文献

[1] JIAO K, XUAN J, DU Q, et al. Designing the next generation of proton-exchange membrane fuel cells[J]. Nature, 2021, 595(7867):361-369.

[2] 朱明原,刘文博,刘杨,等.氢能与燃料电池关键科学技术:挑战与前景[J].上海大学学报,2021,27(3):411-443.

[3] 王亚雄,王轲轲,钟顺彬,等.面向耐久性提升的车用燃料电池系统电控技术研究进展[J].汽车工程,2022,44(4):545-559.

[4] PEI P C, CHEN H C. Main factors affecting the lifetime of proton exchange membrane fuel cells in vehicle applications: a review[J]. Applied

Energy,2014,125:60-75.

[5] REN P,PEI P C,LI Y H,et al. Degradation mechanisms of proton exchange membrane fuel cell under typical automotive operating conditions [J]. Progress in Energy and Combustion Science,2020,80:100859.

[6] ZHANG C Z,ZENG T,WU Q,et al. Improved efficiency maximization strategy for vehicular dual-stack fuel cell system considering load state of sub-stacks through predictive soft-loading[J]. Renewable Energy,2021,179:929-944.

[7] FAN J T,CHEN M,ZHAO Z L,et al. Bridging the gap between highly active oxygen reduction reaction catalysts and effective catalyst layers for proton exchange membrane fuel cells[J]. Nature Energy,2021,6(5):475-486.

[8] SUZUKI T,IIYAMA A,KUBO N,et al. Toward the future fuel cell-challenge for 2040[J]. ECS Transactions,2019,92(8):3-7.

[9] TIAN X L,ZHAO X,SU Y Q,et al. Engineering bunched Pt-Ni alloy nanocages for efficient oxygen reduction in practical fuel cells[J]. Science,2019,366(6467):850-856.

[10] CHONG L,WEN J G,KUBAL J,et al. Ultralow-loading platinum-cobalt fuel cell catalysts derived from imidazolate frameworks[J]. Science,2018,362(6420):1276-1281.

[11] CHEN C,KANG Y J,HUO Z Y,et al. Highly crystalline multimetallic nanoframes with three-dimensional electrocatalytic surfaces[J]. Science,2014,343(6177):1339-1343.

[12] LI M F,ZHAO Z P,CHENG T,et al. Ultrafine jagged platinum nanowires enable ultrahigh mass activity for the oxygen reduction reaction[J]. Science,2016,354(6318):1414-1419.

[13] HUANG X Q,ZHAO Z P,CAO L,et al. High-performance transition metal-doped Pt_3Ni octahedra for oxygen reduction reaction[J]. Science,2015,348(6240):1230-1234.

[14] YIN C,SONG Y T,LIU M R,et al. Investigation of proton exchange membrane fuel cell stack with inversely phased wavy flow field design [J]. Applied Energy,2022,305:117893.

[15] YOON K R,LEE K A,JO S,et al. Mussel-inspired polydopamine-treated reinforced composite membranes with self-supported CeO_x radical scavengers for highly stable PEM fuel cells[J]. Advanced Functional Materials,2019,29(3):1806929.

[16] 张立新,李建,李瑞懿,等. 车用燃料电池氢气供应系统研究综述[J]. 工程热物理学报,2022,43(6):1444-1459.

[17] NONOBE Y. Development of the fuel cell vehicle Mirai[J]. IEEJ Transactions on Electrical and Electronic Engineering,2017,12(1):5-9.